한국어로 내려온
New Bible

새로운
성 경

제35권

3부 | 총10부

하얀마음

하나님 말씀 중에서

1. 사랑의 하나님

- 세상을 창조하신 하나님은 모두를 사랑하신다. 인간만 특별히 더 사랑하지 않고, 우주 만물을 다 똑같이 사랑하신다. 그러니 하나님이 창조하신 천지 만물과 화친하고, 미물까지도 소중히 대하라.

- 하나님은 특정 종파나 민족만을 더 사랑하지 않으신다. 자기 자신만 구원받겠다는 욕심을 버리고, 자기 종파만 구원받는다는 편협한 교리에서 벗어나야 한다. 종파를 초월해서, 모두를 사랑하라.

- 원수까지 사랑하라 했으니, 이 세상에 사랑하지 못할 자가 누가 있겠는가? 종파가 다르다고 해서 부모 형제와 원수처럼 지내는 자는 인간의 근본을 모르는 자다. 가장 가까운 가족부터 사랑할 때 남도 진심으로 사랑할 수 있다.

- 한 사람을 원수같이 생각하던 마음에서 사랑하는 마음으로 돌리면, 자기 자신의 마음이 가장 기쁘고 행복하다. 하나님께서는 인간의 마음속에 무거움이 없이 기쁘고 행복한 삶을 살기를 바라신다.

- 이웃을 "내 몸처럼" 사랑하라 했으니, 마지막 한 장 남은 천국의 티켓도 이웃에게 양보하라. 자기 중심적인 신앙에서 벗어나서 남을 위해 살아야 한다.

- 독초도, 약초도, 이단도 사탄도 천사도 다 필요하기에 존재한다. 독초일지라도 극소량을 사용해서 생명을 살릴 수 있고, 약초라 하더라도 남용하면 생명을 잃을 수 있다.

- 세상 모든 것을 명약으로 활용하는 것은 인간의 지혜에 달렸다. 어떤 것이든 어떤 사람이든 적재적소에 꼭 필요한 명약으로 승화시키라.

- 사탄도 이단도 천사도 모두 하나님의 주관하에 존재한다. 진정한 하나님의 백성은 사탄과 마귀까지도 감화시켜서 천사로 거듭나게 한다.

2. 기도

- 하나님은 인간의 생각까지 모두를 다 알고 계신다. 우리의 소원도 이미 알고 계시기에, 소원의 기도를 할 필요가 없다. 우리가 받을 자격이 되면 내려 주신다.

- 죄를 짓고 아무리 회개를 해도 용서받지 못한다. 도둑질한 자는 용서해 달라고 기도하고, 도둑맞은 자는 도둑을 잡게 해 달라고 기도하면, 공의의 하나님은 누구의 편에 서시겠는가?

- 자기가 잘못한 것은 그 사람에게 직접 갚고 용서를 구하라. 그가 용서하면 하나님도 용서하신다. 땅에서 매면 하늘에서도 매이고, 땅에서 풀리면 하늘에서도 풀리는 이치다.

- "회당에서 기도하지 말고 골방에서 기도하라" 했다. 눈에 보이는 골방이 아니라, 골방과 같이 고요한 마음이다. 잡념을 버리고 하나님을 향해 마음을 집중하며, 사랑하고 용서하는 아름다운 생각만 나오도록 하라.

- "두드리면 열릴 것이다." 하는 것은 육의 소원을 위해 두드리라는 것이 아니라, 진리의 깨달음을 얻기 위해 두드리라는 것이다.

- 기도하는 방법: 생활 속에서 수시로 기도하는 삶을 살아야 한다.

- "저의 죄를 용서하여 주옵소서." 하는 회개의 기도를 하라.
- 범사에 "하나님! 감사합니다." 하라. 현재 가진 것에 감사하며, 과욕하지 말라. 자기 노력 이상의 것을 더 갖고자 기도하는 것은 도둑놈심보다. 공의의 하나님은 각자 노력한 만큼 주신다.
- "하나님 뜻대로 살아가겠나이다." 하며 마음의 각오를 다지라.

- 기도는 하나님의 말씀을 받아서 "행하는 것"이다. 하나님이 계심을 굳건히 믿고, 하늘을 향하여 한 점 부끄럼 없이 사는 삶 자체가 가장 위대한 기도이며, 삶이 곧 예배다.

3. 지도자

- 똑같이 사랑한다는 말을 해도, 순수하게 하는 말은 천사의 말이지만, 사기 쳐서 재산을 가로채려고 하는 말은 사탄의 말이다.

- 종교 지도자가 아무리 훌륭한 설교를 해도, 신도의 재물을 거둬서 더 큰 교회를 짓고 자기의 부귀영화를 바라며 설교하면 사탄의 가르침이 된다.

- "저희 교회는 만원사례요, 믿음은 다 같으니 이웃의 개척 교회에 가서 예배를 드리시오." 하며, 이웃 교회의 부흥을 먼저 생각하여 제 신도를 보내는 종교 지도자가 있다면 그를 따르라. 그가 하나님의 사랑을 실천하는 자다.

- "부자가 천국에 들어가는 것은 낙타가 바늘구멍을 통과하는 것보다 더 힘들다" 하였거늘, 지금의 교회에서는 부자가 되기만을 기도하고 소원하니, 이는 곧 천국을 포기하고 지옥 행 열차의 티켓을 사는 것과 같다.

- 예수는 빈손이었다. 종교 지도자가 예수보다 더 호화롭고 편안하게 살아간다면 잘못된 것이다. 부귀영화와 명예를 바라는 자는 절대로 갈 수 없는 좁고 협착한 길이 종교 지도자의 길이다.

- 종교 지도자는 유리로 비춰 봐 한 점의 부끄러움이 없이 살아야 한다. 의식주도 직접 일해서 해결하고, 예수의 가르침과 행함을 그대로 따라야 한다.

- 종말은 없다. 지금의 잘못 가는 종교 집단에게만 종말이 있다. 보이지 않는 하나님은 보이는 육의 종말은 관여하지 않으신다. 환경 파괴로 인간이 스스로 멸망을 자초하는 것이다. 종파끼리 싸우기 전에, 무너진 인성을 바로잡고 지구의 몸살을 해결하는 데 뜻을 모으는 게 급선무다.

4. 성전이란

- 이 세상 자체가 하나님께서 만드신 성전이다. 자연보다 더 아름다운 성전이 있는가? 보이는 건물이 성전이 아니라, 성스러운 마음가짐이 성전이다.

- 반석 위에 교회를 지으라 했다. 지상의 단단한 돌은 인간이 쪼갤 수 있으나, 마음속의 굳은 결의는 세상 무엇으로도 쪼갤 수 없다. 바르고 굳건한 믿음으로 성경의 가르침을 실천하는 것이 마음의 반석 위에 교회를 짓는 것이다.

- 손으로 지은 건물의 교회에 모여서 복음을 전하는 것이 아니라, 교회를 개인과 가정에 심어 주어야 한다. 무너지고 부서지는 건물을 짓지 말고, 마음속에 영원히 불변하는 참진리의 교회를 지으라.

5. 십계명

- 십계명은 인간이 죽어서 반드시 통과해야만 하는 열 개의 관문이다.
  - 부모를 공경하지 아니한 자는 "네 부모를 공경하라." 하는 제5계명의 관문이 열리지 않으니 구원받을 수 없다.
  - 살인, 간음, 거짓, 우상 등의 나머지 계명도 마찬가지다.
- 십계명은 하나님의 친필이다. 모기소리만 한 하나님의 음성이라도 들어 보겠다고 여기저기 찾아 헤매지 말고, 십계명부터 암송하고 지키라.
- 십계명은 영혼을 구원하는 양식이며, 십계명을 지키는 것이 구원을 받는 길이다. 인간이기에 지키고자 노력하고 또 노력한다면 지킬 수 있다.
- 십계명을 지키고 천사처럼 아름답게 살아가는 그 마음 하나면 세상에 이루어지지 않는 것이 없다.

6. 보물

- 하나님은 재물이 아니라 우리의 마음을 받으신다. 사랑을 실천하며 천사처럼 변하는 마음이 하나님께 바치는 보물이다.
- 보이지 않는 하나님께 재물을 바치려 하지 말고, 너희를 길러 준 부모에게 용돈 드리고, 찾아뵙고, 효성을 다하라. 그것이 하나님께 효도하는 것이다.
- 하늘에는 선과 악의 창고가 있다. 자기 창고에 선이 많으면 천국으로 구원을 받고, 악이 많으면 심판받아 지옥으로 간다. 그것이 바로 "선한 일을 행한 자는 생명의 부활로, 악한 일을 행한 자는 심판의 부활로" 나오는 것이다.
- "선악과를 따먹지 말라"는 것은 양심을 지키라는 것이다. 선과 악을 구분할 수 있는 양심을 최초에 인간에게 주셨다. 선한 열매는 취하고, 악한 열매는 버리며, 양심에 비추어 부끄럼 없는 삶을 살아가라.
- 가장 작은 거짓말을 하지 않고, 가장 작은 죄를 짓지 않으며, 가장 작은 선행을 하고, 가장 작은 악행을 멀리하는 것이 율법의 일점 일획도 빠뜨리지 말고 다 지키는 삶을 사는 것이다.

7. 우상

- 박물관에 있는 불상은 하나의 예술품이다. 그 조각품에 대고 제 소원을 빌 때 우상숭배가 된다. 십자가라 하여도 그 앞에서 소원을 빈다면 우상숭배하는 것이며, 하나님께 소원을 빈다면 하나님을 우상으로 전락시키는 것이다.

- 지금 기복신앙에 젖어 있는 모든 사람이 우상 앞에 절을 하고 있다. 조각품을 우상이라며 파괴하지 말고, 네 마음속에 있는 욕심의 우상을 무너트리라.

- 생수를 약초가 먹으면 약을 만들고 독사가 먹으면 독을 만든다. 같은 성경을 봐도 선한 지도자는 신도를 천사로 만드는 데 활용한다. 그러나 욕심이 가득한 지도자는 재물을 거두어들여 제가 부귀영화를 누리는 데 이용한다. 그가 바로 성경을 우상숭배의 도구로 전락시키는 거짓 선지자다.

- 성경을 한 획도 빼거나 더하지 말라는 것은, 그 가르침을 빠트리지 말고 온전히 지키라는 것이다. 성경 속에서 자기에게 유리한 구절만 보는 것은, 자기에게 불리한 구절들을 빼 버리는 것이다. 믿음이 제일이요, 행함은 구원과는 관계없다는 것은 자신에게 유리한 쪽으로 성경을 악용하는 것이다.

- 진정한 종교 지도자는 종파에 관계없이 어떤 종파든 어떤 책이든 접하고 보고 깨우쳐 견문을 넓히도록 인도한다. 참진리를 모르고 자신이 없는 자가 남을 이단이라며 배척하고, 신도들의 눈과 귀를 가린다.

8. 예수

- 예수의 재림은 없다. 예수가 다시 온다 해도, 과연 누가 그를 예수라고 믿겠는가? 예수와 같은 삶의 행함이 곧 예수의 재림이다. 각자 모두가 "재림 예수"가 되는, 차원 높은 믿음으로 가야 한다.

- 예수는 "주여 주여 하지 말고, 아버지의 뜻대로 행하라"고 했다. 예수가 전한 하나님의 뜻이 곧 "길이요, 진리요, 생명"이며, 그 가르침이 예수의 보혈처럼 소중한 것이다. 예수를 믿는 것은, 예수의 가르침을 믿고 따르는 것이다.

- 예수는 낮은 자로서 만백성을 섬기고자 했다. 만나는 모든 사람을 다 하나님이라 생각하라. 돈을 벌수록 겸손하고, 높은 지위를 얻을수록 낮아지라.

▪ 예수는 종파를 만들지 않았다. 인간이 만든 종교와 인간의 교리를 따르지 말고, 예수를 통해 전한 하나님의 참진리를 연구하고 따르라.

▪ 예수가 2천 년 전에 만백성을 위해 죽었으니, 지금 이 땅에는 예수의 가르침대로 사는 천사만 존재해야 한다. 예수가 죽어 가면서 바란 것은 만백성이 천사가 되어 예수의 자리를 채워 주는 것이지, 지금과 같이 재물을 바치면서 중언부언 제 소원만을 비는 백성들을 바란 것이 아니다.

9. 구원

▪ 천사가 사는 천국에는 천사만 갈 수 있으니, 천사 같은 마음을 길러야 한다.

- "천국 열쇠를 네게 주리니 땅에서 무엇이든지 매면 하늘에서도 매일 것이라" 했다. 땅에서 천사같이 사는 자가 하늘에서도 천사가 되어 천국에 들어간다. 모든 사람에게 천사같다는 말을 듣는 삶을 살아야 한다.

▪ 천사의 곱고 아름다운 마음은 부모를 공경하고 어른을 어른으로 대접하는 데에서 출발한다. 효도하는 자는 형제와 화목하게 지내기에 가정이 화목해지고, 이웃과 화목해지고, 국가가 화목해지고, 온 인류가 화목해진다.

- 그러므로 지상의 아름다운 소왕국은 가정에서부터 이루어야 한다.

▪ 선택된 14만 명만 구원받는 것이 아니라, 천사처럼 변하고자 하는 14만 명을 기초로 온 인류가 천사처럼 거듭나는 영적인 개혁이 시작되는 것이다.

▪ 천 년에 걸쳐서 하늘에서 이루어진 것같이 이 세상을 낙원으로 만들어, 만백성이 지상의 천국에서 살다가 죽어서 그대로 하늘의 천국으로 들어가는, 영원한 지상 낙원을 건설하는 것이 하나님의 계획이다.

- 이것이 구약과 신약에 이어 "새로운 성경"으로 역사하시는 하나님의 창조의 완성이다.

▪ 지금의 믿음으로 구원받을 수 있다면 그 길을 가라. 그러나 자신이 없다면 하나님께서 직접 내리신 160권의 "새로운 성경"을 읽고 구원의 길을 보라!

하나님 머리말씀

이 새로운 성경을 읽는 너희 모두는
이 율법에 따라 행하면 영원히 구원받을 것이니라.

너희 인간이 수년, 수십 년, 평생
성서를 공부하고 기도하는 것은
하늘나라 나의 곁으로 오고 싶은 소망일진대,

몇천 년 전의 너희 인성과 생각이
지금의 너희와는 판이하게 다르니,

꺾여 가고 병들어 가는 너희를 고칠 수 있는 길은,
오늘 내가 선지자에게 내리는 새로운 성경과 같이
너희가 변화되는 것뿐이니라.

나의 예수가 태어난 것처럼
내가 아들 선지자를 선택하여
나의 새로운 성경을 온 세계에 전하고자 하니,

묵은 것은 버리고 새로운 것은 취하여,
너희 모두는
'여호와 하나님! 저의 죄를 용서하여 주옵소서.'
하는 기도문으로 기도하고, 죄를 뉘우치라.

이 새로운 성경은
수천 년간 내려온 성서를 요약한 것이니,
너희는 이 책을 정독하여 쉽게 깨달음을 얻고,
이대로 실천하여 하늘에 오르라.

대역자 머리말

■ 하나님의 율법을 지키는 선지자로 선택을 받도다.

저는 남들처럼 그저 열심히 살아온 평범한 사람이었습니다. 그러나 50대 중반에 사업에 실패하여 많은 부채에 시달렸으며, 건강도 악화되어 눈이 잘 안 보이고, 걷기도 어렵고, 두통이 심해서 잠을 이룰 수 없는 고통의 나날을 보냈습니다. 그때 제가 선택할 수 있는 것은 육의 삶을 끝내는 길뿐이었습니다.

죽기 직전에 그동안에 죄를 지은 이들에게 용서를 빌고 인생을 끝내기로 작정하였습니다. 어려서부터 지은 죄를 빌고 빌다 보니 끝이 없었고, 죽음으로도 그 많은 죄를 용서받을 길이 없다는 생각에 하염없이 눈물이 흘렀습니다. 그 순간 '재래식 화장실의 구더기는 죄를 짓지 않는데, 나는 인간으로서 구더기만도 못한 삶을 살았구나.' 하는 생각이 들면서 괴로움에 몸부림칠 때, 갑자기 하나님의 음성이 들렸습니다.

"나는 여호와 하나님이니라. 너는 십계명을 암송하고 내가 내려 주는 메시지를 받아 책으로 만들어 만백성을 구하라." 하시며, 제 눈을 손으로 문지르게 하시고, 아픈 머리와 다리를 손으로 두드리게 하셨습니다. 그러고 나니 눈도 잘 보이고 걸을 수 있었으며 머리의 통증도 말끔히 낫게 되었습니다. 그때부터 십계명을 암송하고 나면 들려주시는 말씀을 기록하였고, 1999년 8월부터 2004년 7월까지 권당 288쪽, 총 160권을 받아서 "새로운 성경"이라는 책으로 펴내게 되었습니다.

그러한 저에게 죽기보다도 힘든 길이 시작되었습니다. 모든 교인들이 저에게 사탄이요, 이단이요, 악마요, 마지막 시대에 온 거짓 선지자라 하면서 공격하였고, 저를 짐승을 보듯이 대하는가 하면, 편협한 종교 지도자들의 선동으로 신도들이 이 책을 직접 읽어보고 평가할 기회마저 막아 버렸습니다. 그래서 하나님의 말씀을 세상에 내는 데 많은 어려움을 겪으며, 피를 토하는 심정으로 책을 전하고 있습니다.

그러나 아무리 인간의 힘으로 막으려 해도, 하나님의 뜻이 세상에 전해지는 위대한 역사는 계속될 것입니다. 책으로 전해지는 "하나님의 말씀"은 세상 끝날까지 항상 우리와 함께하실 것입니다. 사람은 죽어도, 책에 기록된 말씀은 영원히 남으니까요.

■ 따뜻한 실천

하나님께서는 어려운 사람들에게 삶의 터전을 마련해 주고, 미래를 열어 주는 것을 기뻐하십니다. 어려운 이웃이 스스로 자립할 수 있도록 이끌어 주는 것이 진정으로 이웃을 돕는 것이라고 말씀하셨습니다. 그래서 일자리가 없는 제자들에게 작은 사업장을 만들어 주는 "달란트 사업"을 하고 있습니다. 식당, 반찬 가게 등을 차려 주고, 기존의 어려운 사업장이 자립할 수 있도록 돕고 있습니다(커피숍, 미용실, 의상실 등).

하나님께서는 교회에 나와서 모든 시간과 재물을 쏟기를 원하지 않으시고, 그 시간과 재물을 교육에 투자하여 스스로 미래를 열어 가기를 원하십니다. 그래서 제때 공부하지 못한 제자들에게 학업을 이어 가도록 하였습니다. 중화요리 주방장을 하며 초등학교 검정고시부터 공부하여 2012년에 방통대를 졸업한 36세 남성, 만학도들의 2년제 중학교에 입학해서 2007년에 명지대학을 졸업한 38세 여성, 중학교 검정고시를 시작으로 숭의여자대학을 졸업한 47세 여성 등이 있습니다. 그밖에도 많은 제자들에게 나이를 초월하여 배우고 깨우쳐서 사회 속의 당당한 일원이 되도록 인도하고 있습니다.

학자금 대출로 힘겨워하는 젊은이들을 위해 "따뜻한 바람 장학회"를 발족하여(2016년 12월) 대출받은 학자금 전액을 매월 갚아 주고 있습니다. 또한, 다문화 가정을 위해 "다문화 가족 랜드"를 조성하여, 각종 시설을 무료로 활용하도록 하고 있습니다.

이러한 따뜻한 실천이 아직은 미약합니다. 그러나 책의 수입이 늘고, 저와 뜻을 같이하는 분들이 늘어나면 계속 확대할 것입니다. 지도자로서 신도의 재물을 헌금으로 거둬들여 착복하는 것이 아니라, 하나님께서 기뻐하시는 일에 사용하도록 중매 역할만 하며 살아가고자 합니다. 이런 제가 과연 사탄이고 이단인가요? 하나님께서 기뻐하시는 일이라면, 저에게 사탄이라 하든 거짓 선지자라 하든 굽히지 않고 실천해 나갈 것입니다.

끝으로, 일상의 삶 속에서 "지금 내가 하는 행동이 과연 하나님께서 기뻐하실까, 슬퍼하실까?" 생각하고, 매사에 하나님께서 기뻐하시는 길을 택하기 바랍니다. 교회에 모여서 집단적으로 예배 드리는 것이 아니라, 개인이나 가정 단위로 새로운 성경을 읽어 스스로 깨우치고 그대로 행하면 충분합니다. 그것이 마음속에 성전을 짓고, 신령과 진정으로 예배 드리는 길입니다. 그러면 천국의 문에 들어서게 됩니다.

2017. 2. 1.

하나님 말씀 대역자 김용철

차 례

- 하나님 말씀 중에서 ... 3
- 하나님 머리말씀 ... 9
- 대역자 머리말 ... 10
- 차 례 ... 12
- 십 계 명 ... 14

2002년 7월 ... 15

목요일

2,613 _ 2002년 7월 18일 08시 02분.......... *15*
2,614 _ 2002년 7월 18일 08시 14분.......... *17*
2,615 _ 2002년 7월 18일 09시 35분.......... *19*
2,616 _ 2002년 7월 18일 11시 37분.......... *23*

금요일

2,617 _ 2002년 7월 19일 08시 34분.......... *24*
2,618 _ 2002년 7월 19일 08시 41분.......... *25*
2,619 _ 2002년 7월 19일 08시 48분.......... *27*
2,620 _ 2002년 7월 19일 09시 41분.......... *28*
2,621 _ 2002년 7월 19일 11시 46분.......... *30*

토요일

2,622 _ 2002년 7월 20일 07시 37분.......... *33*
2,623 _ 2002년 7월 20일 07시 50분.......... *35*
2,624 _ 2002년 7월 20일 22시 09분.......... *37*
2,625 _ 2002년 7월 20일 22시 29분.......... *39*
2,626 _ 2002년 7월 20일 22시 50분.......... *42*

일요일

2,627 _ 2002년 7월 21일 06시 54분.......... *44*
2,628 _ 2002년 7월 21일 07시 28분.......... *47*
2,629 _ 2002년 7월 21일 07시 45분.......... *49*
2,630 _ 2002년 7월 21일 08시 15분.......... *52*
2,631 _ 2002년 7월 21일 08시 46분.......... *53*
2,632 _ 2002년 7월 21일 09시 06분.......... *55*
2,633 _ 2002년 7월 21일 09시 33분.......... *56*
2,634 _ 2002년 7월 21일 12시 06분.......... *59*
2,635 _ 2002년 7월 21일 15시 23분.......... *60*

월요일

2,636 _ 2002년 7월 22일 07시 55분.......... *62*
2,637 _ 2002년 7월 22일 08시 09분.......... *64*
2,638 _ 2002년 7월 22일 10시 07분.......... *67*
2,639 _ 2002년 7월 22일 10시 59분.......... *68*
2,640 _ 2002년 7월 22일 11시 15분.......... *71*
2,641 _ 2002년 7월 22일 11시 44분.......... *73*
2,642 _ 2002년 7월 22일 11시 49분.......... *75*
2,643 _ 2002년 7월 22일 11시 59분.......... *76*
2,644 _ 2002년 7월 22일 12시 14분.......... *79*
2,645 _ 2002년 7월 22일 19시 53분.......... *81*
2,646 _ 2002년 7월 22일 20시 19분.......... *83*
2,647 _ 2002년 7월 22일 20시 44분.......... *86*
2,648 _ 2002년 7월 22일 20시 54분.......... *88*
2,649 _ 2002년 7월 22일 21시 26분.......... *90*

화요일
2,650 _ 2002년 7월 23일 00시 38분..........94
2,651 _ 2002년 7월 23일 00시 49분..........95
2,652 _ 2002년 7월 23일 00시 59분..........97
2,653 _ 2002년 7월 23일 01시 21분..........99
2,654 _ 2002년 7월 23일 08시 13분.........101
2,655 _ 2002년 7월 23일 08시 39분.........102
2,656 _ 2002년 7월 23일 11시 41분.........104
2,657 _ 2002년 7월 23일 12시 48분.........106
2,658 _ 2002년 7월 23일 12시 58분.........109
2,659 _ 2002년 7월 23일 13시 11분.........110
2,660 _ 2002년 7월 23일 13시 23분.........113

수요일
2,661 _ 2002년 7월 24일 00시 03분.........115
2,662 _ 2002년 7월 24일 09시 57분.........116
2,663 _ 2002년 7월 24일 11시 46분.........117
2,664 _ 2002년 7월 24일 23시 21분.........118
2,665 _ 2002년 7월 24일 23시 31분.........120
2,666 _ 2002년 7월 24일 23시 45분.........121

목요일
2,667 _ 2002년 7월 25일 00시 02분.........123
2,668 _ 2002년 7월 25일 00시 31분.........126
2,669 _ 2002년 7월 25일 01시 24분.........127
2,670 _ 2002년 7월 25일 01시 49분.........130
2,671 _ 2002년 7월 25일 02시 30분.........135
2,672 _ 2002년 7월 25일 02시 45분.........138
2,673 _ 2002년 7월 25일 03시 11분.........141
2,674 _ 2002년 7월 25일 03시 28분.........144
2,675 _ 2002년 7월 25일 09시 08분.........146
2,676 _ 2002년 7월 25일 09시 18분.........148
2,677 _ 2002년 7월 25일 11시 26분.........149
2,678 _ 2002년 7월 25일 17시 20분.........151

부 록 ... 154
【하나님께서 가르쳐 주신 운동】 154

간 행 사 ... 155

십 계 명

이 책은 십계명을 암송하고 나면 내려 주시는 "하나님의 음성"을 듣고 그대로 받아쓴 기록입니다. 하나님께서 십계명을 모세에게 내려 주셨지만, 그것은 만백성에게 내려 주신 것입니다. 마찬가지로 이 책의 모든 말씀도 저에게 내려 주셨지만, 만백성 각자에게 들려주시는 말씀입니다. 여러분도 이 책을 접할 때마다 십계명을 암송하고 나서 정독해 주시기 바랍니다.

제일은, 너는 나 외에는 다른 신들을 네게 있게 말지니라.
제이는, 너를 위하여 새긴 우상을 만들지 말고, 또 위로 하늘에 있는 것이나, 아래로 땅에 있는 것이나, 땅 아래 물 속에 있는 것의 아무 형상이든지 만들지 말며, 그것들에게 절하지 말며, 그것들을 섬기지 말라.
제삼은, 너는 너의 하나님 여호와의 이름을 망령되이 일컫지 말라.
제사는, 안식일을 기억하여 거룩히 지키라.
제오는, 네 부모를 공경하라.
제육은, 살인하지 말지니라.
제칠은, 간음하지 말지니라.
제팔은, 도적질하지 말지니라.
제구는, 네 이웃에 대하여 거짓 증거하지 말지니라.
제십은, 네 이웃의 집을 탐내지 말지니라.

나 여호와가 존재함을 믿는 그 자체가 구원의 길에 들어서는 기본이요, 근본이며, 나의 새로운 성경을 가슴에 안고 정독하는 자, 반석 위에 서서 하늘에 오르는 찬란한 빛을 보게 되는 영광을 얻게 됨이니라. 진정 나를 따르고 믿는 자는 감히 사탄이나 마귀도 근접하지 못하느니라.

〈하나님 말씀〉

2002년 7월

2,613 번째 하나님 말씀

2002년 7월 18일 08시 02분

1 사랑하는 나의 아들아!
2 "네, 아버님! 말씀하옵소서."
3 너는 모든 삶에 있어서 너 스스로 어찌 그리 불안해하며 두려워하는가?
4 모든 것은 나 여호와가 존재하며, 네가 출발하여 올라가고 달려갈 수 있도록 하나하나 모든 준비가 되어 가고 있지 아니한가?
5 그 이루어지는 준비 단계의 과정 속에 있는 네가 마음속에 불안해하며 두려워한다 하면 나의 피조물 만백성은, 아무것도 모르는 그들은 그 삶이 얼마나 불안하고 초조하겠는가?
6 너 자신이 변하여야만 나의 피조물 만백성이 너의 변한 모습을 보고 변한다 하였음이니, 네가 불안해하며 초조해 한다 하면 나의 피조물 만백성의 마음은 어떠하겠는가?
7 모든 것은 나 여호와가 주관한다 하였으며, 나의 주관하에 나의 뜻이 이루어진다 하였음이니, 너는 기도와 묵상과 나에게 경배하는 시간을 가지라 그리하였음이니라.
8 그리하여 시간을 아끼고 절약하여 오로지 기도와 묵상에만 네가 전념할 때 모두는 다 이루어질 것이라 말하였으며,
9 네가 남들에게 구걸하도록 나 여호와가 만들며 네가 여비가 없어 움직이지 못하도록 내가 만들던가?
10 너는 지금 서서히 하늘의 뜻을 알며 구원의 길이 무엇인가를 알며 내가 존재함을 알며, 모두는 내가 주관하여 하나하나 단계적으로 계획대로 이루어져 가고 있음이니,
11 그 속에 있는 네가 얼마나 행복하고 위대한 자인데 네가 감히 불안해하며 두려워하는가?
12 모든 종파들의 그 힘이 강하다 하나 너를 해하지 못할 것이며, 네 앞에 와 너의 제자라 하여 고개 숙이다 간 자들 또한 감히 너를 해하지 못할 것이며,
13 160권의 법전이 세상에 나오는 역사를 이루기 전까지 누구도 너를 돌아다보지 못하며 너에게 가해하지 못할 것이니라.
14 그리하여 내가 너에게 명한 그 나이를 사는 동안 너는 예수의 삶의 열 배의 역사를 이루어야 하는 것이며,
15 네가 그 역사를 이루어야만 나의 피조물 만백성이 천 년에 걸쳐 내가 존재함을 알며 나의 법전이 나의 성령이라는 것을 알아, 그들이 깨우쳐 지상의 낙원을 건설하고 이루는 것을 스스로 행하도록 하게 되어 있음이니라.
16 내가 너에게 일러 말하지 아니하였더냐?
17 똑같은 일을 행하는 것도 제가 스스로 하고자 하면 기쁨이요, 영광이요, 즐거움이요, 힘든 것을 모른다 하였으

나, 남들이 시키며 남의 명에 따라 움
직이는 것은 힘들며 고역스러우며 스
스로 꾀가 나는 것이 너희들 인간이라
내가 말하지 아니하였더냐?
18 그리하여 그와 같은 이치로써 나의 피
조물 만백성이 스스로 타는 불과 같이
일어날 것이며, 그 불꽃은 걷잡을 수
없을 것이니라.
19 그건 스스로 그들이 깨달음이요, 그들
이 가야 할 길을 알며, 수천 년 동안
믿음이 잘못되었으며 그들을 지옥으
로 끌고 가는 역사가 이루어졌다는 것
을 알게 되는 순간 그들 스스로 일어
나게 됨이니라.
20 지금 너와 너의 제자들은 이제 그 불
꽃에 불씨를 붙이고 있음이며, 그 붙
여 놓은 불씨는 어느 땐가는 활활 타
오르게 될 것이니, 스스로 그 불이 타
도록 그리될 것이니라.
21 지금 믿음이라는 세계에서 몇천 년 동
안 속아 온 그 후손들 또한 저희들이
속아 오고 지금까지 잘못 믿어 온 것
이 분하고 억울하여 그들이 그 진정한
길을 위하여 불을 붙일 때, 그 불만은
끌 수 없음을 알아야 될 것이니라.
22 너희들이 깨우쳐 하나하나 깨닫는 것
이 아니라 너희들은 나의 법전을 가지
고 불씨를 붙이면 되는 것이며,
23 나의 피조물 만백성 중에 구원의 길을
보는 자, 구원의 빛을 보는 자가 진정
이것이 나의 성령의 뜻이요, 만백성을
구하는 법전이라는 것을 깨달아 그들
이 활활 타오르는 그 역사를 스스로
이루도록 하고자 함이 나 여호와의 뜻
임이니라.
24 물을 먹기 싫어하는 그 짐승에게 인간
으로서 너희 힘으로 물을 먹일 수 없
는 이치를 나 여호와가 알고 있으며,
모두는 다 나의 주관하에서 이루어지
는 역사이니,
25 내가 그 역사를 거역하는 행위로써 너
희들에게 무엇을 이루라, 행하라 하겠
는가?
26 먹지 않는 짐승에게 물을 먹일 수 없
듯이, 받지 않고 듣지 않는 나의 피조
물 만백성에게 역으로 너희들이 전하
는 것은 너무나도 힘들고 어려운 길이
니라.
27 그저 너희들이 동서남북에 불씨를 뿌
려 놓으면 그 불씨가 훨훨 탈 수 있는
것은 나 여호와가 이루는 것이며,
28 스스로 그들이 불을 지펴 태우도록 하
는 그 이치를 내가 시행하며 그와 같
은 역사로써 나의 법전이 세상에 전해
지는 그 역사를 이룰 것이며,
29 천 년에 걸쳐 내가 원하는 새로운 동
산을 이루고자 하는 방법은 너희들과
같이 이끌어 지도하고 안내하는 자들
의 능력하에 이루어짐이 아니라, 그들
이 스스로 타는 불꽃이 되었을 때 그
역사를 이루고자 함이니,
30 사랑하는 나의 아들아, 그 뜻을 너는
알아 너의 제자들과 너를 따르는 백성
들에게 그 이치를 깨우쳐 주며,
31 그저 동서남북에 불씨만 붙이는 역할
을 하도록 그리 깨우쳐 주라, 아들아!

2,614 번째 하나님 말씀

2002년 7월 18일 08시 14분

1 사랑하는 나의 아들아!
2 "네, 아버님! 말씀하옵소서."
3 지금 수천 년 역사가 지나오는 동안
하늘에 오르는 길이라 하여 종교 지도
자들이 가르쳤으며, 그 앞에서 너희들
의 조상이 배우다 죽어 갔으며,
4 또한 너희들이 평생을 다 바쳐 그 믿
음의 길을 가며 그리고 네 앞에 와 너
의 제자요, 나의 법전이 나의 성령의
뜻이라 말하다 떠나는 자들, 그들에게
물어보라.
5 저희들이 과연 이 세상의 동식물이 살
아가는 그 이치와, 그들의 형태와, 천
지조화에 이루어지는 그 모두를 변화
시킬 수 있는가 물어보라.
6 그들에게 바다를 산으로 만들며, 산을
바다로 만들며, 사막을 초원으로 만들
며, 모든 동식물이 존재하고 존재하지
못하며, 그들이 살아갈 수 있으며 살
지 못하는 그 역사를 과연 이룰 수 있
는가 그리 물어보라.
7 이는 창조주인 나 여호와 즉, 만든 이
외에는 아무도 할 수 없다는 것을 그
들에게 깨우쳐 줘야 될 것이니라.
8 그는 바로 무엇이더냐?
9 하나의 동물의 생명을 내보낼 때 그
원천의 뿌리요, 근본이요, 그 모두를
아는 것은 창조주 즉, 만든 나밖에는
모르기 때문이니라.
10 지금 너희들이 수천 년 동안 살아오는
그 역사 속에서 너희들이 과연 사막에
초원을 만드는 그 기적의 역사를 이룰
수 있는가 물어보라.
11 그 역사를 이룰 수 없거든 감히 나로
부터 선택된 백성이며, 하늘에 오르는
길이요, 나의 나라에 오를 수 있는 그
와 같은 깨우침과 그 길을 인도하는
자들이 아님을 저희 스스로 알라 그리
이르라.
12 이는 오로지 그를 역사한 자만이 그와
같은 역사를 이룰 수 있음을 알아야
될 것이니라.
13 지금 너희들이 살고 있는 이 지상의
낙원에 수백, 수천, 수만의 종파들이
우글거리고 있음이니라.
14 그 종파를 너희들이 하나로 과연 만들
수 있으며 통일할 수 있는가?
15 너희들이 사막을 초원으로 만들며 바
다를 메우는 역사는 이룰 수 있을지
모르지만, 지금 수천, 수만, 수억의 종
파가 이루어지는 이 지상에서 그 종파
들을 하나로 통일하는 길은 그보다 더
어려우며, 정녕 영원히 할 수 없는 것
이 그 일이니라.
16 또한, 그러한 역사를 이룬다 하여도
너희들의 그 생명이 그를 이룰 수 있
도록 천년만년 이 지상에서 살 수 있
는 자가 없으니, 그 또한 그를 이룰 수
없는 것이 너희들이니라.
17 그리고 너희들은 절대 그를 이룰 수가
없음이니라.
18 그러니 그를 이룰 수 있는 자가 바로
나로부터 선택된 자요, 나의 아들이
며, 나의 성령을 받아 행하는 자임을
너희들은 알아야 될 것이니라.
19 너희들은 어떠한 능력과 어떠한 기적
과 어떠한 힘으로써, 또는 너희들이

소속된 종파의 능력으로써 너희들이
부르짖고 이룬다 하나, 너희들은 정녕
이 세상의 나의 피조물 만백성을 하나
로 엮을 수 없음이니라.
20 지금 너희들이 하늘에 오르는 길이라
가르치고 있는 형국이 무엇인 줄 아는
가?
21 이 지상이 곧 나의 성전이거늘, 이 성
전 속에 너희들은 두꺼비집 모양 같은
것을 지어 놓고 그곳에서 너희들이 하
늘에 오르는 길이요, 나의 뜻을 안다
그리 울부짖는 형국이니라.
22 종교 지도자들이 너희들은 감히 두꺼
비집에서 나와 나를 향하는 기도를 드
리지 못하며 그 속에 들어오는 자만이
구원을 받을 수 있다 하여,
23 감히 두렵고 무서워 세상으로 나오지
못하며, 그 두꺼비집 같은 곳에 창문
을 놓고 그 창문에 햇살을 받아 하늘
에 오를 수 있는 길이라 그와 같이 억
지를 부리고 있는 것이 너희들의 형태
이니, 너희들이 과연 무엇 하나를 이
루겠는가?
24 지나가는 개미를 나비로 만들 수 있는
가, 나비를 벌로 만들 수 있는가?
25 그와 같은 능력 하나도 없으면서 감히
너희들이 나 창조주인 양 그리 말하고
행동함이니,
26 그리하여 너희들이 기도하는 그 방법
이 나에게 무엇을 주라, 내리라 그리
명령하는 것은 나보다 너희들이 높이
있고자 하는 그 행위에서 이루어지는
것이 아니던가?
27 이것이 바로 너희들이 지금 너희 자신
의 주제를 파악하지 못하며 너희 자신
을 스스로 알지 못하고 있음이니라.
28 이 세상의 그 모든 역사를 이루는 자
는 나로부터 선택된 자요, 나로부터
지명받은 자요, 나의 대명을 갖고 내
려가는 나의 아들밖에 이룰 수 없음을
알아야 될 것이니라.
29 즉, 너희들이 이룰 수 없는 그 역사를
이루는 것은,
30 나의 성령을 받아 기록하는 이 법전만
이 세상에 존재하며, 너희들이 쓰는
언어요, 행동이요, 그 모두를 하나로
통일하며, 이것만이 나에게 오르는 길
이라 하여 하나로 엮으며 하나로 이룰
수 있는 그 역사는 바로 나의 아들을
통하여 내려보내는 나의 성령이요, 나
의 법전만이 이룰 수 있을 것이니,
31 이 역사가 이루어져 나의 피조물 만백
성이 공통어를 쓰며 나에게 오르는 길
이 법전이라는 것을 깨달아 그들이 공
부할 때 그들이 하나로 이루어질 수
있는 것이며,
32 그리하여 바로 이 법전을 기록하는 나
의 아들이 나의 진정한 아들이요, 나
의 선지자라는 것을 너희들이 알아야
할 것이니라.
33 너희들이 지금 하고 있는 그 모두는
바람 앞에 모래를 뿌리는 그와 같은
형국에 지나지 아니함이니라.
34 오로지 나의 피조물 만백성을 하나로
이루고자 하는 그 모든 역사를 이루는
것은 나의 법전이요, 나의 성령을 받
아 기록하는 나의 아들이 살아가는 인
간의 그 행적만이 이 모두를 다 이룰
수 있음을 너희들은 알아야 될 것이니
라.

35 그러하기에 나의 법전이 소중하며, 나
의 아들이 소중하며, 이를 읽고 깨우
치는 너희들이 다 소중한 자라 내가
그리 말함이니라.
36 이 세상의 모든 변화와 모두를 하나로
이루는 것은 이 법전밖에 없으며, 나
의 성령으로 기록되어 너희들에게 전
하는 이 나의 성령의 뜻밖에는 이룰
수 없음을 알아야 될 것이니라.
37 그리하여 오늘의 나의 아들이 세상에
내려가 있음을 너희들이 알게 될 것이
니, 그리 알라.

2,615 번째 하나님 말씀

2002년 7월 18일 09시 35분

1 사랑하는 나의 아들아!
2 "네, 아버님! 말씀하옵소서."
3 내가 나의 알곡식들을 하나하나 고른
다 하였음이니라.
4 그 쭉정이 속에서 알곡식을 그것도 한
알 한 알 구한다 하였음이니, 한 알 한
알 내가 알곡식을 건지는 그 뜻을 너
는 아는가?
5 알곡식의 의미는 무엇이더냐?
6 그 알이 차서 모든 백성들에게 먹히며
양분이 되며 보탬이 되는 그와 같은
의미로 알곡식을 구하고자 하는 것이
아님이니라.
7 내가 그와 같은 뜻으로 나의 알곡식을
고른다 하면 내가 어찌 한 알 한 알 알
곡식을 구하겠는가, 그저 되는대로 단
체로, 무더기로 만들면 되는 것을.
8 내가 알곡식의 너의 제자들을 하나하
나 구하는 뜻이 정녕 너는 어디 있다
생각하는가?
9 사랑하는 아들아,
10 내가 알곡식을 하나하나 구하듯이, 너
의 제자들을 그 쭉정이와 알곡식 속에
서, 그것도 쓸 수 있는 그 알곡식을 하
나하나 구하여 네 앞에 놓아 준다 하
면, 이 알곡식은 어떤 의미가 있는지
아는가?
11 자기 자신을 다 버릴 수 있는 자이며,
자기 자신을 썩히고 죽여서 새싹이 세
상에 나와 그 열매를 열 수 있는 그와
같은 곡식을 구하고자 함이니라.
12 그리하여 내가 많은 곡식 중에서 하나
하나 알곡식을 구함이니, 그 뜻이 무
엇이던가?
13 그 알곡식만이 씨앗을 내릴 수 있으
며, 씨앗을 내리기 위하여 그 알곡식
은 어떠한 역경과 고통을 겪어야 되는
지 아는가?
14 자기 자신을 버려야 되며 자기 자신을
다 썩히는 그와 같은 역사가 이루어지
지 아니하면 그 알곡식은 씨앗을 뿌려
세상에 내놓는 역사를 이룰 수 없음이
니라, 나의 아들아!
15 그리하여 그들은 자기 자신을 썩히고
자기 자신을 죽이며, 그 고통과 인내
속에서 새로운 하나의 새싹을 낳게 하
여, 그 새싹만이 만백성을 구하는 길
을 갈 수 있는 것이니, 바로 알곡식의
뜻이 여기 있음이니라.
16 내가 나의 알곡식을 하나하나 주워 네
앞에 놓는 것이며 진정한 알곡식을 놓
아 주는 것은,
17 그 곡식들은 저 자신을 버림은 물론이
요, 저 자신을 썩히고 또 썩혀서 새싹

을 낳게 함이니, 그들이 바로 나의 법
전이 진정한 나의 성령이요, 이가 만
백성을 구하는 나의 법전이요, 법도라
는 것을 알고 그 자신을 다 태우고 죽
여 나를 따라 만백성을 구할 수 있는
그 하나의 빛이 되는 자들이기에,
18 그리하여 그 알곡식을 하나하나 추리
는 나 여호와의 아픈 마음을 너희들은
아는가?
19 많은 피조물 만백성이 나의 자식이요,
나의 아들딸이니라.
20 그 많은 자식 중에서 하나하나 알곡식
을 골라 내가 네 옆에 놓아 준다면, 나
여호와의 마음이 얼마나 아프고 쓰리
겠는가?
21 너희들은 말하지 아니하느냐?
22 열 손가락을 깨물어서 아프지 않은 손
가락이 없듯이, 열 자식 중에 미운 자
식이 없으며 버릴 수 있는 자식이 없
다 말하지 아니하는가?
23 그와 같은 인간 세상에 살아가는 너희
들 인연도 그렇거늘, 영원히 사는 나
라요, 영원히 존재하는 하늘의 구원을
받고 못 받고 하는 그 속에서 내가 나
의 아들딸 중에서 알곡식과 쭉정이를
구분하여 고른다는 것은 나 여호와의
가슴이 얼마나 미어지도록 아프고 쓰
린가를 너희들은 정녕 생각을 해 보았
는가?
24 그 속에서 내가 버릴 것을 버리며 취
할 것을 취하는 그 마음은 무엇이더냐?
25 너희들이 바로 자신을 죽이고 썩히고
자신을 버려서 만백성을 구할 수 있는
그 빛이 될 수 있는 자들이기에 오늘
의 열 명, 천 명, 만 명을 버리는 것보
다, 천 년 후에 수억의 인구를 구하여
이 지상의 낙원을 하늘에서 이루어진
것같이 이룰 수 있는 나의 만백성을
구하기 위하여 내가 그 알곡식을 구하
는 내 손이 떨리며 가슴이 찢어지도록
아픈 그 심정을 너희들은 알고 있는가?
26 지금 나의 성전에 와 있는 자들, 나의
성전에 와 고개 숙여 나의 법전을 공
부하는 자들, 너희들은 그와 같이 많
은 나의 자식 중에서 많은 자식을 버
려 가면서 너희들을 선택하는 나의 가
슴이 찢어지고 아픈 그 역경 속에서
알곡식이라 구원하여 내가 성전에 너
희들을 앉혀 놓았으며, 나의 성령을
직접 듣도록 하며, 나의 법전을 읽도
록 하니,
27 너희들이 과연 어떠한 존재이며 너희
들이 어떠한 가치에서 이 자리에 있는
가를 생각해 보았는가?
28 열 자식 중에서 아홉 자식을 쭉정이라
버리며 한 자식을 건져 내는 그 부모
의 마음이 얼마나 찢어지고 아픈가를
너희들은 알겠는가?
29 창조주인 나 여호와가 수십억 인구 중
에서, 너희들의 미래를 위해, 천 년의
역사를 위해 너희들을 알곡식이라 건
져 내는 나 여호와의 떨리는 손과 찢
어지고 아픈 마음을 너희들은 정녕 아
는가?
30 너희들이 누구던가?
31 나의 성전에 와 내 모두를 태워 나의
아들을 통하여 내려보내는 성령의 내
말을 직접 듣고 만백성을 구하는 나의
법전을 읽고 깨우치는 너희들이 그리
하여 선택된 나의 알곡식들이니,

32 너희들이 과연 어떠한 생각과 어떠한 마음을 갖고 살아가야 하는 것인가 너희들은 과연 한 번 돌아다보았으며, 이 어버이의 아픈 가슴을 과연 한 번 이라도 생각을 해 보았는가?

33 너희들은 알곡식이라 하여 그저 쭉정이가 아닌 그 곡식이 알이 찬 것으로, 많은 인간에게 음식이 되며 남들이 먹을 수 있는 그와 같이 알곡식으로 선택된 것으로 그리 생각할 것이니라.

34 나 여호와가 알곡식을 추린 것은 그것이 아님이니라.

35 많은 나의 수십억 아들딸을 다 버리며, 하늘의 이루어진 역사를 천 년에 걸쳐서 이 지상에서 이루고자 하여, 그 자신을 썩히고 죽여서 뿌리를 내릴 수 있는 알곡식을 선별할 때 나의 마음이 얼마나 찢어지도록 아프겠는가?

36 그리하여 너희들이 얼마나 소중한가를 너희들은 생각해 보았는가?

37 지금 수십억 인구 중에서, 수십억의 곡식더미에서 너희들 하나를 뽑아내는 나의 마음이니, 너희들이 그들을 대표하여 나의 성전에 와 지금 나의 성령이요, 나의 법전을 읽고 깨우치는 자들이니, 너희들 자신이 어떤 자들인가 너희 스스로 생각해 보았는가?

38 그러한 너희들이 어찌하여 추하고 더러운 생각을 할 수 있으며, 너희들 자신을 죽여 만백성의 빛이 되어 만백성을 구하고자 하여 내가 고른 그 알곡식이 더러워지고 오물이 생기며 흠집이 생겨서 그가 썩어 간다면, 나 여호와의 마음이 얼마나 찢어지도록 아프겠는가?

39 너희들은 너희들의 그 소중함을 알아야 될 것이니라.

40 수십억 인구 중에서, 수십억 나의 백성 중에서, 수십억의 나의 아들딸 중에서 너희들이 알곡식이라 선택되었음이니, 그것을 너희들은 오늘서부터 가슴 깊이 새겨야 될 것이며,

41 너희들이 해야 할 일과 너희들이 가야 할 길을 알아야 될 것이며, 감히 더럽고 추한 것이 너희 몸의 1미터 옆에 근접하지 못하도록 너희들 자신이 뜨거운 불과 열정으로써 그들을 다 쫓아 버리며 태워야 할 것이니라.

42 너희들은 나 여호와로부터 선택된 아들딸들이니라.

43 열 자식 중에서 아홉을 버리며 하나를 선택하는 그 마음이 얼마나 찢어지고 아프겠는가?

44 창조주인 내가 만백성 중에서 너희들을 추렸을 때, 나의 그 떨리는 심정과 그 고통스러운 마음을 너희들이 알았는가?

45 너희들이 예수가 십자가에서 죽어 갈 때의 그 예수의 고통은 생각하며 그 시련은 생각하나,

46 그를 구원할 수 있는 비상의 약을 가지고 있는 나 아버지가, 너희들이 말하는 전지전능한 창조주인 내가 그를 버려두며 만백성을 위하여 그의 기도를 들어주지 아니할 때, 나의 가슴이 얼마나 찢어지고 아팠는가를 너희들은 알겠는가?

47 지금 제3의 시대의 마지막 심판하는 시대에 여기서 알곡식으로 선택되지 못하는 그 백성은 지옥으로 감이니,

그리고 나의 법전을 읽고 그들이 깨닫
지 못한다 하면 바로 그들이 지옥으로
가게 되어 있음이니,
48 그중에 선택된 너희들이 지금 시간이
어디 있으며, 잠잘 시간이 어디 있으
며, 누워 있을 시간이 어디 있으며, 다
른 생각을 할 시간이 과연 어디 있는
가?
49 그 많은 수십억 인구 중에서 선택된
너희들이 바로 서 빛이 되고 양심이
되어 그들을 구원하여 나에게 오르는
길을 볼 수 있도록 하는 것이 너희들
의 대명이며 너희들이 가야 할 길이거
늘, 어찌하여 너희들은 이를 깨닫지도
못하며, 이를 생각하지도 못하며,
50 수십억 인구 중에서 알곡식으로 선택
된 너희들이 썩어지기 전에 만백성을
구해야 되는, 너희들 주변으로부터 가
려 낸 쭉정이의 그 모두를 채울 수 있
도록 노력하는 그 시간과 마음의 준비
를 얻지 못하며, 너희들이 그들과 똑
같이 안일한 방법으로써 지금 지탱하
며 살아가려 하는가?
51 지금 마지막 시대에 나의 성령을 내려
만백성을 재판하고자 하는 나의 아픈
가슴을 너희들은 알겠느냐?
52 예수가 죽어 가는 것을 바라보는 그때
의 심정보다도 열배 백배 천배 더 가
슴이 아프고 찢어짐을 너희들은 알아
야 될 것이니라.
53 나의 아들 예수가 죽어 갈 때 그 기도
를 들어주지 아니하였으며 그 뜻을 들
어주지 아니하였으며, 그가 죽어 가도
록 했던 나 여호와의 그 아픈 마음을
달랠 수 있었던 것은 지금의 제3의 시
대에 이 역사가 이루어지는 것을 알고
있었기 때문이며,
54 마지막 너희들을 심판하여 구원하고
구원하지 못하는 제3의 시대의 역사
가 있으며, 나의 성령의 법전이라 하
여 세상에 나가 나의 만백성을 구하는
그 찬란하고 위대하고 방대한 역사의
사업이 기다리고 있었기에 내가 그를
달래고 또 위로할 수 있었음이니라.
55 그러나 이제는 그와 같은 기회가 나
여호와에게도 없음이니라.
56 내가 이게 마지막이요, 마지막 심판하
는 시대라 하였음이니,
57 여기에서 알곡식이라 선택된 너희들
이 태만하며 게으르며 너희들의 할 일
을 모르며,
58 그 수십억 자식 중에서 한 자식을 선
택한 나 여호와의 찢어지는 그 아픈
마음을 너희들이 안다 하면, 너희들이
지금 누워 잠잘 시간이 어디 있으며,
세상사를 보고 갑론을박할 시간이 어
디 있으며, 이것이 옳다 저것이 옳다
할 시간이 어디 있는가?
59 너희들은 십계명에 따라 살아야 될 것
이며 한 점의 부끄러움이 없는 삶으로
곱게 살아 만인의 빛이 되어,
60 지금 너희들과 더불어 있는 만백성을
지금서부터 구하여, 그들을 같이 구원
하는 길에 모두를 다 바쳐야 할 것이
너희들임을 깊이 깨우쳐 행하도록 그
리해야 할 것이니, 명심하도록 그리하
라.

2,616 번째 하나님 말씀

2002년 7월 18일 11시 37분

1 사랑하는 나의 아들아!
2 "네, 아버님! 말씀하옵소서."
3 내가 지금 나의 성전에 와 나의 법전
을 깨우치며 나의 성령을 듣는 너의
제자들을 수십억 인구 중에서 알곡식
이라 하여 골라 네 앞에 놓았음이니,
4 이는 나의 피조물 만백성의 그 깊은
심성과 그 깊은 마음속과 그들이 미래
에 어찌 변하는지는 네가 모르는 부분
이기에, 그를 아는 나 여호와가 알곡
식을 골라 네 앞에 보내 놓았음이니,
그들을 다스리고 가꾸는 것은 너의 책
임이니라.
5 이제는 네가 사람들의 음성을 들으며
사람의 모형을 보았을 때 그들의 마음
을 알 수 있으나,
6 그들의 걸어가는 뒷모습이요, 앉아 있
는 모습을 보면서도 그들이 어떠한 마
음과 어떠한 심성을 가진 자며 미래에
어찌 이루어질 것인가를 깨달을 때까
지는 내가 너에게 알곡식을 직접 구분
하여 네 앞에 보내 줌을 네가 알아야
될 것이니라.
7 내가 일찍이 너에게 깨우쳐 말하였느
니라.
8 나 여호와가 내리는 그 성령을 만백성
이 읽어 보고 이것이 나 여호와 하나
님의 말씀이 아니요, 잘못됐다며 그들
이 너희들을 물고 공격하는 것은 나의
책임이라 말하였으며,
9 선지자로서 네가 그 자리를 지키고 만
백성이 너를 따르는 것은 네가 지켜야
할 덕목이며 네 책임이라 말하였느니
라.
10 네가 나의 피조물 만백성이 미래에 변
하는 모습을 아직 잘 모르기에 내가
그들을 선택하여 네 앞에 알곡식을 추
려 갖다 놓았음이니, 그 알곡식을 어
찌 뿌리고 심느냐는 너에게 달렸음이
니라.
11 네가 들에 그 알곡식을 뿌려 날짐승이
먹게 하는 것도 네 주관이며, 그들을
가시덤불 돌밭에 심어 열매 맺지 못하
도록 하는 것도 또한 네 주관이니라.
12 좋은 토양에 그 알곡식을 뿌려 물을
주어 잘 가꾸어 그들이 반듯이 자라
만백성을 구하는 빛으로서 역사할 수
있는 것은 네가 지금서부터 해야 할
덕목임을 너는 알아야 될 것이니라.
13 나 여호와는 알곡식의 그 소중함과 그
들의 임무와 그들이 가야 할 길과 그
들이 나에게 선택된 그 이유를 그들에
게 다 직접 깨우쳐 가르쳤음이니,
14 그 씨앗은 인간의 형태를 가진 나의
아들, 네가 네 손으로 직접 심어야 될
것이니, 이것이 너의 책임임을 알아야
할 것이니라.
15 이는 내가 너에게 말하지 아니하여도
네가 그 알곡식을 어떠한 토양에 심을
것인가 하는 것을, 네가 어찌 가며 어
찌 행하는 것이 네가 그리할 수 있는
것인가를 네가 잘 알고 있음이니,
16 내가 그를 갑론을박하는 그와 같은 깨
우침이 넘은 너이기 때문에 내가 더
이상 말하지 아니할 것이니라.
17 내가 어찌하라 말하지 아니하여도 네
가 어찌하여야 되는지를 이제는 깨우

치고 있음이니,
18 그 알곡식을 정녕 알곡식으로서 자신
을 죽이고 썩혀서 새로운 빛으로 태어
날 수 있도록 하여 만백성을 구원하는
나의 선택된 백성으로서 그들이 역사
할 수 있도록 하는 것은 네가 그 씨를
어디에 뿌리느냐에 달렸음이니, 이를
명심하여 행하도록 하라, 사랑하는 나
의 아들아!

2,617 번째 하나님 말씀

2002년 7월 19일 08시 34분

1 사랑하는 나의 아들아!
2 "네, 아버님! 말씀하옵소서."
3 너희들 인간 세상사 살아가는 중에
'걷기 쉽다 뛰지 말며 어렵다 쉬지 말
라.'는 말이 있지 아니하던가?
4 너는 성령을 받아 만백성을 구원하고
자 하는 나의 법전을 받아 기록함이
니, 네가 급히 이것을 만들고자 하며
이를 세상에 빨리 전하고자 하는 그와
같은 성급한 마음을 갖고 나의 성령을
받아 기록해서는 아니 될 것이니라.
5 조용히, 차분히 네가 나의 성령을 잘
받아 그 뜻을 이해하며, 내가 너에게
원하고자 하는 것을 너 스스로 이해하
고 깨달아서 네가 부단히 노력하는 그
속에서 이 역사가 이루어질 수 있음을
알아야 할 것이니라.
6 160권이라는 대장정의 나의 성령을
받아 10년이라는 그 세월 속에 만들
어 내는 그 역사를, 가랑잎에 불을 지
르듯이 그와 같은 생각으로써 이를 이
루고자 한다 하면 너 스스로 지쳐 쓰
러지며, 너 스스로 네 성격을 다스리
지 못하여 네가 지쳐 쓰러짐이니라.
7 네가 살아감에 있어서 모든 생활을 기
도하고 묵상하며 나의 성령을 받는 그
와 같은 시간으로써 너 자신의 육의
존재함을 다스리며,
8 네가 조용히 네 마음을 다스리는 속에
서 기도와 묵상으로써 생활을 해 나가
는 그와 같은 습관을 깊이 뿌리내리
며, 그것을 즐거움으로 생각하며 그것
을 행복으로 생각하며 그것을 영광으
로 생각하며 가야 함을 잊지 말라.
9 네가 가랑잎에 불을 붙이듯이 이를 빨
리 이루고자, 빨리 세상에 전하고자
그리한다 하면, 이는 네가 이 역사를
이루기 전에 너 스스로 쓰러지는 그와
같은 결과가 이루어질 것이니라.
10 네 마음을 조용히 다스리며 차분히 다
스리며, 바람이 불어도, 비바람이 몰
아쳐도, 더위가 와도, 추위가 와도 흔
들리지 않는 그 마음으로써 꾸준히 기
도하고 묵상할 때 모든 역사가 다 이
루어질 것이니라.
11 그리고 너를 따르는 제자 모두에게 이
르라.
12 네가 나의 성령을 받아 법전을 기록하
되, 네가 그 일을 할 수 있는 그 역사
의 모든 걸 다 그들이 지원하며, 그들
이 옆에서 보살피며,
13 저희들 인간의 생각대로 그를 시시비
비하지 말며 왈가왈부하지 말라 이르
라.
14 나의 아들이 나의 성령을 받아 법전을
만드는 그 역사를 가는 길에, 나의 선
지자가 마음을 다스리며 조용히 나의

성령을 받아 160권의 법전을 만드는
그 길을 감에 있어서 그가 알 것이며
그가 선택해서 가는 그 길에 그들이
인간적인 생각으로써 시시비비를 해
서는 아니 될 것이니,
15 이를 너의 제자들이 명심해서 깨우쳐
야 할 것임을 가르쳐 주라.

2,618 번째 하나님 말씀

2002년 7월 19일 08시 41분

1 사랑하는 나의 아들아!
2 "네, 아버님! 말씀하옵소서."
3 너희들이 세상사 살아감에 있어서 내
가 무어라 말하였던가?
4 너희들이 나의 아름다운 지상의 낙원
에 너희들의 손으로 이룬다는 그 성전
은 나의 아름다운 이 자연의 지상을
오염되게 하며 그를 흉악하게 만드는
짓이라고 내가 말하였음이니라.
5 이 지구의 모두가 다 내가 이룬 성전
이며 나 여호와가 통제하는 성전이거
늘, 내가 만든 성전에서 내가 전하는
나의 메시지요, 나의 성령이요, 나의
뜻을 너희들이 들어 깨우치면 되는 것
을,
6 어찌하여 너희들은 너희들 손으로 성
전이라는 것을 지어, 그곳에서 나의
음성이요, 나의 뜻을 전하지 못하도록
나를 역행하는 그와 같은 행위를 하고
있는가?
7 너희들은 알아야 될 것이니라.
8 지금 너희들이 만백성을 구하며 간다
하는 그 종교 집단의 형태에서 과감히
벗어나지 못하며 그를 탈피하지 못한
다 하면, 정녕 나의 성전을 볼 수 없으
며 나의 뜻을 볼 수 없으며 내가 이루
고자 하는 것을 너희들은 볼 수 없음
이니라.
9 지금 너희들의 손으로 만든 그 성전에
서는 인간들의 생각이 거기에 주입되
며 너희들의 경험한 바가 거기에 주입
되며, 이러할 것이다 저러할 것이다
하는 너희들의 생각이 거기에 주입이
되어 전하고 깨우침이니,
10 정녕 나의 뜻대로 전한다 말할 수 없
으며, 나와는 무관한 그와 같은 공부
를 너희들이 하고 있다는 사실을 알아
야 될 것이니라.
11 너희들은 이 자연의 모두가 다 내가
만든 성전이라 생각하며, 이 자연 속
에서 스스로 기도하며 너희들이 나의
성령이요, 나의 법전이요, 내가 내리
는 나의 뜻을 갖고 깨우쳐 스스로 하
늘에 오르는 그 기도를 드리며 나에게
경배하면 너희들은 구원의 길을 올 수
있다는 것을 깨우쳐야 될 것이니라.
12 자연 속에서 나의 계명을 지키고 살아
가며, 그 방대한 나의 성전이요, 내가
만든 이 성전에서 너희들이 스스로 깨
우쳐 공부하는 그와 같은 너희들의 개
방된 마음이요, 깨우치는 마음이요,
변화되는 마음이 없이는 나에게 오르
는 길을 정녕 볼 수 없음이니라.
13 너희 손으로 만든 그 성전 안에서 너
희들이 깨우치고 배워 하늘에 오른다
는 그 고정관념을 버리지 아니한다면
자연의 위대함 속에, 내가 만든 이 위
대한 성전에서 이루어지는 그 위대한
역사를 너희들이 볼 수 없음이니라.

14 이 지상이 내가 만든 성전이라는 것을
너희들이 깨우쳐서, 이 세상 만물의
돌아가는 형태와 만물이 살아가고 존
재하는 그 이치를 보고 깨우치는 그
속에서 너희들은 나 여호와가 존재함
을 알며 나의 전지전능함을 알며 나의
위대함을 알게 되어 있음이니,
15 이제는 너희들의 손으로 지은 그 성전
에서 틀에 박힌, 하늘에 오른다는, 앵
무새처럼 계속되고 계속되는 그와 같
은 깨우침에서 탈피하지 아니하면 너
희들은 방대하고 위대한 나의 성전의
위력을 볼 수 없음이니라.
16 그리고 나 여호와의 전지전능함을 또
한 너희들이 볼 수 없음이니, 이를 빨
리 탈피하는 자가 개혁의 주자가 된다
는 것을 알아야 될 것이니라.
17 이제는 너희들의 손으로 지은 그 두꺼
비집 같은 그곳에 모여 너희 인간사에
시기하고 질투하며 너희들 생각을 주
입하고 가르치며 그 두꺼비집을 유지
하고 지켜 나가기 위하여 갖은 방법과
수단을 가리지 아니하고 재물을 거두
어들이는 그 수법, 그 모두를 다 탈피
하고 벗어나,
18 이 자연 속에서 너희들이 그를 훨훨
벗고 그저 너희 마음에 맞는 옷을 걸
친 자연스럽고 평화로운 그 마음의 형
태로 나에게 기도하고 경배하는 순수
한 그 마음으로 돌아갈 때,
19 너희들은 나 여호와의 전지전능함이
요, 나 여호와가 창조한 이 세상의 만
물이 얼마나 오묘하고 얼마나 신기하
며 얼마나 너희들이 생각할 수 없는,
하나의 오차도 없는 그 속에서 살아가
고 생명이 유지되어 또 반복되는 역사
가 이루어지는가, 그러한 것을 보면서
너희들이 나에게 감사함과 위대함에
경배하는 그 마음속에서 너희들 스스
로 마음이 부드러워지며 유한 자로 변
할 것이며 나 여호와의 전지전능함에
고개를 숙일 것이니라.
20 어찌하여 너희들은 나에게 오른다 하
면서 내가 만든 나의 성전에서 기도하
는 그와 같은 영광을 버리고, 너희들
인간의 손으로 만든 두꺼비집만도 못
한 그곳에서 시기와 질투를 하며 서로
음해하는 그러한 속에서 하늘에 오르
는 길을 보며 나에게 오르는 영광을
얻겠다 하여 그 속으로 기어들어 가는
가?
21 그게 바로 무어라 말하였느냐?
22 너희들이 지옥으로 가는 표를 사는 것
이라 내가 그리 강력히 말하였음이니,
나의 이 성령의 가르침을 받아 너희들
이 깨우쳐야 할 것이니라.
23 모두를 다 부숴 버리고 모두를 다 밀
어붙이고 모두를 다 뭉개 버리고 너희
들이 그 속에서 다 버리며 자연의 아
름다움을 깨우쳐야 될 것이니라.
24 어찌하여 너희들은 움막에 갇힌 그 속
에 있는 공기가 시원하다 하는가?
25 자연 속에 나와 내가 만들어 너희들에
게 무상으로 주는 자연의 아름다움과
그 신선한 공기를 너희들 가슴속에 가
득히 들이마실 수 있는 그와 같은 너
희들의 자세로써 하늘을 보고 나를 볼
때, 너희들이 하늘에 오르는 영광의
빛을 볼 수 있음을 알아야 할 것이니
라.

26 지금 너희 인간들이 만들어 놓은 그
틀 속에서 벗어나야 될 것이며,
27 너희들이 만들어 놓은 그 규약을 다
때려 부수고 다 뭉개 버리고 내가 만
든 성전인 자연의 위대함 속에서 모두
를 느끼는 그와 같은 삶을 살지 아니
하는 자, 정녕 하늘에 오르는 빛을 볼
수 없음을 알아야 될 것이니라.

2,619 번째 하나님 말씀

2002년 7월 19일 08시 48분

1 사랑하는 나의 아들아!
2 "네, 아버님! 말씀하옵소서."
3 너희들이 그리 말하지 아니하느냐?
4 하늘을 두루마리 삼고 바닷물을 먹물
삼아 그 모두를 기록하여도 나 여호와
의 뜻이요, 가르침을 다 기록할 수 없
다 그리 말하지 아니하던가?
5 나의 아들아, 이와 같이 내가 너희들
에게 깨우침을 전할 것이 그리 많음이
니, 이를 누군가는 받아 나의 피조물
만백성에게 전하여야 되며, 그로 하여
금 나의 만백성이 하늘의 이치를 알며
하늘에 오르는 길을 알며 그리고 그들
이 구원의 길을 받아 나에게 오를 수
있는 그 역사함을 행하여야 됨이니라.
6 이것이 지금 제3의 시대에 이루어지
는 마지막 역사이니라.
7 그리하여 내가 하늘을 두루마리 삼아
도 다 쓸 수 없는 나의 성령을 하나하
나 태워서 사랑하는 나의 아들 너의
가슴을 통하여, 만백성을 구하기 위하
여, 법전이라 하여 세상에 내려보냄이
니,
8 내가 너에게 뭐라 하였더냐?
9 160권이라는 그 법전을 세상에 내려
보내며 또 네가 죽을 때까지 나의 음
성을 들어 만백성의 교훈이 될 것과
그들이 깨우칠 것을 남겨 주어야 한다
하였음이니라.
10 이 대명을 받은 나의 아들이 단거리
선수와 같은 마음으로 나의 성령을 받
아 기록하고자 달려간다 하면, 과연
네가 얼마나 지탱하고 견디겠느냐?
11 너는 서서히 가야 될 것이니라.
12 출발도 서서히 하며 끝맺음도 서서히
해야 될 것이니, 그리 조급하게 생각
하지 말라, 나의 사랑하는 아들아!
13 네가 생활하면서 나의 존재함을 알며,
나에게 기도함을 기쁨으로 알며, 그저
시간 날 때마다 나에게 경배의 기도를
드리면 내가 너에게 임하여 만백성을
깨우치는 나의 성령의 뜻을 너를 통하
여 내려보낼 것이니, 그리 서서히 네
가 가도록 할 것이며,
14 네가 하루의 살아가는 그 시간을 잘
조절하고 운영하여 쓰고 간다 하면 너
는 지치지 않은 상태에서, 네가 화급
하지 않은 상태에서, 네가 지금 단거
리 선수처럼 달려가고자 하는 그 불
같은 마음이 아닌 조용히 앉아 모든
역사를 다 이룰 수 있을 것이니,
15 나의 아들 너는 걱정하지 말아야 될
것이니라.
16 내가 그리하여 네가 33년이라는 그
삶을 산다고 너에게 명하여 주었으니
그리 알라, 사랑하는 나의 아들아!
17 모든 것을 그리 서두르지 말라.
18 너희들의 말에 있지 아니하느냐?

19 너무 급히 서두는 자, 모두를 실패함
이라 하였음이니라.
20 네가 나의 성령을 받아 가기를, 단거
리 선수처럼 불이 붙는 마음으로 나의
성령을 받고자 한다면 네 육신이 상할
것이며 네 정신이 흐려지며 너 스스로
쓰러지게 됨이니라, 나의 아들아!
21 너희들이 말하듯이, 바닷물이 마르도
록 써도 다 쓸 수 없는 그 글을 어찌해
야 하겠느냐?
22 서서히 써야 됨이니라, 나의 아들아!
이를 잊어서는 아니 됨이니라.
23 그리하여 네가 만백성에게 나의 성령
을 정확히 전하며 만백성에게 서서히
많은 것을 전하는 그 역사를 남기고
네가 나에게 왔을 때, 너의 그 기쁨을
다 어찌하겠는가?
24 너는 상상할 수 없는 그 기쁨 속에서
나 여호와의 옆에 올 것이니라.
25 그러니 서서히 너의 불같은 그 마음을
다스리고 서서히 나의 성령을 받아,
26 하늘을 두루마리 삼고 바다를 먹물 삼
아도 다 못 쓰는 나의 이 주옥같은 성
령을 내가 사랑하고 내가 만든 나의
피조물 만백성에게 전하는 것은 오로
지 너 하나뿐이며, 너를 통해야만 내
려갈 수 있음을 너는 알아 행하여야
될 것이니 그리 알라, 사랑하는 나의
아들아!
27 울지 말며, 단거리 선수처럼 달려가려
하지 말며, 그 불과 같은 성격으로 너
자신을 달래고 이기지 못하는 그 마음
을 다스려야 함을 명심하라.

2,620 번째 하나님 말씀

2002년 7월 19일 09시 41분

1 사랑하는 나의 아들아!
2 "네, 아버님! 말씀하옵소서."
3 나의 아들 예수가 세상에 나와 나의
피조물 만백성을 구하기 위하여 모두
를 다 바치고 인간 세상의 육의 삶을
버리고 세상을 떠난 그때의 나이가 서
른세 살이라 말하지 아니하였더냐?
4 그가 왜 그 짧은 인생 속에서 삶을 마
치고 왔는지 너는 알겠는가?
5 "네, 아버님! 알겠사옵나이다."
6 내가 너를 40대의 장년에 나의 아들
이라 명하여 나의 성령을 너에게 내려
보내지 아니하며, 네가 60이라는 그
반백의 나이가 되어 내가 너에게 성령
을 내려 33년 동안 만백성을 깨우쳐
인도하라 하였음이니, 그 뜻이 또한
어디에 있는지 아는가?
7 그러면 30대에서부터 40대, 50대의,
나의 아들 예수와 지금 너와의 그 사
이에 시간이 비어 있음이니라.
8 너는 그 의미를 어찌 보고 어찌 생각
하는가?
9 "네, 아버님! 그 뜻을 알고 있사옵나
이다. 그리고 그를 깨우쳐 알고 있사
옵나이다.
10 예수께서 33세에, 한창 피기도 전에
그 인생의 종말을 맞이한 것은, 그가
육을 가졌기에 40, 50, 60이라는 그 세
월을 살아오면 하나님의 말씀을 그리
아름답게 전하여 지금까지 만백성을
깨우쳐 그들이 하늘에 오르는 본보기
로 삼을 수 있는 그와 같은 역사가 이

루어질 수 없었다 생각되오며,
11 그와 같은 역사가 퇴색되고 잘못되어
흐트러지는 그와 같은 역사가 이루어
질 수도 있었다는 것을 깨닫고 있사옵
나이다.
12 또한, 죄 많은 제가 30대, 40대, 50대
에 하나님의 말씀을 받아, 아버님의
성령을 받아 기록한다 하면, 그 혈기
왕성한 나이요, 세상의 모든 인생의
즐거움과 향락을 아는 나이로서, 제가
그를 지키고 갈 수 없으며 중간에 쓰
러지는 그와 같은 우를 범하는 것을
면하지 못할 것을 알고 있사옵나이다.
13 이제 반백이 다 된 저를 선택하심은,
이 나이에 아버님께서 성령을 내려 만
백성을 구하는 법전을 기록하여 바로
가도록 하며 만백성의 기본이 되는 삶
을 살 수 있도록 제가 오늘의 반백이
되어 선택되었음을 알고 있사옵나이
다.
14 이제는 아버님께서 제 머리가 하얘졌
을 때 제가 바로 설 수 있다고 하신 것
도 깨달았사옵나이다.
15 지금의 반백이 되기 전에 몇 년의 이
혈기 왕성한 나이에 모두를 인내하고
참고 견디며 나가는 것도 얼마나 힘들
고 어렵고 고통스러운 것인가를,
16 그 훈련을 저에게 시키시며, 그리하여
만백성을 다스릴 때 그들의 고충과 그
들의 어려움과 그들의 인내함이 얼마
나 저보다도 위대한 것인가를 제가 바
라볼 수 있도록 하기 위하여 그리 아
버님께서 선택하심을 알고 있사옵나
이다.
17 30대요, 40대요, 50대의 그 장년의 나
이에 아버님의 율법을 따르고 말씀을
따르고 법전을 따르며 지키고 가는 그
백성들이 얼마나 힘들고 어려운 것인
가를 이제 돌아다볼 수 있으며,
18 그들이 얼마나 위대한 백성들이며 그
들이 아버님께 얼마나 소중한 아들딸
들인가를 이제 깨닫고 있사옵나이다.
19 그리하여 그들이 가기 어렵고 힘들며
그들이 실수하며 오판하여 저지르는
그 과오를 용서해 주며 또 인도하고
깨우쳐 주어
20 그들이 또한 제 나이에, 반백이 되었
을 때 저보다 더 훌륭하게 설 수 있으
며 만백성을 깨우치는 지도자가 될 수
있다는 그 뜻을 이제는 알겠사옵나이
다, 아버님!"
21 아들아, 네가 나의 깊은 뜻과 내가 이
루고자 하는 그 역사의 깊이를 깨우쳐
스스로 알고 있음이니, 나 여호와의
마음이 기쁘기 한량없구나.
22 그러하니라.
23 내가 너를 30대에 선정하여 지금까지
왔다 하면 너는 벌써 쓰러졌을 것이니
라.
24 내가 지키라 하는 그 모든 금기 사항
을 지킬 수 없음이니, 내가 그리하여
반백이 된 지금의 너를 불러 쓰는 그
이치를 네가 깨달았으며, 네가 지금
어찌 가야 할 것이며 어찌 가는 것까
지도 깨닫고 있음이니, 나의 마음이
기쁘기 한량없구나.
25 그러면서 네가 50대, 40대, 30대의 장
년기의 그 젊은 사람들이 깨우쳐 가는
것이 얼마나 위대한 것인가를 깨우쳐
그들에게 부끄럽지 않은 삶을 살고자

하며,
26 30대, 40대, 50대에 나의 성령을 들으
며 네가 강론하는 나의 법전의 뜻을
들으며 그를 지키고자 발버둥치는 그
들이 너보다 두 배, 세 배 더 위대한
자들이니, 그러기에 너는 남들이 갈
수 없는 그 어떠한 길도 가야 할 것이
며 가야 된다는 네 마음의 다짐을 굳
건히 함은 네가 깨우침이니, 나 여호
와요, 너의 아버지로서 그 마음이 기
쁘기 한량없도다.
27 아들아!
28 "네, 아버님! 말씀하옵소서."
29 세상사 이치의 하나하나 움직이는 것
이 그러함이니라.
30 이제 나의 성전에 와 너희들이 숨 한
번 쉬는 것, 연필 하나 던지는 것, 그
리고 너희들이 먹고 잠자는 그 모든
것은 나의 주관하에 있음이니, 함부로
이루어지는 것이 아님을 그들에게 일
깨워 주라.
31 그들이 이제 행하는 것은 나의 뜻이
며, 미래의 계획이 있으며 미래에 준
비됨이 있어서 움직이는 나로부터 선
택된 백성들이며 너와 더불어 갈 수
있는 너의 제자들이니,
32 그들의 모든 일거수일투족은 저희들
임의대로 하는 것이 아니라 내가 미래
를 준비하며 앞으로 닥쳐오고 앞으로
이루어질 그 역사를 대비하여 그들을
가르치고 인도하며 훈련시키고 가고
있음이니,
33 너희들은 매사에 신중히 하며 나의 뜻
에 의하여 움직인다는 것을 깊이 깨우
쳐, 만반의 준비 속에서 만반의 조심
스러움 속에서 만반의 남의 눈에 거슬
리지 않는 행동에서 남의 마음을 아프
게 하지 않는 언행으로써, 남의 마음
을 상하지 않게 하는 그 행동으로써
살아가야 하는 것을 잊지 말라 그리
깨우쳐 주라, 나의 아들아!

2,621 번째 하나님 말씀

2002년 7월 19일 11시 46분

1 사랑하는 나의 아들아!
2 "네, 아버님! 말씀하옵소서."
3 너희들이 인간사 살아가면서 세속에
서 이루는 명예요, 부귀와 영화는 그
저 성큼성큼 이루어질 수 있으며,
4 하루아침에 부자가 되며, 하루아침에
걸인이 되며, 하루아침에 명인이 되며
또는 권력을 쥔 자가 되어 있으며, 때
로는 하루아침에 낙향하여 평민으로
돌아오는 그와 같은 삶을 살아가는 것
이 너희들 세상에서 이루어지는 형태
이니라.
5 그러나 너희들은 알아야 될 것이니라.
6 나의 법전이요, 나의 성령이요, 만백
성을 구원하는 나의 법전은 그와 같이
이루어질 수 없음을 알아야 될 것이니
라.
7 이것이 너희들이 이루는 사업의 한 방
향이며, 너희들의 이해관계를 추구하
기 위해 만든 나의 법전이요, 나의 성
령을 기록하는 책이던가?
8 이는 아니니라.
9 모든 나의 피조물 만백성이 갈구하고
원하는 하늘에 오르는 길이요, 그 영
광의 빛을 보도록 하며, 하늘에서 이

루어진 것같이 지상에서 이루고자 하
는, 그 낙원을 이루는 역사를 이루는
나의 성령을 태워 내려보내는 나의 가
르침이며 내가 원하는 지침서임을 너
희들은 알아야 될 것이니라.
10 이가 어찌 한 계단 건너뛰는 것이 있
으며 한두 줄 빠지는 그 역사 속에서
이루어질 수 있다 하는가?
11 이는 한 자도 빠질 수가 없으며 한 자
도 건너뛸 수가 없음이니라.
12 완벽한 속에서, 완벽한 시간 속에서,
네가 내려받은 것을 그대로 날짜와 시
간과 분을 기록하는 것이니, 이는 건
너뛸 수도 없으며 바람결에 날려갈 수
도 없음이니라.
13 너희들이 멀리 뛰어가서 또 만들 수
없는 것이 나의 법전이요, 나의 성령
임을 알아야 될 것이니라.
14 하나의 오차도 없이 기록된 그대로 기
록하며, 그가 차곡차곡 쌓이고 또 이
루어져 나의 법전이 세상에 나오니,
15 그리하여 만백성의 양식이요, 그들이
구원의 길을 갈 수 있는 기초요, 근본
인 것을 알아야 될 것이니라.
16 지금 내가 나의 아들을 통하여 이 역
사를 이루는 나의 성전에 앉아 있는
너의 제자요, 나의 백성이요, 내가 사
랑하는 너희들은 과연 어떠한 마음으
로 살아가야 된다고 생각하는가?
17 너희들은 너희 모두를 육의 삶에 얼마
만큼 바치며, 나의 법전을 만들며 나
의 성령을 세상에 전하는 데 과연 얼
마를 바쳐야 될 것인가를 생각해 볼
때가 되지 아니하였는가?
18 너희들이 육의 삶에서 살 때, 너희 전
부를 육을 위해 사는 것이 인간의 도
리이니라.
19 그러나 너희들은 하늘에 오르는 길이
요, 나에게 오르는 선택된 백성이며
나의 아들의 제자며 또한 나의 제자이
니라.
20 그리하여 너희들이 하늘에 오르는 그
계단에 발을 들여놓고 오르기 시작하
였음이니,
21 너희들의 삶은 나의 법전이 세상에 나
가는 것이 99.9프로요, 너희 육의 삶
이 0.1프로라 하여도 너희들의 모든
것이 다 역사하고 이루어질 수 있거늘,
22 너희들이 과연 마음 자세를 어디에 두
고 있으며, 너희들의 살아가는 형태가
과연 어딘가를 알아봐야 될 것이니라.
23 남들이 먹고 자고 입는 것은 그들의
육의 세상에서 이루어지는 그와 같은
형태이나, 너희들이 입고 쓰고 자고
하는 그 모두는 나의 주관하에 나를
대신하는 것임을 알아야 될 것이니라.
24 너희들이 누구던가?
25 나의 뜻을 대역하는 자들이며, 나의
임무를 대신하는 자들이니라.
26 나를 대신하는 것은 즉, 무엇이던가?
27 나를 대신하는 것은 나를 대변하며 나
가는 것임을 너희들이 잊어서는 아니
될 것이니라.
28 너희들이 상사의 명을 받아 그 상사의
직분을 할 때는 너희들이 상사 대신이
며, 나라요, 집단이요, 국가를 대신하
여 나가서 행사할 때는, 비록 너희는
너희 이름 석 자를 가진 자이나, 국가
와 민족이요, 그 나라의 통치자를 대
신하여 너희가 행하는 것이니라.

29 너희들이 지금 누구를 대신하여 이 법전을 만들며 나의 성령을 전하는 역사에 참여한 나에게 소중한 백성들이더냐?
30 너희들이 지금 무엇을 하고 있는 것이던가? 너희들이 무엇을 만들며 무엇을 이루고자 하여 지금 여기에 앉아 있는가?
31 너희들 자신을 구원하기 위하여 너희들이 여기에 앉아 있는가?
32 너희들이 너희 손으로 만든 그 성전이요, 종교 집단에 가서 저 자신을 구원하고자 십일조요, 헌금이요, 시간과 모두를 다 바치는 그들과 똑같은 마음으로 이 자리에 과연 앉았다 생각하는가?
33 그들과 너희들의 차별화가 있음이니라.
34 그들은 저희 영혼을 구하며 저희들이 구원을 받고자 하여 저희들의 재물이요, 모두를 바치니 그것은 저희 자신을 위한 욕심이니라.
35 너희들이 지금 여기에 와 있는 것은, 적은 인원으로써 나의 성령을 듣고 나의 법전의 뜻을 배우는 것은 너희 자신을 구원하고자 하는 것이 아니니,
36 너희들이 구원받고자 하는 그 마음을 갖고 있다 하면 이 순간 그를 다 버려야 될 것이니라.
37 너희들이 어찌 구원할 수 있으며 너희들이 어찌 구원받을 수 있다 생각하는가?
38 하늘에 오르며 구원을 받는 것은 나 여호와의 고유의 권한이니, 너희들은 이미 구원된 자들이거늘, 어찌하여 너희들이 그 이치를 깨우치지 못하고 너희 스스로 구원을 받고자 거기에 연연하는가?
39 너희들은 너희 자신이 구원받고자 하늘에 오르고자 하는 생각을 한다면 너희들의 육을 버리지 못하였으며 육의 세상에 살고 있다는 것을 너희들 스스로 인정함이니라.
40 너희들은 나로부터 구원을 받은 자들이니, 너희들은 육에 없음이니라.
41 그와 같은 너희들이 어찌 살아가야 되는가?
42 그리하여 나의 법전을 만들어 세상에 전하는 것이 너희들의 99.9프로의 인생의 삶이라 하였으며,
43 너희들이 가지고 있는 육의 그 고리를 끊을 수 없기 때문에 0.1프로라는 것을 너희들에게 내가 허용함이니, 이것도 내가 너희들을 사랑하기에 그를 허용함이니라.
44 너희들은 완벽하게 나의 법전이요, 나의 성령을 전하는 데 모두를 다 바쳐야 될 것이니, 이미 너희들은 구원을 받은 자요, 육에 있지 아니함이니라.
45 다시 한 번 나의 아들을 통하여 너희들에게 엄히 다스림이니라.
46 너희들의 육신이요, 너희들의 정신이요, 너희들의 영혼을 구원받고자 하는 생각을 너희들은 이 순간부터 버려야 할 것이니라.
47 이 모두를 구원하는 것은 나의 뜻이니라.
48 너희들이 천년만년 재물을 갖다 바치고 너희 모두를 바치며 가장 소중한 것을 너희들이 만든 인간의 성전에 바

치고 울부짖고 찬송하며 성서를 공부한다 하여도 결국 그 구원의 길을 선택하는 것은 나 여호와의 고유의 권한이며 나밖에 할 수 없음이니라.
49 나는 그들과 관계가 없느니라.
50 그들을 바로잡기 위하여 너희들이 필요하며 너희들을 내가 깨우쳐 주고 있음이니,
51 너희들과 똑같은 생각, 똑같은 마음 자세, 똑같은 환경과 준비된 상태에서 그들을 너희들이 과연 가르치고 일깨워 하늘에 오르게 할 수 있는가?
52 그리하여 너희들은 나에게 선택된 자들이니, 너희들 자신이 구원을 받는다는 생각을 버리라.
53 고유의 나의 권한으로써 너희들은 이루어졌음이니, 너희들은 만백성 위에 몇 계단 하늘 높이 올라와 있는 자들이니, 이에 걸맞은 행동과 삶을 엮어 가라.
54 내가 99.9프로를 바치라 하였으며, 0.1프로를 주는 것도 너희들 인간의 육의 그 마음 자세이기에 내가 그를 너희들에게 허용함이니, 그리 알라.

2,622 번째 하나님 말씀

2002년 7월 20일 07시 37분

1 사랑하는 나의 아들아!
2 "네, 아버님! 말씀하옵소서."
3 너희 인간들도 나로부터 생명을 받아 세상에 나감이니, 인생의 육의 세상에서 승리한 자요, 성공한 자라 말하는 사람은 어려서부터 인성을 다스려 왔으며, 제가 남들보다 피나는 노력의 결과에 의하여 그 모두가 이루어짐이니,
4 그저 그대로 거둬지는 것이 없으며 그대로 이루어지는 것이 없는 것이 너희들 세상사에 살아가는 철칙이니라.
5 하물며 하늘나라에 오르고자 하며 나의 뜻에 따라 행하는 너는 얼마나 그와 같은 부단한 노력과 수고로움이 같이 따라야 하는가를 알아야 될 것이니라.
6 사랑하는 아들아!
7 너는 60년이라는 그 세월을 살아왔음이니라.
8 그리하여 네가 아름드리나무보다도 더 굵은 노송의 휘고 휘어져 구부러진 그 모습으로 살아왔음이니라.
9 그리하여 한 아름도 넘는 그 노송을 바로잡는다 말할 때, 같은 나무들도 그를 비웃을 것이며, 그를 바라보는 인간들은 천지개벽을 하였으며 이는 있을 수 없는 기적이라 그리 말할 것이니라.
10 그러나 너는 그 구부러진 노송을 바로잡을 것이니라.
11 너는 반드시 해낼 것이니라.
12 그리하여 너는 그와 같은 노력과 고통의 그 시련을 겪고 난 다음에 너는 반드시 네 살이 찢어지며 뼈가 튀어나오는 그 아픔이 있다 하여도, 그 어떠한 고통 속에서도 그 구부러진 노송이 스스로 바로 서는 그 역사를 이룰 것이니라.
13 나 여호와는 그를 알고 있음이니라.
14 그리하여 네가 바로잡는 그것을 보고 사탄도 놀랄 것이며, 모든 천사들도

감히 말하지 못할 것이니라.
15 그러한 세월과 인내 속에서 너는 바로
설 수 있는 나의 아들이니라.
16 그리하여 네가 세상에 나가 지금 이
역사를 이루고자 함이니라.
17 비록 지금은 사탄의 너울을 쓴 자들이
너를 핍박하고 욕하나, 그들은 얼마
가지 못하여 그 모습을 드러내게 될
것이니라.
18 아름드리나무의 구부러진 그 노송이
그를 바로 펴 가는 것을 본다 하면 그
를 보고 놀라지 아니하는 자 어디 있
겠는가?
19 60이라는 그 세월을 살아와 구부러지
고 구부러진 너의 인생이요, 너의 삶
을 바로잡아 나갈 때, 나의 피조물 만
백성은 그를 보고 기적이라 말할 것이
며, 그를 보고 놀랄 것이니라.
20 이제 너의 제자들과 나의 법전을 읽는
만백성에게 이르라.
21 좀 더 인내하며 기다리라, 그리고 좀
더 노력하라 그리 깨우쳐 주라.
22 정녕 바로잡혀 가며 펴져 가는 그 노
송의 모습을 보지 못하고 나의 성전을
떠나는 자, 나의 아들에게서 등을 돌
리고 가는 자는 영원히 구원을 받을
수 없음을 알아야 될 것이니라.
23 그리하여 지금 나의 성전에 와 고개
숙여 기도하는 나의 백성 너희들이 얼
마나 소중하고 위대한 자들인가를, 60
이 넘어 구부러진 노송이 바로잡히는
그 역사를 너희들은 보게 될 것이니라.
24 그 고통과 그 시련이 있은 다음에 네
가 한 점의 부끄러움이 없는 사람으로
서 만백성 앞에 설 것이니, 그날이 머
지않았음을 알아야 될 것이니라.
25 사랑하는 나의 아들아!
26 "네, 아버님! 말씀하옵소서."
27 그리고 너의 제자들에게 이르라.
28 나로부터 선택됐으며 나로부터 모두
를 받아 행한다는 그 사악한 사탄의
너울을 쓴 자들에게, 정녕 내가 나의
아들에게 내리는 나의 성령처럼 그들
이 기록하여 세상에 내 만백성이 질문
하고 응징할 때 거기에 대답할 수 있
는 기틀을 만들어 보라 말하라.
29 내가 너희들에게 말하지 아니하였더
냐?
30 하늘을 두루마리 삼고 바닷물을 먹물
삼아 써도 그를 다 못 쓴다 하는 내가
너희들에게 내리고 가르칠 그 역사가
있음이니,
31 과연 그들이 그와 같은 역사를 받아서
지금 나의 피조물 만백성을 인도하는
자들이라 말하거든, 그들에게 말하라.
32 저희들이 정녕 나의 아들처럼 나의 성
령을 받아 모두를 다 기록하여 책으로
써 법전으로써 세상에 내는 그 역사를
이루도록 하라 그리 말하라.
33 그와 같은 나의 역사를 이루지 못하는
자, 나의 성령을 받아 기록하지 못하
는 그 간악한 자들은 입을 다물라 말
하라.
34 그리고 그들과 너의 제자들은 대면도
하지 말 것이며, 그들과 갑론을박도
하지 말 것이며, 그들의 사악한 사탄
의 혓바닥의 놀림을 너희들은 듣지도
말고 보지도 말며 귀를 막으라.
35 그들은 머지않아 부서질 것이니라. 그
리고 산산조각이 날 것이니,

36 그 모든 형태를 너희들이 보게 될 것
임이니, 이 나의 뜻을 너희들에게 직
접 전함이니, 이를 깊이 행하도록 그
리하라.

2,623 번째 하나님 말씀

2002년 7월 20일 07시 50분

1 사랑하는 나의 아들아!
2 "네, 아버지! 말씀하옵소서."
3 너희들은 지금 제3의 시대에 나의 아
들을 따라 선택된 그의 제자들이며,
나로부터 수십억 인구 중에 선택된 자
들이니라.
4 지금 구약 시대가 지났으며 신약 시대
가 지났으며, 구약과 신약 시대가 지
나면서 이루어지고 다듬어짐이 없었
음이니,
5 구약과 신약의 그 역사 속에서 지금
너희들이 말하기를 뭐라 말하느냐?
6 이 세상은 사악한 사탄이 지배하며,
나의 피조물 만백성은 다 도둑이요,
사악한 자들이요, 인간이 인간을 믿을
수 없는 그와 같은 형국의 삶을 지금
살아가고 있다고 말하지 아니하는가?
7 그리하여 너희들은 종말의 시대가 왔
다 함이니라.
8 이와 같은 이 시대의 역사를 이룬 것
은 지금 구약과 신약의 시대가 지나오
면서 만백성을 가르치는 종교 지도자
들이 잘못 가르쳤으며,
9 그들은 나의 뜻이 무엇인지 모르며,
내가 원하는 그 계명을 지키고 살아야
한다는 그 책임감마저도 없었음이니,
그리하여 지금 이와 같은 형국이 이루
어졌음이니라.
10 그리하여 이를 바로잡기 위하여 내가
제3의 시대를 열며 나의 성령을 태워
너희들에게 내려보냄이니,
11 이를 직접 듣고 이를 보는 너희들은
어찌 살아가야 하겠는가?
12 수천 년의 역사 속에서 구약의 기적이
요, 나의 아들 예수를 죽음으로 몰아
가는 그와 같은 역사를 이루면서도 내
가 이루고자 했던 지상의 낙원을 이루
지 못하였음이니,
13 그를 다시 천 년에 걸쳐 이루기 위하
여 내가 마지막으로 모두를 태워 제3
의 시대에 나의 성령을 내려보내니,
이를 받고 듣는 너희들은 과연 어찌
살아야 될 것인가?
14 이제는 나의 아들아! 너의 제자들에
게 일깨워 주어야 할 때가 왔음을 알
아야 될 것이니라.
15 너희들의 살아가는 그 모습이 정녕 나
를 대변하며 나를 대신하여 살아간다
는 그와 같은 마음으로써 살아가야 될
것이니,
16 수천수만 번 너희들이 그런 자세로 살
아가라고 나로부터 들었으나, 너희들
의 살아가는 행동은 과연 어떠하던가?
17 너희들은 상대방의 마음을 상하게 하
는 행위는 하지 않는가?
18 상대방이 얼굴을 붉히는 그와 같은 행
위는 하지 아니하는가?
19 너희들이 정녕 나를 대신하여서 하는
자들의 행동이 얼마나 조심스러우며
얼마나 완벽하며 겸손한 형태로 살아
가야 하는가를 생각하며,
20 정녕 너희들은 하루하루 시간마다 초

마다 모든 행동을 함에 있어서 나를
대신하여 행하고 있다 그리 생각하며
행동을 하는가?
21 육의 삶의 생활에 그저 젖어들어 너희
들의 습관과 습성에 따라서 그저 치고
받고 언성 높이며, 그리고 순간순간
내가 존재함을 잊어버리며 자유분방
하게 그리 행동하며 살아가는 것은 아
닌가?
22 너희들은 그것을 한번 돌아다봐야 될
것이니라.
23 그뿐이던가?
24 너희들이 나를 위하여 기도하고 경배
하는 그 순간의 마음은 과연 어떠하더
냐?
25 너희들은 한 모금의 물을 마시기 위하
여 그 찻잔을 들고 나에게 기도함이니
라.
26 '하나님! 감사합니다.' 하고 기도를 드
리는 너희들의 마음의 자세는 어떠하
며, 너희들의 마음의 형태는 과연 어
떠하더냐?
27 너희들이 음식을 취하면서 나에게 기
도하느니라.
28 과연 그 기도 소리가 너희들이 이웃
친구에게 하는 기도인가, 너희 육신의
부모에게 하는 기도인가, 정녕 창조주
인 나 여호와에게 너희들이 드리는 기
도 자세인가?
29 너희들이 그와 같이 나에게 드리는 기
도 자세도 이제는 점검해 봐야 될 것
이며, 너희들이 행하는 그 행동을 봐
야 될 것이니라.
30 그 모두가 너희들은 진실되어야 되며,
진지하여야 되며, 완벽한 자세로 나에
게 기도를 드려야 될 것이니라.
31 너희들도 지금까지 믿어 오는 나의 피
조물 만백성처럼 그저 너희들이 하고
싶은 이야기를 다 한 다음에 음식 앞
에 '아멘!' 하며 그저 수저를 드는, 그
저 마구잡이로 짐승처럼 대들어 먹는
그와 같은 형국의 마음 자세로써 나를
경배하는 것이 아닌가,
32 그들과 똑같이 너희들도 음식 앞에서
그리 기도하는 것은 아닌가 너희들의
마음 자세를 다스려 봐야 할 것이니라.
33 너희들이 나에게 경배하고 기도하는
그 모습과 그 자세요, 그 마음을 다스
려 보라.
34 너희들이 100이라는 마음을 가지고
있다면 너희들은 몇 프로나 가지고 나
에게 경건하게, 엄숙하게 그리고 근엄
하게 너희 마음과 자세를 다스려서 기
도를 하는가?
35 너희들이 만에 하나라도 형식적인 마
음으로써 기도를 하며 형식적인 행동
으로써 습관에 젖어들어 가는 그런 기
도를 한다면, 지금 잘못 이끌어 온 종
교 지도자들이 나에게 하는 행위와 무
엇이 다르던가?
36 그 점을 너희들이 깨우쳐 행하여야 될
것이며 알아야 될 것이니라.
37 이제는 너희들이 바늘로 점을 찍듯이
완벽하게 너희들의 행동과 말과 너희
들의 기도하는 방법을 점검해서 그를
하나하나 완벽한 틀로 잡아 놓지 아니
한다면
38 너희들은 정녕 나로부터 선택된 백성
의 그 영광에 보답하는 길을 가는 것
이 아니라, 나를 저버리며 지옥 불로

가는 그와 같은 행동임을 알아야 될 것이니라.
39 너희들이 행동함에 있어서, 너희들이 손끝 하나 움직임에 있어서 그 모두는 나 여호와를 대신하여 너희들이 움직인다 그리 생각하고,
40 살아가는 생활에서 음식을 만드는 여인이나 건축하는 사람들의 손끝이요, 또는 음악을 하는 사람들의 손끝이요, 너희들이 물장구를 친다 하더라도, 어떠한 것을 하더라도 그 손끝 하나가 나를 대신하여 움직인다는 그와 같은 경건한 마음과 경각심과 그와 같은 긴장된 마음을 잠시도 버려서는 아니 될 것이니라.
41 그와 같은 것을 버리고 너희들이 행한다 하면, 지금의 잘못 믿어 온, 구약 시대와 신약 시대의 수천 년 역사 동안 하늘에 오르는 길을 보지 못하며 지옥으로 흘러갔던 그들과 너희들이 조금도 다름이 없음이니라.
42 내가 너희들에게 말하지 아니하였는가?
43 너희들은 너희 자신을 위하여 기도하지 말며, 너희들이 구원받고자 기도하지 말며, 너희들이 구원받고자 나에게 경배하지 말라 하였음이니라.
44 너희들은 남들을 구원하고 남들을 인도하는 데 그 모두를 바치는 그와 같은 마음으로 서 있어야 되며, 그와 같은 마음으로 믿음의 길을 가는 것이 너희들이 가야 할 자리라 말하지 아니하였던가?
45 그러한 너희들이 행동함에 있어서 그들과 차별화되는 것이 없으며 너희들의 습관이나 습성에 젖어 대충대충 기도하는 마음으로 살아간다 하면 정녕 너희들은 나로부터 구원을 받을 수 없으며, 선택된 백성으로서의 자질이 없음이니, 이를 명심하여 행하도록 해야 될 것이니라.

2,624 번째 하나님 말씀

2002년 7월 20일 22시 09분

1 사랑하는 나의 아들아!
2 "네, 아버님! 말씀하옵소서."
3 160권의 나의 성령을 기록하여 세상에 냄이니, 창조주가 너희들에게 지키고 살라 하는 그 법령을 내려보냄이니, 그보다도 소중하고 귀한 것이 세상에 없음이니라.
4 천 년의 역사에 걸쳐 내가 이루고자 하는, 하늘에서 이루어진 것같이 이 땅에서 이루고자 하는 그 역사의 기틀인 나의 성령의 법령을 내려보내 나의 법전이라 하여 만백성에게 전하는 것보다 더 소중하고 귀한 것이 없음을 너희들은 알아야 될 것이니라.
5 또한 그를 받아 세상에 전하기 위하여, 아비의 뜻을 받아 세상에 그 뜻을 펴는 것이 자식의 도리이니, 내가 너를 내 자식으로서 세상에 보내 나의 이 성령을 기록하여 이 책을 만들어 냄이니, 너보다도 더 귀하고 소중한 자가 없음이니라.
6 아무것도 모르는 자들이 너를 물고 흔들고 밀어붙이나, 다 저희들의 부질없는 행위이며, 저희 스스로 무너질 것이니, 너는 개의치 말라.

7 사랑하는 나의 아들아, 지금 세상사에
수많은 종파가 다 저희들만이 하늘에
오르는 길이라 그리 얽히고설켜 있음
이니, 나의 진리의 정답은 하나가 아
니던가?
8 이 세상에는 오답과 정답이 있음이니
라.
9 '오'(O)가 있으면 '엑스'(X)가 있고 '엑
스'가 있으면 '오'가 있듯이, 정답이 있
음이니라.
10 서로 다 제가 정답이라 그리 부르짖는
다 하면 과연 그중에서 어떤 것이 정
답이며 어떤 것이 오답이라 말할 수
있는가?
11 여기서 너의 제자들과 만백성은 깨우
쳐야 될 것이니라.
12 성서를 가지고 같은 방향으로 공부하
며 같은 뜻으로 공부하고 깨우치는 자
들끼리 그것이 정답이요, 오답이라 하
면서 너희 속에서 지금 허덕이고 있음
이니, 그 속에 정답이 하나도 없음이
니라.
13 정답이 없음을 너희들이 알아야 될 것
이니라.
14 그저 오답만 있음을 알아야 될 것이니
라.
15 같은 형태끼리 같은 모형으로써 너희
들이 같이 감이니, 한 무리 속에서 어
찌 정답과 오답이 나오겠는가?
16 까마귀들이 모여서 노는 그 속에서 제
가 아무리 잘나고 위대하고 제 깃털이
빛이 나고 찬란하다 하여도 그 까마귀
가 까치가 될 수 없음이니라.
17 그는 까치의 행세를 할 수는 있어도
까치는 아님이니라.
18 까마귀들끼리 모여서 저희끼리 저희
스스로 대장이요, 저희 스스로 까치라
소리 지른다 하면, 과연 그 속에 까치
가 있겠느냐?
19 없음이니라.
20 까마귀는 까마귀일 뿐이니라.
21 지금 까마귀와 같이 너희들 모든 종파
들이 똑같은 형태로 똑같은 그 성서를
가지고 똑같은 방법으로써, 그 뜻과
진리를 모르며 수박 겉핥기식으로 그
저 너희들의 육의 편안함 속에서 육신
의 삶을 위한 그 길을 가고 있음이니,
22 바로 까마귀 떼 중에서 너희가 무엇을
말하느냐? 너희들이 까치라 말하는
그와 같은 형국이니라.
23 그러하니 내가 까마귀들끼리 싸우는
것을 볼 수 없어 한 마리의 까치를 세
상에 내려보낸다면, 그것이 까치로서
정답일 것이니라.
24 그리고 까마귀는 정답이 아니고 오답
일 것이니라.
25 '오'와 '엑스'가 있음이니라.
26 까마귀는 '오'가 될 수 없음이니라.
27 오직 까치가 '오'가 될 수 있으며, '엑
스'가 아니 되는 것이니라.
28 까마귀는 까마귀로서, '엑스'이니라.
29 정답이 반드시 있음이니라. 그 정답을
너희들은 지금 무어라 말하느냐?
30 오답을 가진 자, 오답 속에서 살아가
는 자, 그들이 지금 정답을 보고 한없
이 물고 늘어지는 그와 같은 형국이니
라.
31 나의 진리는 반드시 정답과 오답이 있
음이니라. 그것은 구분되어 있음이니
라.

32 그걸 가지고 너희들이 오답을 정답이
라 아우성치고 발버둥치는 그와 같은
형태로써 지금 가고 있음이니,
33 지금 바로 내가 나의 아들을 통하여
나의 성령을 기록하여 내리는 이 답이
바로 정답임을 알아야 될 것이니라.
34 내가 내리는, 나의 주관하는 모든 것
에는 오답과 정답이 있음이니라.
35 바로 지금 나의 아들을 통하여 내려보
내는 것이 너희들이 살아가며 하늘에
오르는 길의 정답임을 알라.
36 너희들이 오답 속에 있기에 내가 정답
을 내려보냄을 너희들이 깨우치지 못
한다 하면, 너희들은 그저 까마귀 떼
중에서 까치라 소리 지르는 그와 같은
형국을 면치 못할 것이니라.
37 정녕 너희들이 까마귀가 아니라 까치
로서 태어난다 하면, 너희들은 지금
죽음에서 다시 태어나는 그와 같은 역
사와 역경을 이루지 못한다 하면 너희
들은 까치가 될 수 없으며, 정답을 알
수가 없음을 알라.
38 너희들이 지금 믿어 가는 그 믿음 속
에서 그 모두의 진실하고 진실치 못함
을 구분하지 못하며, 나의 성령을 듣
고 나의 법전을 읽어 어떤 길이 정답
인가를 깨우치지 못하는 자는 영영 구
원을 받을 수 없다는 것을 알아야 할
것이니,
39 이 대목을 읽고도 너희들이 깨우치지
못한다 하면 너희들은 영원히 까마귀
속에서 너희들이 까치라 소리 지르는
그런 형국으로써 지옥 불로 감을 알아
야 할 것이니라.

2,625 번째 하나님 말씀

2002년 7월 20일 22시 29분

1 사랑하는 나의 아들아!
2 "네, 아버님! 말씀하옵소서."
3 내가 너희들에게 이르기를, '나의 법
전을 가슴에 안고 정독하는 자, 반석
위에 서서 하늘에 오르는 찬란한 빛을
보게 되는 그 영광을 얻게 됨이라' 하
였음이니라.
4 너희들은 이 세상 그 모든 것은 다 내
가 주관하며 나의 뜻에 의하여 존재한
다 그리 말함이니라.
5 그러면서 너희들은 구원의 그 길을 위
하여 평생 모두를 다 바침이니라.
6 그러한 너희들의 길을 내가 너희들에
게 인도하여 줌이니, '나의 법전을 가
슴에 안고 정독하는 자, 반석 위에 서
서 하늘에 오르는 찬란한 빛을 보게
되는 영광을 얻게 됨이라' 내가 말함
이니라.
7 내가 너희들에게 뭐라 말하였는가?
8 이 세상의 우주가 다 내가 만든 너희
들의 성전이라 말하였음이니라.
9 내가 만든 그 성전에 내가 너희들을
바로 가르치는 그 빛의 나의 성령을
너희들에게 내려보냄이니, 그것이 바
로 무엇이더냐?
10 나의 아들을 통하여 내가 제3의 시대
를 열기 위하여 나의 성령의 모두를
내려보내 나의 법전이라 하여 지금 책
으로 만들어 내는 이 160권의 법전임
이니라.
11 그렇기 때문에 내가 만든 성전에 나의
성령을 나의 아들에게 보내서 너희들

을 구원하고자 하니, 이것이 한 길이
며, 두 길이 있을 수 없음이니라.
12 그리하여 내가 너희들에게 '나의 법전
을 가슴에 안고 정독하는 자, 반석 위
에 오른다.' 하였음이니,
13 이는 위로는 여호와가 존재함을 너희
들이 믿으며, 아래로는 나의 성령을
나의 아들이 받아 기록함이니 나의 아
들을 믿으며, 끝으로는 너희들이 나의
법전을 읽고 깨우쳐 하늘에 오르는 그
길을 봄이니, 그것이 바로 무엇이더냐?
14 너희들이 하늘에 오르는 그 찬란한 빛
을 보게 되는 그와 같은 영광을 얻게
되는 것임이니라.
15 지금 너희들이 내가 만든 이 성전 속
에서, 자연의 아름답고 위대한 그 성
전 속에서 나의 계명에 따라 지키고
살아오면 하늘에 오르는 것을,
16 너희들은 나의 성전 앞에 스스로 너희
들 손으로 지어 놓은 그 흉물스러운
건물 아래, 나의 아들이 피 흘려 죽은
그 십자가를 높이 매단 그곳에 와 너
희들이 구원을 받는다 그리 말하고 있
음이니,
17 나의 피조물 만백성이 내가 만든 그
성전에서 나의 뜻에 따라 기도하고 경
배하면 하늘에 오르는 그 이치를 모르
고 깨닫지 못함이니,
18 내가 바로 나의 성전에 와서 너희들이
배우고 공부하는 나의 성령을, 나의
법전을 나의 아들을 통하여 내려보내
는 것이 바로 하늘의 이치이며 지금의
내가 이루고자 하는 역사의 뜻인 것을
너희들은 어찌 모르는가?
19 너희들은 그를 봐야 될 것이니라.
20 하늘에 오르고자 하는 만백성을 구하
여 하늘에 오르는 그 길로 인도한다는
모든 종파들은 저희들이 만든 그 성전
에 너희들이 가 금화와 은화를 바치며
저희들 앞에 고개를 숙여 경배하고 찬
송하며 눈물로써 저희들에게 부르짖
을 때 구원을 받는다 그리 말함이니라.
21 이미 내가 이 세상에 성전을 만들어
놓았으며, 나의 피조물 만백성 너희들
이 그 성전에서 깨우치고 공부하며 깨
달아 하늘에 오를 수 있는 것을 다 내
려보냈음이니 그게 바로 나의 성서요,
22 그리고 내가 그중에서 너희들이 지키
고 하늘에 오를 수 있는, 나의 성령에
서 깨우치면 되는 골자를 십계명이라
하여 열 가지를 내려보냈음이니,
23 그를 내가 만든 성전에서 너희들이 공
부하고 깨우쳐 터득하면 하늘에 오르
는 그 길을 볼 것을,
24 인간이 만들어 놓은 그 흉악스러운 성
전에 와 기도하고 재물을 바치며 금화
와 은화와 모두를 바치면 그것으로써
하늘에 오르는 그 길을 살 수 있다 그
리 가르치며,
25 너희들이 나의 성전에서 계명을 지키
고 하늘에 오르면 될 것을, 그 계명을
인간이기 때문에 지킬 수 없다 그리
가르치고 역행하는 사악한 자들 밑에
가 있으니,
26 너희들이 과연 지금 내가 만든 성전에
서 어떠한 행위를 하고 있는가?
27 내가 이를 더 볼 수 없어, 지금 제3의
시대에 만백성을 구원하기 위하여 마
지막으로 나의 성령을 태워서 나의 아
들을 통하여 너희들이 눈으로 보고 증

명할 수 있으며 영원히 불변하는 책으로써 나의 성전에서 공부할 수 있는 이 법전을 내려보냄이니, 이것이 바로 나의 성령이요, 나의 뜻이라 그리 말하는 것이니라.

28 내가 나의 성전을 만들어 놓았으며, 그 성전에서 공부하고 깨우칠 수 있는 나의 뜻인 성령을 너희들에게 전함이니, 이가 곧 세상을 다 덮게 됨을 알아야 될 것이니라.

29 그리하여 이가 세상을 다 덮었을 때 그 속에서 천 년의 역사가, 새로운 내가 이루고자 하는 지상의 낙원이 이루어지는 것이 여기에 있음이니라.

30 이제 내가 만든 성전에서 나의 성령으로써 너희들이 보고 깨우치는, 내가 너희들에게 너희들이 깨닫고 하늘에 오를 수 있는 그 깨우침인 나의 뜻을 책으로 전하건만,

31 그를 보지 아니하고 그를 깨닫지 아니하고 그를 열어 보지 아니하는 자, 구원을 받지 못한다 함이 여기에 있음이니라.

32 나의 성전에 사는 모든 백성이 나의 성령의 그 뜻을 연구하고 공부하여 오는 것이 하늘에 오르는 길이며,

33 내가 너희들에게 배우라는 것 이외에 어떠한 것으로써 너희들이 공부를 하고 어떠한 방법으로써 너희들이 이룬 그 성전이라는 곳에 가서 경배하고 기도해도 그것은 나하고 관계가 없음을 알라.

34 내가 만든 지상의 이 성전에서 나의 성령을 너희들이 보고 깨우쳐 하늘에 오르는 그 답과 공부하는 그 방법을, 너희들 인간사에서 공부하는 너희들의 그 교과서라는 것을, 정확하게 답과 문제를 내가 내려보내 너희들이 하늘에 오르는 길을 깨우치도록 하였음이니,

35 이는 곧 내가 만든 성전에서 내가 만든 교과서를 가지고 너희들이 공부하여 하늘에 오르는 그 길을 보도록 하였음이니라.

36 이것이 바로 나의 법전이니라.

37 이를 보지 아니하고 이를 깨우치지 아니하는 자는 내 성전에 와서 공부하는 자가 아니며, 나의 뜻을 따르는 자가 아니며,

38 그들은 나와 아무런 관계도 없는 지옥으로 가는 책을 가지고 지옥으로 인도하는 자 밑에 가서 모두를 다 바치며 지옥의 티켓을 사는 것이니, 그리 알라.

39 나의 성전인 이 지구 안에서 내가 이 세상의 만백성을 구하기 위해 마지막으로 태워서 내려보내는 교과서인 나의 성령이요, 나의 법전을 보고 깨우치는 자만이 바른길을 봐 하늘에 오를 수 있다는 것을 너희들은 알아야 될 것이니라.

40 이 간절한 나의 뜻을 모르는 자, 너희들은 구원받을 수 없음을 알라.

41 너희들이 죽어 왔을 때, 이것이 정녕 내 법전이며, 이 성전에서 이 법전이 얼마나 위대하며, 이 시대에 너희들을 구원하기 위해 내려보내는 이 법전이 얼마나 위대하고 소중하며, 너희들의 생명보다도 더 얼마나 귀한 것인가를 알 것이라 하였음이니라.

42 그러니 너희들이 이를 보고 깨우치고
못 깨우치는 것은 너희들 자신에게 달
렸음이니라.
43 반드시 내가 너희들에게 다시 한 번
명하노라.
44 나의 피조물인 너희들에게 창조주로
서, 주인으로서, 어버이로서 명함이니
라.
45 내 성전에 사는 자, 내가 나의 성전에
서 공부하는 교과서인 나의 법전을 세
상에 내려보냄이니, 그를 들춰 보지
아니하는 자는 내 뜻을 알 수 없으며
내가 원하는 것을 모름이니, 너희들이
하늘에 오를 수 없음을 알라.
46 이를 지키지 못하는 자, 영원히 지옥
불에서 그 얼마나 고통스러운 길을 가
는가를 알 날이 머지않았음이니라.
47 5년, 10년, 30년의 인생을 보고 살지
말라.
48 영원히 사는 그 삶을 내다보고 살아야
할 것이니라.

2,626 번째 하나님 말씀

2002년 7월 20일 22시 50분

1 사랑하는 나의 아들아!
2 "네, 아버님! 말씀하옵소서."
3 너희들이 나서 죽을 때까지 평생 살아
가면서 너희들이 하늘에 오르는 길이
라 하여, 너희들이 구원을 받기 위하
여 너희 손으로 만든 그 성전에 가서
믿음이라는 그 길을 가니,
4 한번 발을 들여놓은 자, 평생 죽을 때
까지 거기에 모두를 다 바치며 제가
기도하며 구원의 길을 가고자 함이니,
그가 과연 누구를 위하여 평생 재물을
바치고 시간을 바치며 그리 기도를 하
는가?
5 하늘에 재물을 많이 쌓아 놓아야만 구
원을 받는다고 잘못 가르치는 종교 지
도자들의 그 감언이설에 평생 거기에
얽매여 살아감이니, 과연 그들은 누구
를 위하여 그리 기도하는가?
6 저 자신이 구원을 받고자 평생 그리
기도하고 경배하며 시간과 모두를 바
치며, 심지어는 내가 먹고 곱게 쓰라
고 내려 준 그 재물까지도 제가 갖다
바치면서 그와 같은 광란의 길을 가니,
7 그가 죽어 갈 때 그 머릿속에 남는 것
이 무엇이 있는가?
8 저 자신만을 위하여 기도했으며, 저
자신만이 구원을 받기 위하여 평생 기
도한 그 부끄럽고 추한 모습을 그때서
야 깨닫게 될 것이니라.
9 저 자신이 구원을 받는다 하여 평생
제 구원만을 부르짖다 그 테두리에서
벗어나지 못하고 죽어 감이니, 그것은
무엇이더냐?
10 그건 바로 잘못 가르치는 종교 지도자
가 돌리고 돌리는 그 속에서 그저 세
뇌 교육이 되어 저도 모르는 채 그저
멍하니 끌려가다 죽음의 길에 왔을 때,
11 평생 잘못한, 재물을 바치며 저만이
구원받겠다고 발버둥치며 저 혼자만
이 구원을 받아 천당의 길을 가겠다고
저 자신을 위하여 기도하고 경배했던
것이 얼마나 뒤통수 부끄럽고 추한 욕
심이며 얼마나 저 자신이 잘못된 인생
을 살았는가를 그 순간에 뼈저리게 느
낄 것이니라.

12 평생 잘못 가르치는 종교 지도자가 다
람쥐 쳇바퀴 돌듯이 돌리고 또 돌리는
그 속에서 세뇌 교육이 되어 그저 제
가 구원받는다고, 천날 만날 빌면 구
원받는 것이라 하여 그 길만 가는 어
리석은 그 백성이 죽어 갈 때 그를 다
깨달음이니, 그때는 이미 때가 늦음이
니라.
13 여기서 너희들은 들어야 될 것이니라.
14 10년이요, 20년이요, 50년 동안 저 하
나를 구원해 달라 매달리며 너희 인간
이 만든 그 성전에 가서 평생 기도하
다 죽어 가는 자와,
15 한 번 그 성전에 가 십계명을 알고 십
계명은 나 여호와 하나님이 불로 썼으
며 그 십계명대로 살면 구원받는다는
것을 알고 내가 존재함을 깨달으며, 1
년이요, 그저 며칠을 그 성전에 다닌
자가 그를 깨닫고 나와 만백성에게
'하늘에는 하나님이 계시며, 하나님이
계심으로써 하나님께서 사람은 꼭 십
계명을 지키고 바로 살다 하늘에 올라
야 될 것이며 그리하면 구원을 받는
다.' 그리 깨우쳐 남을 구원하고자 다
니는 자 중에
16 누가 과연 위대한 사람이며 사랑을 베
푸는 사람이며 내 뜻을 전하는 사람인
가를 너희들은 여기서 깨우쳐야 될 것
이니라.
17 너희들이 성전에 한 번을 갔든, 열 번
을 갔든, 1년을 다녔든, 십계명이 있
음을 알며 그것은 나 여호와가 쓴 것
이며 절대적 지켜야 되는 것이며 그것
을 지키는 것만이 하늘에 오르는 길이
라 깨달아,
18 만백성에게 그 길만이 하늘에 오르는
길이라 깨우쳐 주며 이웃과 형제를 구
원하고자 하며 또 제가 바르게 그리
살아가는 사람을 나의 아들이요, 나의
딸이요, 나의 백성으로서 내가 기억하
겠는가,
19 그저 저 혼자 욕심이 목에까지 차 저
만이 구원받겠다는 그 사악한 마음을
가지고 평생 '구원, 구원' 하며 천당에
가겠다고 저희들이 만든 성전에 가서
죽을 때까지 공을 들이다 가는 자를
내가 기억하겠는가?
20 나의 사랑하는 피조물 만백성 너희들
은 깨우쳐야 될 것이니라.
21 저 하나 구원받겠다고 평생을 울부짖
다 가는 그와 같은 우매하고 추한 인
생과,
22 그저 하루에 성서를 한 장을 읽었더라
도 나 여호와가 하늘에 존재함을 깨달
으며 십계명이 내가 쓴 것이라는 것을
알아 그를 지키고 살아야 된다 하여
제 스스로 그를 지키는 데 몸과 마음
을 다 바치며 만백성에게 그를 전하여
하늘에 내가 있음을 깨우쳐 주는 자
중에 과연 누가 위대한가?
23 10년, 20년, 평생 죽을 때까지 저만 구
원을 받겠다고 그 사악한 욕심을 버리
지 못하고 기도하고 경배하며 찬송하
며 울부짖고 살아온 그가 하는 이야기
가 무엇이던가?
24 인간이기 때문에 십계명을 지키고 살
수 없다 그리 말하며 제가 50년 동안
죽을 때까지 평생을 저희들이 만든 성
전에 가서 구원해 달라 하며 구원받고
자 애달피 매달렸다 해도, 그 기도는

나와 아무런 관계도 없으며 내가 듣지
도 아니한다면, 어떠한 자가 현명한
자던가?
25 여기서 내가 너희들에게 이리도 깊이
깨우쳐 주며 너희들의 손에 쥐여 주
는 깨달음을 내가 내리거늘,
26 이것을 읽고도 깨우치지 못한다 하면,
너희들은 죽어 왔을 때만이 후회하며
이를 알게 될 것이니, 이를 어찌하겠
는가?
27 너희들 인간 상식으로 인간이 만든 성
전에서 재물과 금화를 하늘에 쌓으면
축복을 받는다고 잘못 가르치는 종교
지도자의 감언이설에 의하여 저만이
구원받겠다고 평생 바치고 살아왔으
며, 그러면서 그 속에서도 십계명을
지키고 살 수 없으며 인간이기 때문에
죄를 안 짓고 살 수 없다 그리하여 죄
를 짓고 와서 용서를 빌면 나 여호와
는 사랑의 하나님이니 용서해 준다 그
리 믿고 살아가는 자와,
28 성서 한 장을 읽었다 해도 그 무서움
을 알고 죄의 대가가 무엇인가를 알며
나의 십계명이 원하는 것이 무엇인가
를 깨달아 그를 행하며 그리 살아가는
자, 그리고 그 뜻을 깨달아 만백성에
게 그것을 전하며, 자연의 위대함과
내가 만든 자연의 그 광대함과 나 여
호와 하나님의 전지전능함을 만백성
에게 깨우치며 전하는 자 중에 누가
과연 나의 자식이요, 나의 아들딸이던
가?
29 이 이치 하나를 너희들이 깨달아야 될
것이니라.
30 이제 세뇌가 되어 쇠보다도 더 굳어진
너희들이 얼마나 어리석고 불쌍한 인
간인가를 깨우쳐야 될 것이니라.
31 그를 깨우치지 못하는 자, 평생 인간
이기 때문에 죄를 짓지 않고 살 수 없
다 그리 말하며 저 혼자만이 구원을
받겠다고 나 여호와에게 구원의 길을
매달려 그리 오니,
32 그는 나와는 아무런 관계도 없다 함을
너희들이 이제 깨우쳐야 할 때가 왔음
을 알라.

2,627 번째 하나님 말씀

2002년 7월 21일 06시 54분

1 사랑하는 나의 아들아!
2 "네, 아버님! 말씀하옵소서."
3 세상사 나의 피조물 만백성의 생각과
그들의 판단과 그들의 아집과 그들의
고집이 얼마나 무서운 역사를 만들어
내는가를 너희들은 알아야 될 것이니
라.
4 지금 나의 피조물 만백성이 저희들이
가고 있는 그 믿음이 구원의 길이요,
저희는 구원을 받았다 말하며, 다 구
원의 길에 들어서 있는 것처럼 그리
모두를 미화하여 저희 것으로 만드느
니라.
5 지금 너에게 와 공부하며 나의 성령이
요, 나의 법전을 보다 간 그들이 뭐라
말하더냐?
6 내가 너를 세상에 내보내 나의 종이라
불렀으며 나의 선지자라 불렀음이니
라.
7 그리하여 네가 변하고자 하는 그 노력
의 모습과, 네가 순종하는 것과, 그리

고 네가 나의 성령을 받아 법전을 기
록함에 있어서 게을리하지 아니함으
로 네가 정녕 누구인가를 내가 너에게
명하였으니,
8 너는 나로부터 선택되어 만백성을 구
하는 나의 성령을 전하는, 세상에 하
나밖에 없는 나의 아들이라 호칭하여
너를 부르느니라.
9 그러나 그들은 그를 뭐라 말하느냐?
10 내가 너를 종이요, 선지자라 부르다가
네가 나의 아들이라 하는 것을 밝히
니, 그들이 너에게 손가락질하며 삿대
질하며 말하기를, 이제는 네가 모든
능력을 다 잃었으며 버림을 받은 자라
말하느니라.
11 너를 선지자라 부르다 아들이라 부르
니, 선지자로서 명을 받아 대업을 이
루는 자를 아들이라 부르니, 너를 버
림받은 자라 말함이니라.
12 즉 그들의 항변은, 선지자보다 아들이
더 먼 관계이기 때문에, 모든 것이 이
제 너로부터 거둬졌으며 끝났다 그리
억지를 부리는 자들이니라.
13 너희는 집에서 부리는 너희 일꾼이 너
희가 낳은 자식보다도 더 소중하다는
말이던가?
14 그리고 너희들 인간사에서 인간을 만
나 남남의 관계에서 그가 너무도 착하
고 아름다운 삶을 살아가기에 그를 너
희 집에 부리는 사람으로 두었다가,
그를 너희가 아들과 같이 생각하니 그
에게 너희의 가업을 이어 살아가라 하
면,
15 그것이 어찌하여 그가 그 집에서 부리
던 사람으로서 아들이라 부르는 것이
더 주인에게서 멀어진 관계이며 소외
된 관계라 그리 말하는가?
16 이것이 지금 그들이 하고 있는 형태며
작태이니라.
17 그와 같은 저희들의 판단과 저희들의
아집과 고집으로써 그들은 질서와 순
리까지도 파괴하는 자들이니라.
18 그러니 곧 무엇이냐?
19 너희들은 너희 자식도 자식이라 하지
아니할 수 있는, 너희들의 이해관계에
따라서는 그와 같이 사악한 자로서 행
동할 수 있는 것이 인간 너희들의 속
성이며 너희들이 가지고 있는 마음이
니라.
20 그러니 너희들은 육신의 이해관계를
위해서는 천륜이요, 인륜이요, 나 여
호와까지도 부정하는 그와 같은 사악
한 마음을 가지고 있는 것이 너희들의
자세임을 네가 알아야 될 것이니라.
21 나의 종으로서 깨달음이 없었으며, 또
나의 선지자로서 깨달음이 없었으며,
세상의 이치를 모르며 하늘의 뜻을 모
르던 네가,
22 이제는 하늘의 뜻이 무엇이며 내가 이
루고자 하는 것이 무엇인지 알고 너
자신의 주변을 다스리기를 한 점의 부
끄러움이 없이 가고자 하며 그리 갈
수 있는 네가 되었기에, 내가 너는 정
녕 나의 아들이니 나의 대업을 맡아
네 모두를 다 바쳐 이루어야 될 것이
라고 아버지로서 자식에게 명하는 것
을,
23 그것이 선지자로 부르는 것보다도 한
계단, 두 계단 멀리 벌어져 있음이니,
모든 성령을 네가 받을 수 없으며 너

는 나로부터 버려진 자식이라 그리하
여 사악한 자 밑에 가 고개 숙이며 그
가 나의 뜻이요, 나의 성령을 받았다
말하며,
24 심지어 저희들은 말하기를, 내가 모든
것을 다 이루었으니 나 여호와가 나의
아들에게 내리던 모든 권능을 이제 사
악한 자에게 전하도록 되었다 그리 말
함이니,
25 이게 얼마나 사악한 자들의 행동이던
가?
26 너희들의 손으로 지은 성전에 헌금을
냈을 때, 그에게 열배 백배를 주라고
그와 같이 기도하는 망발보다도 더 사
악한 자들이 하는 행위이니,
27 그들에게 그 근본의 자세를 깨우쳐 주
도록 하라.
28 내가 나의 아들에게 내리던 모든 능력
이요, 성령의 뜻이요, 그 모두를 거둬
들여 제삼자에게, 또는 사악한 자들에
게 내린다고 말하는 자가 곧 사탄을
육성하는 자이며, 사악한 자의 뿌리를
내리도록 하는 자이니라.
29 제가 무엇이기에 감히 남에게 기도해
주며 그에게 축복과 영광을 내려 주라
고 그와 같이 나에게 명령하는 그 사
악한 자보다도 더 사악한 행위를 하고
있는 것인가?
30 그들이 내 앞에 와 받는 죄가 얼마나
무서운 것인가를 알아야 될 것이니라.
31 정녕 모두는 다 진정한 나의 뜻같이
들리느니라.
32 너희들은 말하지 아니하는가? 사탄이
요, 사악한 자가 나 여호와의 흉내를
낼 수 있다 함이니라.
33 정녕 나의 성령을 받아 법전으로, 책
으로 만들어 만백성이 근거할 수 있도
록 근거를 남기는 자가 잘못된 자며
사탄이던가?
34 말로써만 전하는 자들이 진정한 자인
가?
35 인간사에 너희들이 살아가는 속에서
도 모든 근거로써 상사요, 윗사람에게
그 뜻을 밝히는 자와, 말로써 뒤에서
불평하며 뒷자리에 앉아서 모든 분위
기를 깨고자 하며 말로써 사람을 이용
하며 말로써 사람에게 작용하며 사람
의 심리를 이용하여 공격하고 제 의사
를 표현하여 모든 집단을 깨고자 하는
그와 같은 자 중에, 어떤 자의 행위가
바른 것인가?
36 너희들 인간사의 살아가는 것에도 임
금에게 진정한 증거를 대어 글로 올리
는 자와, 남을 이용하여 말로써 뒷구
멍으로 평하고 불평하며 왕을 비방하
며 그 시대의 흐름을 비방하는 그와
같은 자 중에 누가 진정한 왕에 대한
충신인가?
37 너희들은 이 이치를 하나 깨우쳐도 알
것이니라.
38 내가 나의 피조물 만백성을 바로잡기
위하여 나의 성령을 책으로 내려보내
기록하여 법전이라 말하며, 그 표지에
'하늘에 오르는 길'이며 나 여호와의
말이라 기록하여 160권이라는 그 장
서의 구약과 신약보다도 많은 양을 내
려보내어 너희들을 구하고자 하는 나
의 그 뜻을 받아 기록하는 나의 아들
이 사탄이요, 이단의 장난이던가?
39 잘 가고 있는 그들의 그것을 깨기 위

하여 뒷구멍으로 사람들을 충동질하
여, 그가 끝났으며 그 모두가 다른 사
람에게 임했으니 그곳에 가서 기도하
라, 그곳에 가서 배우라 그와 같이 하
는 자가 어떠한 자던가?
40 너희들은 그들의 신분과 그들의 모습
을 바라볼 때가 이제는 되었음이니라.
41 오로지 세상에 나의 법전을 만드는 것
은 나의 아들만이 나의 성령을 받아
그를 역사할 수 있음이니라.
42 내가 신약의 시대에 나의 아들 예수를
통하여 너희들을 구원하고자 했으며
모두를 그를 통하여 내가 전했듯이,
오로지 나를 대역하며 나를 대신하는
자는 나의 아들밖에 없음이니라.
43 그러니 너희들이 내가 아들이라 명한
그를 버린 자라는 그런 사악한 행위를
두 번 다시 하지 말라.
44 너희들이 살아 그 죄를 받을 것이며,
죽어 와서 그 심판을 또 받게 됨을 알
아야 될 것이니라.
45 그리고 나의 법전이 세상을 덮어 만백
성을 구하는 역사를 너희들이 두 눈을
뜨고 있을 때 볼 것이니라.
46 이를 너의 제자들에게 전해 주도록 그
리하라.

2,628 번째 하나님 말씀

2002년 7월 21일 07시 28분

1 사랑하는 나의 아들아!
2 "네, 아버님! 말씀하옵소서."
3 너희들 인간사에 살아가며 사람이 물
에 빠져 그가 사경을 헤맨다 하자.
4 그의 숨이 멎어 가며, 그는 곧 죽어 가
기 직전에 몸부림을 치고 있음이니,
물에 빠져 허덕이는 자를 보며, 밧줄
하나 던져 그를 구원할 수 있건만 그
를 구원하지 아니하고 가는 자를 그
빠져 죽어 가는 자가 얼마나 원망할
것이며, 그 또한 얼마나 사악한 행위
라 너희들은 생각하는가?
5 사람이 물속에 빠져 죽어 갈 때의 숨
막히는 그 순간의 고통과 죽음에서 벗
어나고자 발버둥치는 그에게 그저 손
한 번 내밀면 구원할 수 있거늘,
6 그를 구원하지 아니하고 간다 하면 그
는 얼마나 잘못된 사람이며, 죽어 가
는 자가 그를 보고 얼마나 원망하고
몸부림치겠는가?
7 나의 사랑하는 백성이며 나의 아들을
따라 이곳에 온 나의 아들의 제자, 너
희들은 들어야 할 것이니라.
8 너희들은 지금 물에 빠져 죽음 직전에
사경을 헤매는 그 사람을 구하지 아니
하고 등 돌리고 돌아가는 자들이 되어
서는 아니 될 것이니라.
9 너희들은 그에게 밧줄을 던지며 너희
손을 내밀어 그 생명을 구원해 주어야
될 것이니라.
10 지금 구약 시대의 역사와 그 모든 기
적을 보아 왔으며 또한 신약 시대의
기적이며 그 역사를 이루는 그 세상을
보고 살아온 나의 피조물 만백성이 잘
못 가고 있으며, 정녕 나 여호와의 뜻
을 모르며 하늘의 이루고자 하는 그
뜻을 모르고 살아가느니라.
11 그것이 바로 무엇이더냐?
12 그들이 바로 지옥 불로 가고 있음이니
라.

13 물속에 빠져 허덕이며 숨이 막혀 죽어
가는 그 고통을 겪는 그것보다도 열배
백배 천배 더 고통스러운, 영원히 사
는 그 지옥 불로 그들이 가고 있음이
니,
14 그들을 보면서 구원하지 못하며 구원
하지 아니한다면, 너희들이 과연 얼마
나 사악한 사람들이며, 얼마나 잘못된
사람이던가?
15 지금 너희들은 물속에 빠져 허덕이는
수십억 인구에게 밧줄을 던져 그들을
건져야 되며 손을 내밀어 건져야 될
것이니,
16 너희들이 기진맥진하고 탈진하여 그
들의 손을 잡고 물속에 딸려 들어갈
때까지, 그와 같이 너희들이 탈진할
때까지 그들을 구원하고 그들을 살려
내야 하는 것이 너희들의 대명이며 소
명임을 알아야 될 것이니라.
17 지금 잘못 살아온 자들과 믿음의 길이
무엇인지 모르고 물속에서 허덕이고
있는 그들을 구원하고자 내가 마지막
으로 나의 성령을 태워 나의 아들을
세상에 내려보내 지금 나의 제자요,
나의 백성이요, 나의 아들을 따르는
너희들을 위하여, 그들을 구원하고 있
는 너희들에게 내가 끈을 내리며 밧줄
을 내리며 그리고 장대를 내려 줌이니,
18 그걸 가지고 너희들이 그들을 구원하
는 데 최선을 다해야 될 것이거늘, 너
희들이 과연 그를 게을리하면 되겠는
가?
19 그러니 너희들이 밥 먹을 시간이 어디
있으며, 잠잘 시간이 어디 있으며, 너
희들의 향락을 위하여 살아갈 시간이
어디 있느냐?
20 수억의 너희들의 형제요, 인간들이 물
속에 빠져 지금 허덕이고 있으니, 죽
어 가고 있는 그들을 그 고통에서 건
져 내고자 내가 너희들 손에 장대를
쥐여 주었으며, 밧줄을 쥐여 주었으
며, 너희들에게 힘과 요령을 주었음이
니,
21 그를 쓰지 아니한다면 나의 백성들이
얼마나 물속에서 허덕이다 그리 죽어
가겠는가?
22 그보다 천배 만배 더 지옥 불로 가고
있는 그들을 구원해야 하는 것이 너희
들이니, 너희들이 지금 다른 생각을
할 시간이 없음을 알아야 될 것이니라.
23 그들을 구원하라. 그들을 구원할 자는
너희들밖에는 없음이니라.
24 내 사랑하는 백성들이요, 나의 아들에
게 선택되어 나의 제자들이며 또 그
제자라 이르는 자들, 너희들은 바로
그와 같은 대명을 띄고 있는 자들이니,
25 죽어 가는 자에게 등 돌리고 매몰차게
가는 그러한 너희들이 되지 말라.
26 지금 모든 나의 피조물 만백성이 물
속에서 허덕이며 죽어 가고자 함이니,
27 그 속에서 그들이 하늘에 오르는 길이
라 또 부르짖으며 저희들이 구원을 받
았다 부르짖고 있음이니라.
28 그들은 저희들이 죽어 가고 있음을 모
름이니라.
29 그를 바라보고 그 이치를 깨달으며 구
원의 길을 아는 너희들이 그들을 구원
하는 데 소홀히 해서는 아니 되며 게
을리해서도 아니 됨이니,
30 이와 같은 너희들의 위치를 깨달아,

너희들이 물속에서 숨막혀 허덕이는
나의 피조물 만백성을 구원하라.
31 거기에 너희들이 게을리해서는 아니
됨을 알아야 할 것이니라.

2,629 번째 하나님 말씀

2002년 7월 21일 07시 45분

1 사랑하는 나의 아들아!
2 "네, 아버님! 말씀하옵소서."
3 '나 외에 다른 신을 네게 있게 하지 말
것이며, 또 위로 하늘에 있는 것이나
아래로 땅에 있는 것이나 땅 아래 물
속에 있는 어떠한 형상이든지 만들지
말며 그것들에게 절하지 말며 그들을
섬기지 말라.' 함은,
4 네가 나의 법전을 만들어 만백성을 구
하는 그 역사를 이루는 과정에 어떠한
사악한 것들과 사탄들이 너를 공격하
고 너를 무너트리며 너를 짓밟아 죽
이려 할 때,
5 네가 거기에 순종하지 말며 당당히 싸
워 그들을 이기는 그 역사를 이루어야
된다는 그와 같은 뜻이 여기에 있음이
니라.
6 다른 신을 섬기지 말며 그 앞에 절하
지 말라 함은, 나의 피조물 만백성 너
희들이 어떠한 사악한 집단이나 어떠
한 사악한 것들에게 대적하여 굴하지
말며,
7 어떠한 역경과 시련이 있다 해도, 욥
의 고통보다도 열배 백배 더한 고통이
있다 해도 너희들은 나를 믿고 견디며
싸워 이겨 나가야 된다는 그 나의 뜻
이 거기에 있음이니,
8 이를 너의 제자들에게 깊이 깨우쳐 가
르쳐야 할 것이니라.
9 지금 너는 생각해 봐야 될 것이니라.
10 편안하게 살아가는 나라요, 종족의 그
성을 제3자가 공격하여 그 모두를 찬
탈하고 빼앗고자 한다 하면 그들은 어
찌하는가?
11 그들은 성곽을 쌓을 것이며, 죽기를
각오하고 버텨 싸워 나갈 것이니라.
12 그리하여 그들이 또한 저희들의 힘이
방대해졌을 때는 영토요, 모든 권한을
더 넓히기 위하여 공격하는 것이 너희
들의 가지고 있는 심리며, 너희들의
육의 삶의 세상에서 이루어지는 것이
니라.
13 그러나 너는 여기서 하나 깨우쳐야 될
것이니라.
14 지금 너희들이 말하듯이, 이 지상의
나의 낙원이요, 나의 성전을 모두 지
배하며 그곳에서 존속하는 나의 피조
물 만백성이 어찌 살아가고 있는가?
15 그들은 내가 만든 성전에서 내가 불로
써 내려 지키라는 그 십계명을, 그 간
단하고 쉬운 가르침을 가장 어렵고 고
통스러운 것으로 만들어 나의 피조물
만백성을 현혹하여 지금 사악한 무리
들이 세상을 덮고 있음이니라.
16 그리하여 지금 내가 나의 성령을 태워
너를 통하여 이 세상에 내려보내는 것
은,
17 사악한 자들이 사악한 속에서, 사탄의
무리 속에서 너희들의 생명의 존재를
재물로 계산하며, 오로지 저희들의 육
신의 편안함을 위하여 인간의 존엄성
은 물론이거니와 부모와 형제의 인간

의 질서까지도 파괴하고 살아가는 그
들이 그 속에서 육의 향락을 즐김이니
라.
18 너희들의 이웃과 형제의 고통이요, 너
희들과 같은 백성의 고통과 시련을 아
랑곳하지 아니하며, 상대방이 고통과
시련 속에서 살아가는 것을 즐거움으
로 알며 인생의 짜릿함으로 바라보며,
그와 같은 고통에서 벗어나 사는 것이
너희들의 가장 행복이요, 영광이라 생
각하는 그와 같은 너희들의 삶 속에서,
19 내가 나의 성령으로써 그를 바로잡으
며 내가 불로 써 내린 십계명을 지키
며 너희들 질서를 파괴하지 아니하며
도덕적으로 부끄럽지 않은 육의 삶을
살며, 오로지 그 십계명을 지키는 것
이 너희들이 하늘에 올 수 있는 길이
요, 양식이요, 열쇠라 그리 가르치며,
20 또 너희들이 지킬 수 없는 수많은 그
향락을 다 저버리며, 나의 법전이요,
나의 성령을 따르고 지키는 자만이 구
원을 받을 수 있다 하여 수천수만 가
지의 규약을 160권의 법전을 통하여
너희들에게 내려보내며 절제하고 고
칠 것을 내려보냄이니,
21 너희들의 사악한 자들이 사악한 속에
서 살아가는 그 향락을 뒤집어엎으려
하는, 그리고 그를 바로잡아 혁명을
이루어 나의 천사와 같은 백성들이 내
가 만든 성전에서 영원히 나의 뜻에
따라 하늘에서 이루어진 그 아름다운
낙원을 지상에서 이루며, 육의 삶 속
에서 너희들이 그 모두를 느낄 수 있
는 역사를 이루어,
22 육에서 너희들이 하늘의 나의 뜻에 따
라 이루어진 이 지상의 낙원의 아름다
움과 행복함을 느껴 너희들의 영혼이
영원히 사는 나의 나라에 올라오겠다
는 그 기초요, 그 가르침을 깨우쳐 주
고자 하는 나의 이 뜻을,
23 그들은 목숨을 걸고, 저희들의 모두를
다 걸고 이를 방해할 것이며, 이를 무
너트리려 할 것이며, 이가 존재하지
못하게 할 것이며,
24 그 사탄들이 사악한 힘을 가지고 너를
공격하고 너를 무너트리고자 하는 것
이 당연하며, 너 자신의 육이 이 세상
에 존재치 못하게 할 것이며, 내가 성
령으로써 기록하여 내려보낸 나의 법
전을 그들이 다 불태우고 짓밟아 존재
하지 못하게 하고자 하는 것이 그들의
공격의 수법이며 그들의 악랄한 방법
이니라.
25 그리하여 내가 나의 법전이 3부까지
나와 세상에 각국의 언어로써 내보내
만백성이 이를 깨우쳐, 이것은 진정한
나의 성령의 뜻이요, 이 시대에 제3의
시대를 열어 너희들을 구원하고자 하
는 것을 그들이 깨우쳐 가슴에 안고
소중히 간직할 때 이를 버릴 수 없으
며 지워 버릴 수 없음이라 내가 말하
였느니라.
26 그리하여 3부의 역사를 이루라 하였
음이니,
27 그리하여 4부부터는 너희들이 쓰는
언어로 세상에 나가, 내가 하나의 공
통어로써 너희들을 하나로 묶고자 하
는 것이며,
28 그리고 나의 뜻을 하나로, 진정 내가
원하는 것을 한 언어요, 한 공통어로

써 너희들이 깨우쳐 너희들을 하나로
만들어,
29 이 지상에 너희들을 존재치 못하게 하
고자 공격하는 사악한 그들을 말살시
키고자 하는 것이 나의 뜻이며 내가
이루고자 하는 역사임을 너희들은 알
아야 될 것이니라.
30 그러니 나의 아들의 가는 길이 얼마나
고통스러우며, 얼마나 험난하며, 나의
법전이 세상에 나오는 것이 얼마나 힘
들고 어렵고 고통스러운 그 역사에서
만 이루어지는 것인가를 나의 아들을
따르는 제자들이요, 선택된 백성 너희
들은 알아야 될 것이니라.
31 너희들이 가다가 지키고 따라가기가
힘들며 어렵다 하여 좌절하며 등 돌리
고 돌아선다 하면, 천 년에 걸쳐 이루
고자 하는 이 낙원의 역사는 이루어질
수 없음이니라.
32 또한, 가기 어렵다고 힘들어 좌절하며
돌아서며 등 돌리는 자들이 그저 너희
들을 떠남이 아니니,
33 그들이 사탄의 세계에 가면 사탄이 그
들을 영웅적으로 대접하며 그들을 두
손 들고 받들어 그들을 영광된 자라
그리 환호하니, 그들이 나의 아들에게
와서 배우고 깨우친 나의 성령을 가지
고 창과 칼을 만들어 나의 아들을 공
격하는 사악한 그와 같은 역사가 수없
이 이루어질 것이니라.
34 너희들의 인간사에 양대 국가의 서로
간의 전쟁과 전쟁 속에서 상대방의 모
든 비밀을 가지고 너희에게 투항하는
자를 얼마나 소중하게 쓸 것이며, 그
를 영웅시하며, 그를 위대한 자라 너
희들이 칭송하며 대접하겠는가?
35 지금 바로 그와 같은 첩자의 역할을
하고 있는 자들이, 너에게 와 나의 법
전을 공부하고 깨닫던 자들이 등 돌려
도망가고 달아나 그들이 바로 사악한
자들에게 가, 적군에게 가서 그들에게
칭송을 받으며 그들에게 환송을 받는
그와 같은 환각에 빠져 있는 자들이니,
36 그들의 이용 가치가 떨어졌을 때 그들
을 내치는 것이 바로 육의 삶에서 이
루어져 저희들이 고통을 알게 될 것이
며, 저희들이 죽어 나에게 와 심판을
받고 영원히 그 죄의 대가를 받아야
될 것이니라.
37 내 아들이 가는 길이, 내가 너희들에
게 지키고 살라 명했던 그 나의 법전
을 따라가는 그 길이 어렵고 힘들어
주저앉아 등 돌려 도망가는 자, 배신
하는 자, 그리고 깨우친 그 진리의 뜻
을 가지고 사탄의 적군에 뛰어드는 자,
38 너희들이 지금은 환대받으며 제왕의
대우를 받을 것이나, 너희들의 이용
가치가 없을 때 너희들은 그들에게도
짓밟히는 가치 없는 인간이 될 것이니,
39 그때 너희들이 두 눈을 뜨고 나의 아
들과 나의 성령이 얼마나 소중하고 위
대한 것이며 진실한 것이었던가를 깨
달을 것이니,
40 그때는 이미 늦을 것이며 육의 고통을
거기서 받을 것이니라.
41 그리고 너희들이 죽어 와 그 육은 한
줌의 흙으로 돌아가며 너희들이 영으
로써 내 앞에 와 심판을 받을 때, 너희
들이 얼마나 추하고 더러운가를 알 것
이며, 그리하여 그 죄가 얼마나 무서

운가를 너희들이 몸소 깨우치게 될 것
이며 그리고 그 대가를 치러야 될 것
이니라.
42 이것이 지금 너희들이 이루고 있는 작
태이니라.
43 내가 존재함을 믿으며 나의 아들을 믿
으며 나의 성령을 믿고 따르는 너의
제자들은 반드시 두 주먹을 불끈 쥐고
이 진리의 가시밭길을 말없이 달려와
구원의 길을 받도록 그리 깨우쳐 주며,
44 내가 하늘의 비밀을 너희들에게 이리
깨우쳐 주니, 이를 가슴에 안고도 너
희들이 모른다 하면, 너희들은 사탄에
게 가 잠시 영웅의 대우요, 제왕의 대
우를 받다 한 줌의 재로 돌아가는 너
희들의 육신의 고통의 맛을 볼 것이
며, 죽어 와서 나에게 또 그 무서운 죄
를 받는 것을 잊지 말라 가르치라.

2,630 번째 하나님 말씀

2002년 7월 21일 08시 15분

1 사랑하는 나의 아들아!
2 "네, 아버님! 말씀하옵소서."
3 지금의 수천 년 역사가 흐르면서 모든
종교 지도자요, 가르치는 자들, 그리
고 그들로부터 평생을 배웠으며 깨우
쳤다 하는 자들이 과연 어떠한 믿음의
세계를 가고 있는가?
4 그들은 외형적이요, 밖으로 보이는 것
을 더 중시하며,
5 남들에게 자기는 여호와 하나님의 나
라에 가기 위하여 성서를 공부하며 그
리고 주일을 바치며 그리하여 저는 여
호와 하나님의 아들인 예수님의 보혈
로써 구원받았으며 구원의 길을 가고
있는 자라 만백성에게 보여 주기를 원
하며 자랑삼아 믿음을 가고 있는 것이
그들의 지금의 작태이니라.
6 그리하여 그들은 외형으로써 나의 피
조물 만백성과 차별을 하고자 하며,
그리고 저희들의 우쭐한 그 모습과 저
희들만이 구원의 길을 보고 있으며 깨
달음을 얻었다 하여 저희들만의 짜릿
한 그와 같은 마음으로써 저희 손으로
만든 그 두꺼비집과 같은 성전에 가서
앵무새처럼 지껄이고 또 지껄이는 그
이야기를 또 들으며 다람쥐 쳇바퀴 돌
듯이 돌고 도는 그 소리를 듣고 저희
들은 구원의 은혜와 영광을 받았다 하
느니라.
7 그리고 저희 기분에 의하여 찬송이라
는 것을 비지땀이 나도록 소리 질러
부르고 나서, 저희들 자신이 스트레스
를 해소했으니 그것이 바로 축복이요,
영광이라 그리 말하는 것이 그들이 죽
을 때까지 행하는 그와 같은 행위이
니라.
8 그러나 나의 아들을 따르며 나의 법전
을 공부하며 나의 성령을 공부하는 나
의 아들의 제자이며 나로부터 선택된
백성, 너희들은 외형의 변하는 그 모
습에 좌우되지 말며 그를 의식하지 말
며 그 형식에 젖지 말라.
9 너희들은 너희들의 외형의 변화되는
것을 남들에게 보이려 하지 말며, 외
형의 모습으로써 차별화하지 말며 너
희들이 구원의 길을 간다는 그와 같은
자만심을 갖지 말라.
10 너희들은 스스로 내면이 변하여야 되

며, 내면의 변화의 역사를 알아야 될
것이며, 너희들 스스로 너희 자신이
변화되는, 내면의 그 변화되는 모습을
보며 행복을 얻고 즐거움을 얻으며,
영광된 길을 가고 있는 것을 알아야
될 것이니라.
11 그리하여 너희들이 변해 가는 것을 모
르듯이, 너희 스스로 깨닫지 못하는
속에서 너희들의 내면이 변화되며, 너
희들의 살아가는 모습이 변화되며, 너
희들의 생각하는 것이 변화되며, 사물
을 보는 그 마음의 눈과 그가 들려주
는 모든 소리를 듣는 너희들의 귀의
변화가 이루어져,
12 스스로 그것이 변화되었을 때, 만백성
이 너희들을 볼 때 너희 몸과 얼굴에
서 그 아름다운 광채가 비치는 그 모
습을 스스로 볼 수 있을 때까지 너희
들은 내면의 변화됨을 더욱 깊이 중시
하고, 거기에 더 역점을 두어 너희 마
음을 다스려 나가야 될 것이니라.
13 지금의 종교 지도자들처럼 외형이요,
외모의 변하는 것을 가지고 차별화하
지 말라.
14 그는 속이 차 있지 않은 수수깡과 같
은 행위를 가지고 나의 피조물 만백성
을 이끌고 구원하고자 하는 자들과 같
으니라.
15 너희들은 그와 같은 외형의 수수깡과
같은 형국으로써 나의 피조물 만백성
과 차별화의 역사를 이루려 하지 말며,
16 알차고 속이 찬 그 삶을 살며 스스로
변화되는 속에서 나의 피조물 만백성
이 너희들의 변한 그 광채를 볼 수 있
도록 하는 것이 하늘에 오르는 길을
가는 자들이며,
17 내가 마지막으로 태워 내려보내는 나
의 성령을 가지고 공부하는 자들이며,
나의 법전을 가지고 깨닫는 자이며,
정녕 나로부터 선택된 백성들이 가야
하는 그 행위임을 알라.

2,631 번째 하나님 말씀

2002년 7월 21일 08시 46분

1 사랑하는 나의 아들아!
2 "네, 아버님! 말씀하옵소서."
3 내가 너희들에게 수십 번 일러 일깨워
주었느니라.
4 너희 마음속에는 선한 마음과 악한 마
음 두 가지가 있음이니, 너희들이 하
나의 일에 대하여 이것이 선하냐 악하
냐 그리 구분하여 너희들이 선한 것을
선택하면 하늘에 오르는 빛을 볼 수
있다 하였음이니,
5 그 선한 길을 선택하는 것은 죽음을
넘는 것보다도 더 어려운 고비의 길이
라 하였음이니라.
6 그러나 여기서 너희들이 하나 더 깨우
쳐 가야 할 것이 있느니라, 나의 아들
아!
7 너희들이 선한 것을 생각하고 더 선한
것을 생각할 때, 그 선한 쪽에 대한 정
답이 수없이 나오게 되어 있음이니라.
8 그리하여 선한 쪽에 서서 선한 쪽의
정답을 찾다 보면, 너희들은 악한 쪽
의 정답은 정녕 없음을 알게 될 것이
니라.
9 모든 것이 다 너희들에게 행복함이니
라.

10 너희를 욕하는 자는 욕하는 자로서 너
희에게 행복을 주는 자며, 너희를 칭
찬하는 자는 너희를 칭찬하는 자로서
그 행복감을 너희에게 주는 그 이치를
알아야 될 것이니라.
11 이는 바로 무엇이더냐?
12 너를 나무라는 자, 너를 욕하는 자, 너
를 탓하는 자, 그는 바로 너의 스승으
로서 너를 바로잡고자 하며, 네가 잘
못 가고 잘못 깨닫는 것을 바로 깨닫
고 바로 서도록 가르쳐 줌이니 그것이
행복이요, 영광인 것이며,
13 또한 너를 칭찬하는 자는 너의 아름다
운 모습을 보며 너 자신을 보며 너를
소중히 생각하고 소중히 그의 가슴에
간직하며 사랑하기에 또한 영광이며
행복함이니라.
14 그러하니 네가 모든 것을 선한 쪽으로
생각한다 하면, 그 모두가 다 선하고
아름다운 영광의 빛이 거기에 있음을
너의 제자들에게 일깨워 주어야 될 것
이니라.
15 이제는 너희들이 악과 선과 싸워서 너
희들이 죽음의 고통을 넘는 그 악을
버리고 선을 선택하는 그와 같은 이치
를, 지금 나의 성전에 나온 제자들은
이미 그 선을 넘었다 그들에게 일깨워
주라.
16 그러니 그들은 그 선을 넘어서 지금
깨우쳐 가고 있음이니, 오늘의 너희들
이 깨우쳐 가야 할 길은, 악한 것은 악
한 것대로 너희들에게 행복이 있으며
선한 것은 선한 것대로, 또 너희들을
칭찬하는 것은 칭찬하는 것대로 그 속
에 행복과 영광이 있다는 그 이치를
깨우쳐 너희들이 그 길을 가다 보면,
17 세상사 모두가 너희들 품 안에 있으며
너희들 머릿속에 있으며 너희들 손안
에서 이루어지는 그 역사를 알게 될
것이니라.
18 그것이 바로 나의 뜻을 아는 것이며,
나를 대신해서 살아가는 자들이, 나를
대신하여 행하는 자들이 그를 행하는
것이니 그리 전하도록 하라, 나의 아
들아!
19 "네, 아버님! 알겠사옵나이다.
20 어떠한 의미의 말씀이며 어떠한 깨달
음을 주시는 것인지 아버님의 말씀을
깊이 깨달았사오며,
21 이를 많은 제자들과 만백성에게 전하
도록 그리하겠사옵나이다.
22 악한 것도 사랑함이요, 선한 것도 사
랑함이요, 저를 욕하고 저주하는 자도
그 속에 행복이 있으며, 저를 칭찬하
고 저를 쫓아오는 자도 그 속에 행복
이 같이 있다는 그 말씀의 이치를 깨
달았사오며, 그 뜻을 만백성에게 전하
도록 그리하겠사옵나이다."
23 아들아, 너의 제자들이 그와 같은 경
지에 올라와 있음이니라.
24 이제 그들이 그 마음을 다스려 그리
행하고 그리 전진해 나가면 되는 것이
며,
25 세상 만물의 변화와 만물이 변화되는
그 속에서 그들이 생각하는 것까지도
알 수 있음이니,
26 그것이 바로 자연으로 돌아가는 너희
들의 1단계의 마음의 자세이니,
27 이제 곧 하늘의 빛을, 하늘의 이루어
지는 그 역사를 볼 날이 있을 것이며

스스로 깨우칠 때가 있을 것이니, 그
리 전하도록 하라, 나의 아들아!
28 "네, 아버님! 알겠사옵나이다."

2,632 번째 하나님 말씀

2002년 7월 21일 09시 06분

1 사랑하는 나의 아들아!
2 "네, 아버님! 말씀하옵소서."
3 나의 피조물 만백성이 나로부터 생명
을 받아 세상에 나가 저희들이 노력하
고 살면 그 모두를 다 얻고 이룰 수 있
는 그와 같은 여건과 모두를 다 갖추
어 육의 삶에 지장이 없을 만큼 내가
해 주었음이니라.
4 그러나 너희들은 그 뜻을 알지 못하며
그 축복과 영광과 은혜를 모르며, 너
희들이 노력하지 아니하고 연구하지
아니하며 잘못 살아 남보다 뒤지고 고
달프고 힘들 때,
5 너희들은 나 여호와에게 복을 주십사
기도하며 무엇인가 기적을 이루어 너
희들이 그곳에서 벗어나고자 하는, 그
리고 남들보다 더 갖고자 하는 그와
같은 마음으로써 너희 손으로 지은 그
성전에 가 기도하고 경배하며 한평생
그리 살아와 지옥 불로 가는 자가 수
없이 많이 있음이니라.
6 오늘 내가 나의 아들을 통하여 너희들
에게 이르나니, 너희들은 세 가지 부
류의 인간의 마음으로써 분석해 보아
야 될 것이니라.
7 하나는 모두가 나 여호와의 은혜 속에
서 살아감이니, 저희들이 존재하고 살
아가는 그 자체도 그 모두는 나 여호
와로부터 받은 은혜와 은총이요, 영광
이라는 것을 깨달아 그것으로써 기쁨
이요, 감사의 기도를 드리며 살아가는
자와,
8 그렇지 아니하면 너희들이 나로부터
받은 작은 선물이요, 영광이요, 은혜
라 하면 그것으로써 너희들이 모두가
영광이며 행복하며 감사한 마음을 가
지고 그리 살아가는 그와 같은 자가
있는가 하면,
9 하나를 받으면 또 하나를 더 달라고
하며 하나를 받으면 두 번째는 너 큰
것을 받길 바라며 세 번째는 더 크고
더 많은 것을 받기를 바라는 그와 같
은 사악한 욕심을 가지고 가는 자들이
있음이니라.
10 이와 같은 인간 속에서 내가 너희들에
게 무엇을 원했던가?
11 이 세상에 너희들이 생명을 가지고 태
어나 나의 은혜와 은총에서 내가 베풀
어 준 영광 속에 살아가는 그것으로써
감사하며 그저 순종하는 백성으로 살
아가라 하는 것도 아니니라.
12 내가 그저 하나 내려 주었을 때 그것
을 받는 것으로써 영광이요, 축복이라
생각하며 감사 기도를 드리며,
13 스스로 죄를 지으며 살아간 죄인이라
칭하는 너희들이 나에게 더 달라, 더
주십사 하는 그와 같은 기도와 그와
같은 욕심에 찬 행위를 하지 말고 살
라 함이니라.
14 그와 같은 행위를 하지 말며, 내가 내
려 주는 것에 감사하고, 내가 내려 주
는 것이 너희들의 축복이라 생각하며
그 은혜에 보답하고자 살아가는 그와

같은 중간의 마음을 가지고 살아간다
하면 너희들이 하늘에 오르는 길을 볼
수 있다 내가 그리 깨우쳐 주고 있음
이니,
15 너희들은 그와 같은 마음을 갖고 살아
가지도 못하고 있음이니라.
16 그저 하나를 받으면 더 받고자 하며
더 받으면 더 크고 더 영광된 것을 받
고자 하는 그와 같은 욕심으로써 너희
들이 평생 무엇을 달라 하며 구원받고
자 함이니,
17 그저 너희들은 너희들의 심성 때문에
평생 괴롭고 고통과 불안과 초조한 마
음으로써 인생을 살아가다 마는 것이
니라.
18 내가 그와 같이 기도하는 자의 그 기
도 소리를 듣지 아니한다 하였음이니,
19 구원을 받고자 기도하는 그와 같은 마
음을 가진 자는 어떤 마음의 형태로써
기도를 하는 것인가?
20 남들보다 더 좋은 축복과 남들보다 더
좋은 영광과 남들보다 더 좋은 이 하
늘나라에 오며 내 곁에 누구보다도 더
가까이 오겠다 하는 그와 같은 사악한
욕심을 가지고 기도하는 자와 똑같은
그러한 심성이니,
21 정녕 그러한 마음을 가지고 기도하고
경배하는 자의 그 기도 소리를 내가
듣지 아니하며, 그는 나와 무관하다는
뜻을 너희들이 알아야 될 것이니라.
22 더 갖고자, 더 이루고자, 더 큰 것을
나에게 달라 기도하는 자, 너희들은
나에게 더 가까이 오며 더 영광된 자
리를, 그리고 남들보다 더 영광되게
축복받은 자리를 갖고자 원하고 기도
하는 그 사악한 욕심에서 이루어짐이
니,
23 너희들이 죽어 나에게 왔을 때는 그와
반대 현상으로 이루어져 너희들이 그
죄를 받는다는 것을 잊지 말라.

2,633 번째 하나님 말씀

2002년 7월 21일 09시 33분

1 사랑하는 나의 아들아!
2 "네, 아버님! 말씀하옵소서."
3 구약의 시대에 살아왔던 나의 피조물
만백성도 하늘에 오르는 그 길을 위하
여 모두를 다 바쳤으며, 신약의 시대
에 살아왔던 나의 백성들 또한 하늘에
오르는 그 길을 위하여 모두를 다 바
쳤음이니라.
4 그러나 너희들이 나의 뜻과는 상상할
수도 없는 반대의 길로 달려왔음이니,
이는 곧 내가 너희들에게 깨우쳐 주고
자 하며 내가 너희들에게 전하고자 함
을 너희들이 알지 못하기 때문이니라.
5 이는 나의 아들이 세상을 등지지 아니
하여 그가 많은 나의 성령을 너희들에
게 전하여 너희들이 그를 갖고 공부하
고 연구하고 깨우쳤다 하면 지금같이
이 사악한 시대가 열리지는 아니하였
을 것이니라.
6 그러나 나의 아들이 나의 성령을 전하
고자 하는 것을 단죄하여 너희들이 나
의 성령을 더 이상 세상에 내려가지
못하게 하였음이니,
7 너희들이 그 암흑 속에서 나의 성령이
요, 나의 뜻과는 전혀 관계없는 것을
가지고 깨우치고자 발버둥쳤으며,

8 나의 아들의 제자들이 전한 그 복음서
를 가지고 너희들이 그것을 깨우치고
자 공부를 하고 지금까지 매달려 왔음
이니, 이는 바로 무엇이더냐?
9 내가 나의 아들에게 전하여 너희들에
게 전하고자 하는 그 원액의 알맹이를
너희들은 전하지 못하게 하였음이니,
어찌하여야만 너희들이 바로 나의 뜻
을 알겠는가?
10 이는 무엇이던가?
11 너희들이 그 과일의 안에 들어 있는
그 참맛과 모형을 보지 못하였으며,
겉모양만을 보고 그것이 나의 뜻이라
하며 그 안에 들어 있는 과일의 참맛
을 본 것처럼 말함이니,
12 그를 맛보지 않은 자 그를 알 수 없듯
이, 너희들이 지금 가르치고 있는 그
방법과 그 형태가 정녕 나의 뜻과 내
가 원하고자 하는 것을 너희들이 모르
고 있기 때문이니라.
13 나의 아들 예수를 너희들이 그리 죽게
하지 아니하였다 하면 너희들은 지금
너희들이 깨우치고 가르치는 그 성서
속에서 미래를 알아야 될 것이며,
14 내가 미래에 이루고자 하는 역사를 거
기에 기록하여 너희들에게 전하였으
며 너희들이 정녕 어찌 살아야 될 것
인가를 지금 내가 법전에 기록하듯이
더 상세히 나열해서 기록하였을 것이
니라.
15 그러나 너희들은 그와 같은 길을 막았
음이니라.
16 그와 같은 역사를 이루지 못하도록 한
것이 너희들이니라.
17 그러니 너희들이 진정한 알맹이를 모
르며 겉을 가지고 발버둥치고 있다 하
였음이니, 내가 뭐라 말하였느냐?
18 수박의 속을 알지도 못하며 너희들은
겉도 제대로 핥지 못하는 그와 같은
방법으로써 나의 피조물 만백성을 구
원하여 하늘에 오르게 하는 지도자라
하여 너희들이 세 치의 혓바닥으로 나
의 백성들을 유린하니, 이것이 첫째
무엇이냐?
19 내가 지키라 했던 계명을 지킬 수 없
다 함이 가장 큰 죄요,
20 너희들이 인간이기 때문에 죄를 짓고
너희 손으로 만든 두꺼비집과 같은 성
전에 와 울고불고 용서를 빌면 다 용
서해 준다는 것이 두 번째 죄요,
21 그리고 너희들이 재물을 거둬들이며
그 재물을 많이 바치는 자가 하늘에
올라와 영광을 얻는다 하여 나의 피조
물 만백성으로부터 피를 빨아들인 것
이 세 번째의 큰 죄이니라.
22 이와 같은 속에서 너희들이 무슨 믿음
이 있으며 무슨 구원의 길이 있는가?
23 너희들은 바로 봐야 될 것이니라.
24 정녕 너희들이 구원을 받고자 한다면
지금의 그 믿음을 다 덮어 두고 나의
법전을 1권서부터 정독해 그 속에서
내가 원하는 것을 깨우쳐 나의 피조물
만백성을 바로 깨우친다 하면 너희들
은 성서에 기록되어 있는 그 내용을
알 수 있는 눈을 뜨게 될 것이니라.
25 이것만이 나의 성령이요, 나의 뜻이
요, 내가 너희들에게 가르치고자 하는
교본이며 너희들이 깨우쳐서 하늘에
오를 수 있는 근본이기 때문에, 이를
깨우치지 아니하는 자는 하늘에 오르

는 길을 정녕 볼 수 없음을 알아야 될
것이니라.
26 내가 제3의 시대를 열어 나의 피조물
만백성을 구원하고자 내리는 이 법전
만이 너희들이 지금까지 살아온 것을,
잘했는가 잘못했는가, 잘 가르쳤는가
못 가르쳤는가, 어떤 것이 진정한 하
늘에 오르는 길인가를 너희들에게 깨
우쳐 주는 심판의 책이니라.
27 이제 이 세상 몇천 년 동안 종교 지도
자라 하여 너희들이 다람쥐 쳇바퀴 돌
듯이 그저 재탕 재탕하여 가르쳤던 그
음성의 가르침을 이제 중단하고,
28 나의 법전을 가슴에 안고 정독하여 너
희들이 그리 원하고도 바라는 반석 위
에 서서 하늘에 오르는 찬란한 빛을
볼 수 있는 그 영광을 얻도록 하여야
될 것이니라.
29 너희들이 아무리 성서를 갖고 공부한
다 해도, 내 뜻을 모르고 내가 원하는
것을 모르며 미래의 지향하는 것을 모
르는 이상 너희들은 반석 위에도 설
수가 없음이니라.
30 너희들이 일단 반석 위에 서서 하늘에
오르는 그 찬란한 빛을 봤을 때, 너희
마음속에 변화가 더 이루어질 것이며,
정녕 너희들이 사악한 마음을 다 버릴
수 있음이니,
31 반석 위에 서서 찬란한 그 영광의 빛
을 볼 수 있는 것은 오로지 나의 법전
을 가슴에 안고 정독하며 내가 원하는
뜻이 무엇인가를 깨닫고 연구했을 때,
너희들이 비로소 반석 위에 설 수 있
다는 나의 명을 소홀히 듣지 말라.
32 너희들이 내가 지금 하늘의 뜻을 나의
아들을 통하여 내려보내는 그 대목 하
나하나를 소홀히 들었을 때, 너희들은
정녕 깨우침이요, 구원의 길을 올 수
없다는 것을 알라.
33 나의 법전이 너희들을 구원하는 것이
아니라, 너희들이 구원을 받을 수 있
는 반석 위에 서서 인간 세상을 바라
다보며 하늘에 오르는 그 찬란한 빛을
보는 위치에 서게 됨이니,
34 너희들이 하늘에 오르는 길을 걸어오
고 안 오는 것은 그때부터 이루어짐이
니라.
35 오로지 나의 법전은 너희들이 반석 위
에 설 수 있는 그 길까지 인도하고 안
내하는 것이니, 우선 너희들이 거기까
지 서야 될 것이니라.
36 지금의 성서와 지금의 너희들의 믿음
으로 가는 그와 같은 형태로써는 절대
반석 위에 서서 하늘의 찬란한 그 영
광의 빛을 보지 못하는 것이니, 너희
들이 오로지 지옥 불로 가는 그 열차
를 타고 있음이니라.
37 어찌하여 너희들은 지옥 불로 달려가
는 그 열차를 타고 있으면서 그것이
하늘에 가는 열차라 그리 이야기하는
가?
38 그 열차는 지옥 불에 인정사정없이 떨
어져 굴러감이니, 너희 자신이 그와
같이 무더기로 넘어간다는 것을 알아
야 될 것이니라.
39 너희들은 여기서 하나를 깨우쳐야 될
것이니라.
40 세상의 모두는 나 여호와가 만들었으
며, 나의 뜻에 의해 이 세상이 창조되
었으니,

41 나의 이름으로써 '하늘에 오르는 길' 이요, '하나님! 말씀하옵소서.' 하는 이 무서운 제목의 책자를 보고도 이것은 나 여호와가 세상에 내린 것이라 생각지 아니하며, 사탄이요, 사악한 자가 만든 것이라 생각하여 이 뚜껑을 열지 않는 자는 반석 위에 서서 하늘에 오르는 그 찬란한 빛을 보는 영광을 얻지 못하게 됨이니, 이를 명심해서 행해야 될 것이니라.

42 많은 종파의 지도자요, 많은 종파 속에서 평생을 다 바쳐 광란의 형태로써 하늘에 오르고자 기도하고 모두를 다 바쳐 저희들만이 하늘의 구원을 받았다 말하는 자들이, 특히 그들이 나의 법전을 읽어 그 뜻을 깨우쳐야 될 것이니,

43 반드시 나의 법전을 가슴에 안고 정독해야만 너희들이 잘 가고 잘못 감을 깨달을 수 있는 그 눈을 뜨게 됨이니 그리 알라.

44 이 이치를 내가 직접 너희들에게 전함이니, 이 뜻을 듣고 나의 성령을 듣고도 이를 행하지 아니하는 자는 정녕 영원히 구원의 길을 볼 수 없는 것이니, 그를 보는 내 마음이 얼마나 아프겠는가?

45 이 모두는 나 여호와가 필요하기에 세상에 내려보냈다는 그 한 가지 마음으로써 나의 법전을 정독하여 구원의 길에 오르도록 그리하라.

2,634 번째 하나님 말씀

2002년 7월 21일 12시 06분

1 사랑하는 나의 아들아!

2 "네, 아버님! 말씀하옵소서."

3 너의 제자들에게 이르라.

4 너희들이 육의 삶이라는 그 삶을 마치고 육은 흙으로 돌아가며 너희들의 영혼이 나에게 와 심판을 받을 때, 정녕 지금 이 나의 법전을 갖고 공부하며 깨우치는 것이 나 여호와의 뜻이며 내가 이루고자 하는 역사였나는 것을 너희들이 알 때 너희들의 그 기쁨과 영광은 얼마나 위대하겠는가?

5 나의 법전이요, 나의 뜻을 모르며 이를 태우고 짓밟는 자가 죽어서 내 앞에 왔을 때,

6 이는 나의 아들로서 나의 성령을 깨우쳐 천 년에 걸쳐서 만백성을 구원하는 그 길이 정녕 나의 뜻이라 말할 때, 그는 그 앞에서 어떤 당황한 모습으로써 나에게 심판을 받겠는가?

7 너희들은 들어야 될 것이니라.

8 열 번 죽었다 깨어나도 오늘과 같은 이 역사의 영광과 축복을 받을 수 없으며 누릴 수 없는 것이 너희들이니라.

9 지금 나의 성전에 와 나의 아들을 통하여 내리는 나의 성령의 뜻과 나의 법전을 읽고 깨우치는 너희들은 정녕 나로부터 선택된 자임을 알아야 될 것이니라.

10 지금 너희들이 한 사람 한 사람 너희들을 볼 때 미약하고 힘이 없는 것 같으나, 너희들은 두려워하지 말라.

11 이 모두는 나 여호와가 주관하며, 내

가 역사했을 때 그는 내가 역사하고
짜 놓은 그 계획에 의하여 흘러감을
너희들은 알아야 될 것이니라.
12 내가 오늘 나의 아들을 통하여 너희들
의 가슴에 다시 한 번 심어 주노라.
13 너희들이 세상에서 죽기 전에 이것이
나의 법전이요, 나의 성령이요, 이 역
사가 위대하다는 것을 보게 될 것이며,
14 이 민족으로서 태어난 것을 영광으로
알 것이며,
15 지금의 나의 선지자요, 나의 아들이
태어난 동양의 이 작은 나라에 촛불을
비추었으니, 이들에게 모든 영광과 영
화와 축복이 10년 안에 이루어질 것
이라는 것을 너희들은 알게 될 것이니
라.
16 그리고 너희들이 이를 볼 수 있음을
알아야 될 것이니라.
17 그리하여 너희들의 여생에 나 여호와
를 위하여 너희들이 갈고 닦은 그 모
두를, 너희 자신을 다 바치는 그와 같
은 길을 너희들이 갈 것이니,
18 너희들은 순교자 못지않은 마음으로
써 나의 피조물 만백성을 구원하는 그
역사에 임해야 될 것이니라.
19 내가 나의 아들을 통하여 너희들에게
일렀느니라.
20 오늘 내가 너희들에게 사람을 구원하
는 밧줄과 장대를 주었다 하였음이니
라.
21 이는 바로 나의 성령이요, 나의 뜻임
을 너희들이 알아야 될 것이며,
22 나의 성령을 가지고 나의 피조물 만백
성을 구하는 것이 너희들의 장대요,
너희들이 행동을 바르게 하여 만백성
이 너희들을 보고 너희들에게서 비치
는 그 빛을 보고 깨우쳐 오는 것이 바
로 너희들이 밧줄을 던져 만백성을 구
하는 그 이치임을 알아야 될 것이니라.
23 오늘 내가 나의 아들을 통하여 너희들
에게 다시 한 번 명하노라.
24 너희들이 육이라는 그 삶을 마치기 전
에 이 역사의 위대함을 알게 될 것을
너희들이 깊이 가슴에 새겨야 할 것이
니, 이를 명심하여 간직하도록 그리하
라.

2,635 번째 하나님 말씀

2002년 7월 21일 15시 23분

1 사랑하는 나의 아들아!
2 "네, 아버님! 말씀하옵소서."
3 너희들 인간 세속에 이러한 말이 있지
않으냐? '하나를 보면 열을 안다.'는
그와 같은 말이 있음이니라.
4 이는 곧 무엇을 말하던가?
5 너희들 인간 세속에서 살아가는 자도
그가 살아가는 모습에서 하나의 행동
을 함으로 인하여 그 전체를 알 수 있
으며 그가 어떠한 사람인가를 구분하
여 평가하고 알 수 있다는 것을 너희
들에게 깨우쳐 줌이니라.
6 너희들은 여기서 들어야 될 것이니라.
7 수십억 인구 중에 너희들이 선택된 사
람이라 하니, 너희들의 숫자를 한번
세어 보라.
8 이 세상 수십억 인구 중에, 너희들이
살고 있는 동양의 작은 나라에도 그
많은 사람들이 더불어 살아가고 있으
니, 얼마나 아비규환같이 복잡하고 힘

든 그 생활 속에 살아가며,
9 과연 그 머릿수를 너희들이 헤아릴 수 있겠는가?
10 그 속에서 너희들이 선택된 자들이니라.
11 이는 어떠한 것이더냐?
12 백사장에서 모래알 몇 개를 주운 것보다도 더 너희들이 어렵고 힘들게 선택된 자들이며 소중한 자들이니라.
13 그러니 내가 너희들에게 뭐라 말하였느냐?
14 너희들은 육의 삶이 아니요, 만백성을 구하는 지도자로서 영의 세계의 삶을 사는 자들이라 하였음이니라.
15 그리하여 천 년에 걸쳐서 이 사악한 무리들을 이 세상에서 뿌리 뽑으며 선량한 나의 천사와 같은 백성들이 살아가는 그 역사를 이루고자 하여 너희들이 선택되었으며 지금 이 자리에 너희들이 서 있음이니,
16 너희들의 행동과 살아가는 것이 어찌 흘러가야 되겠는가?
17 인간 세속에 너희들이 살아가는 그 속에서도 하나를 보면 열 가지를 알 수 있다 하였음이니, 너희들의 행동을 어찌해야 되겠는가?
18 너희들이 그 하나를 봐서 잘못 비치는 부분이 너희 생활 속에 하나라도 있다 하면, 너희들은 나의 선택된 백성이요, 나의 아들의 제자요, 나의 법전을 전하여 만백성을 구하는 너희들의 위치에서 자격이 부족함이 아니던가?
19 인간사의 살아가는 것에 하나의 오점이요, 실수를 하여도 너희들이 그를 갖고 공격함이니라.
20 인간사에 너희들의 시시비비는 서로 이해하고 용서하며 화해를 하는 것이 있다 내가 말하였음이니라.
21 그러나 종교의 믿음에 대해서는 너희들이 화해도 없으며 용서도 없으며, 국경을 넘는 전쟁보다도 더 치열한 마음을 가지고 갑론을박하는 것이 종교의 깨달음이라 하였으니, 그 속에서 살아가는 너희들이 그 대표적인 것이며,
22 나 여호와의 성령의 법전을 대신하는 너희들이 한 가시 행동으로써 열 가지 알아볼 수 있는 그와 같은 처신을 한다 하면 과연 되겠는가?
23 너희들은 완벽한 삶을 살아야만 하는 것이니라.
24 너희들은 들어야 할 것이니라.
25 너희들이 지금 이 수십억 인구 중에서 열 손가락 안에 들지 않는 적은 너희들을 내가 선택하여 나의 아들을 따라 너희들이 천 년의 역사를 이루는 데 선택되었다 하면 너희들은 어찌 생각하는가?
26 그것만이 너희들이 위대하며 영광이 아니라, 그만큼 너희들이 어렵고 힘든 그 길을 가야 됨을 알아야 될 것이니라.
27 그 고통과 시련을 견디고 나가는 속에서 너희들이 싹을 틔울 수 있음이니,
28 너희들이 선택된 영광은 그 수십억 인구를 대신하여 너희들이 그 짐을 짊어지며 그들을 구하는 역사를 이루어야 하는 것이기에 너희들의 짐이 무거움을 알아야 될 것이니라.
29 이제 머지않았음을 알아야 될 것이니

라.
30 내가 보낼 자 보냈으며 남길 자 남겼
음이니라.
31 너희들의 마음이 하나가 되어, 내가
너희들에게 이루는 역사를 볼 날이 머
지않았음이니, 너희들의 마음자리를
바로잡아야 될 것이니라.
32 오늘 너희들은 나에게 선택된 것이 영
광이요, 그 영광 자체가 얼마나 소중
한 것인가를 너희들이 하나를 보고 깨
우쳐야 될 것이니라.
33 너희들이 나에게 선택된 그 자체가 너
희들의 죽음보다도 더 소중하며, 그보
다 더 큰 영광이 없는 것을 알아야 될
것이며,
34 그 영광 뒤에는 너희들이 그만큼 고통
과 시련 속에서 나의 피조물 만백성을
구하는 그 어렵고 힘든 길을 이끌어
가야 하는 것이 너희들임을 잊지 말아
야 할 것이니라.
35 이제 너희들의 시대가 곧 열릴 것이니
라.
36 너희들의 마음에 갈망하던 그 모두가
스스로 역사할 것이니, 그리 알라.

2,636 번째 하나님 말씀

2002년 7월 22일 07시 55분

1 사랑하는 나의 아들아!
2 "네, 아버님! 말씀하옵소서."
3 지금 몇천 년의 역사가 흘러오는 이
세월 속에 너희들은 육의 변화요, 육
의 형태에서 이루어지는 것만이 나 여
호와의 기적이며, 또한 나의 모세나
나의 아들 예수가 이루었던 그 역사만
이 위대한 역사이며 그것이 나의 기적
이라 생각하고 너희들의 믿음을 그 환
상에서 벗어나지 못하고 있음이니라.
4 그리하여 너희들은 지금도 그와 같은
역사가 이루어지며 그와 같은 변화를
가지고 오는 자가 곧 나로부터 선택된
자며 너희들의 구세주로 오는 자라 그
리 생각하고 있음이니라.
5 그러나 너희들은 여기서 하나 깨우쳐
야 될 것이니라.
6 역사가 흘러 그 시대와 지금의 너희들
이 차이가 있어 내가 너희들에게 지금
알맞은 깨우침으로 하늘에 오를 수 있
는 성령을 책으로써 내려보낸다 기록
한 내용이 법전에 있듯이,
7 지금 내 아들이 그와 같은 역사를 이
루어 나로부터 선택된 자이며, 너희들
이 지금까지 믿어 온 그 종파며 너희
들이 몸담아 왔던 그 모든 믿음이 잘
못된 것이라 하여 그 역사를 이룬다
하면, 나의 아들은 단 하루도 이 세상
에 살아가지 못하는 그와 같은 운명을
맞을 것이니라.
8 지금은 구약이요, 신약의 시대보다 그
종파의 숫자가 수없이 많아지며 그 종
파의 집단이 비대하기가 이루 말할 수
없으며,
9 이 우주에 내가 만든 이 성전을 다 지
배하고 있는 그와 같은 역사가 있으
니, 그들의 힘에 의해 그 누구도 지탱
할 수 없음을 너희들은 알아야 될 것
이니라.
10 나의 아들이 세상에 나와 나의 역사를
이루며 너희들에게 육의 형태의 기적
을 이루는 것, 죽은 자 살리고 또한 명

을 다한 자 잇게 하며, 병든 자 고치고
앉은 자 일어서게 하며 또 눈먼 자 눈
을 뜨게 하는 그와 같은 역사를 이루
었을 때,
11 나의 아들이 하루도 지탱할 수 없을
만큼 그와 같이 무섭고 방대하게 인
간 너희들의 집단이 그리 형성되었음
이니, 이를 과연 너희들은 어찌하겠는
가?
12 너희들은 그와 같은 역사를 이루는 것
만이 기적이라 생각하며, 그 환상의
시대가 이루어지기를 바라며, 그러한
자가 구세주라 지금까지 그리 믿고 생
각하고 있음이니,
13 너희들은 여기서 깨달아야 될 것이니
라.
14 한 인간이 160권이라는 이 장정의 법
전을 과연 기록해서 낼 수 있는가, 그
리고 이와 같은 것을 써낼 수 있으며
책이라 하여 만들어 낼 수 있는가?
15 그 기록의 내용이 내가 성서에 너희들
에게 전하여 주었던 그 내용과 같이
너희들이 읽고 깨우쳐 하늘에 오르는
길을 바로 볼 수 있는 그와 같은 역사
의 장을 이룰 수 있는가?
16 지금 나의 성령을 태워 내려보내 나의
아들의 가슴을 통하여 법전이라 하여
책으로 만드는 이 방법밖에는 나의 피
조물 만백성을 바로 인도하며 구할 길
이 없음이니라.
17 기적은 한순간에 지나가는 역사요, 그
를 시기하고 질투하는 자들이 나의 아
들을 이 세상에 존재치 못하게 할 것
이나,
18 책으로써 세상에 나가는 것은 봄바람
같이, 흐르는 물과 같이 전해짐이니,
그를 막을 수 없음이니라.
19 그리하여 이게 천 년에 걸쳐 이루어지
는 역사요, 그보다 더한 위대한 기적
의 역사가 어디 있던가?
20 너희들이 정녕 존경하고 믿는다는 종
교 지도자에게 물어보라.
21 그들이 만들어서 기도하는 그것 외에
과연 그들이 그 역사를 이룰 수 있는
가 한번 물어보라.
22 너희들은 단상에 서서 너희들을 지도
하는 종교 지도자들에게 160권이라는
이 법전이, 단시일 내에 이 세상에 나
오는 나의 성령의 이 책이 과연 이단
이요, 사탄이요, 사악한 자의 행위라
하면, 너희들을 지도하는 종교 지도자
들도 그와 같이 입증하고 근거할 수
있는 책을 만들어 보라 말하라.
23 과연 그들이 만들 수 있을 것인가?
24 어느 누구도 만들 수 없음이니라.
25 이와 같은 역사를 이룰 수 없음이니라.
26 그렇다 하면 과연 너희들은 나의 성령
이라 하여 나의 뜻을 받아 기록하여
세상에 내는 이 역사를 이룰 수 없으
며 듣지도 못하는 자들이 정녕 나를
위하여 하늘에 인도하는 나로부터 선
택된 백성이라 그리 말할 수 있으며
지도자라 말할 수 있는가?
27 그리고 너희들은 그 지도자에게 물어
보라, 미래에 나 여호와가 이루고자
하는 그 역사가 무엇이며 내가 이루고
자 하는 그 뜻이 무엇인가를.
28 그들은 모르니 말을 못 할 것이니라.
29 그러나 나는 나의 뜻을 나의 아들을
통하여 나의 법전에 기록하였음이니,

이것이 바로 기적을 이루는 것이며 너
희들에게 기적을 보여 주는 것이거늘,
30 어찌하여 너희들은 나의 성령으로써
이루어지는 그 기적은 볼 줄 모르며,
육의 형태로써 변하는 역사를 이루는
것만이 기적이라 보는가?
31 이제 내가 나의 아들을 통하여 너희들
이 바라보는 모세나 예수가 이루었던
그 기적의 형태를 행하지 못하게 함이
어디에 있는지 그 뜻을 알 것이니라.
32 그리하여 내가 그와 같은 역사를 행하
지 못하도록 하며, 그보다 열배 백배
더 영원히 기록되어 남는 나의 법전을
책으로 만들어 너희들에게 전함이니,
33 이 이치를 너희들은 깊이 깨우쳐 이
기적의 시대의 무서움과 역사함을 알
아야 될 것이니라.
34 너희들이 죽고 난 다음에 너희 후손이
이를 평가할 때, 그들은 바로 볼 것이
니라.
35 그는 곧 그들이 아름다운 세상이요,
하늘에 오르는 빛을 볼 수 있는 너희
들의 후손이기 때문이기에 그리될 것
이니,
36 오로지 지금 시대에 사는 자가 이를
깨우쳐 구원을 받는다면 그보다 더 큰
영광이 없으니,
37 죽어 내 앞에 왔을 때 축복이 무엇인
가를 알게 될 것이나, 이를 버리고 찢
어 버리며 보지 않는 자는 심판대에
설 수 없음을 알라.
38 나의 법전만이 너희들의 구원의 길이
요, 지옥의 불로 가는 것이며, 죄지은
것의 대가를 치르는 그와 같은 심판대
의 기준이 되는 것을 알아야 될 것이
니,
39 심판을 받는 그 기준의 정답을 내가
너희들에게 내려 주었음이니라.
40 내가 너희들을 심판할 때, 지옥으로
갈 자와 천상의 나의 옆으로 올 자를
심판하는 그 심판의 정답을 보내 주었
으니, 그 답을 바로 보고 시행하는 자
는 구원의 길을 받을 것이니라.
41 너희들의 지도자나 선생이 너희들에
게 시험을 보되 시험지와 답안지를 똑
같이 주었음이니,
42 그 정답을 가르쳐 준 것도 옮겨 쓰지
않는 자에게 선생은 매를 가하게 될
것이니라.
43 내가 정답을 주어 나의 백성들에게 깨
우쳐 하늘에 오르라 하였거늘, 그 정
답을 보지 아니하며 그를 옮겨 쓰지
않는 백성의 그 죄는 바로 나로부터
체벌이 있음을 알아야 될 것이니라.
44 정답을 갖고 정답을 연구해야 하늘에
오른다 하였음이니, 그 정답을 보지
못하는 우를 범하지 말라.

2,637 번째 하나님 말씀

2002년 7월 22일 08시 09분

1 사랑하는 나의 아들아!
2 "네, 아버님! 말씀하옵소서."
3 내가 너에게 말하였느니라.
4 인간사에 살아가는 너희들이 그 직급
과 직책에 맞게 그 자리에 앉는다 하
면 그만큼 모든 것이 다 갖춰져야 된
다 하였음이니라.
5 너희들이 수천 년 역사 동안에 살아오
면서 나로부터 구원을 받아 하늘나라

에 올라오고자 한다 하면 그는 바로
무엇이더냐?
6 나 여호와의 혈통을 지닌 자라 내가
너희들에게 말함이니라.
7 내가 너희들을 나를 가장 닮은 형태의
예쁜 모형으로써 만들었으며, 너희들
이 하늘에 오르고자 하면 나를 많이
닮아야 한다 하였음이니, 이는 곧 무
엇이더냐?
8 내 옆에 오고자 하는 자들은 나의 혈
통을 받아 그 역사를 이루고 있는 자
만이 내 나라요, 내 곁에 올 수 있다는
엄연한 무서운 사실을 알아야 될 것이
니라.
9 내가 그리하여 나의 아들 예수를 보내
어 성령으로써 너희들을 변화시키니,
그게 곧 무엇이더냐?
10 나를 닮는 것이며, 나의 하늘나라의
역사를 따르며 그 법도와 형태를 따라
변해야 할 것이며,
11 바로 성령으로 그리 변하는 것이 나의
혈통을 받는 나의 아들이요, 나의 딸
이 되는 역사의 변화를 이루는 것임을
너희들은 알아야 될 것이니라.
12 성령으로 그리 변화되지 않은 자 즉,
나의 혈통을 받지 않은 아들딸들은 하
늘에 오를 수 없는 그와 같은 형국이
니라.
13 지금 수없이 많은 종파들이 각자 저희
들이 하늘에 오르는 길이라 몸부림치
고 있음이니라.
14 나의 성전에서 내가 내린 나의 계명에
따라 너희들이 변화되며 성령으로써
내가 임하도록 했을 때, 곧 너희들이
나의 혈통을 가진 아들딸이 되는 것이
니라.
15 그러나 너희들은 어찌하는가?
16 그를 지킬 수 없다 그리 말하느니라.
17 그러니 바로 너희들은 어찌 되는가?
18 하나의 육체를 가진 사람이 피라는 것
을 많이 공급받으면 건강하며 병든 자
살릴 수 있다 하여, 피가 필요하다 하
여 그저 이 피 저 피를 다 받아서 몸
속에 집어넣는다 하면 그는 바로 무엇
이 되겠는가?
19 부작용이 이루어지며 그 생명을 잃게
되는 것이니라.
20 지금 바로 너희들이 나의 성전에서 나
의 피인 나의 성령을 받아 깨우치는
백성이 되면 하늘에 오를 수 있거늘,
21 너희들은 나의 성전에서 이 피 저 피
를 받아들여 그 피를 몸에 많이 보유
하는 자만이 건강하며 신체적으로 남
들에게 뒤지지 않는 육체의 삶을 산다
하여 마구잡이로 더러운 피 깨끗한 피
가리지 않고 이것저것을 받는 형국이
니,
22 지금 너희들 종파가 모여서 싸우는 것
이 나의 성전에서 이 종파 저 종파 수
혈을 받는 그와 같은 속에서 살아가는
것이니, 그 육체가 지탱할 수 있으며
그 형체가 지탱할 수 있는가?
23 나의 성전에서 수천 가지 종파가 서로
자기 것만이 하늘에 오르는 길이라 하
여 그저 몸에 많은 피를 받아들이면
건강하다는 그 미련하고 우매한 생각
에서 하는 행동과 같이 그들이 지금
하고 살아가고 있는 것이니라.
24 이제 그를 그들이 더 이상 지탱할 수
없음이니라.

25 너무나 많이 이 피 저 피 수혈을 받은
자, 부작용이 심하여 지탱할 수 없음
이니, 그가 곧 죽어 가게 됨이니라.
26 지금 나의 성전에서 사는 너희들이 그
와 같으니라.
27 더러운지 깨끗한지, 너희들에게 필요
한 피인지 아닌지를 모르면서 그저 막
나에게 오르는 길이며 하늘에 오르는
길이라 하여 기도하고 경배하며, 그리
고 재물을 바쳐 구원을 얻는 길이라
하는 그와 같은 형국으로 너희들이 지
금 얽히고설켜 있느니라.
28 내가 나의 백성으로 만들기 위하여 나
의 성령으로써 너희들을 정화시키고
자 함이니라.
29 그리하여 정화시키는 것은 인간의 역
사를 통하여 이루는 기적이 아니며,
나의 성령으로써 너희들을 정화시키
고자 하는 그 역사를 하고 있음이니라.
30 지금 너희들은 성서에서 보았을 것이
니라.
31 예수가 많은 귀신들이요, 그 영혼들을
짐승 속에 집어넣어 그 짐승의 무리를
바닷속으로 몰고 가 죽게 하였으니,
그 역사가 지금 바로 이루어지는 것이
나의 법전이 세상에 나가 있는 것이니
라.
32 이제 이 피 저 피 수혈받은 자들을 다
정리하는 것이니, 그 사악한 귀신이
너희들을 통제하고 지배하는 것이 지
금 너희들이 믿고 가는 종파의 시대의
형국이며, 지금 나의 성전에서 갖은
만행을 저지르며 오만한 행위를 하고
있는 자들이 바로 그러한 자들이니라.
33 이제 내가 그러한 자들을 다 쓸어 바
닷속에 묻고자 함이니라.
34 그를 묻을 수 있는 힘이요, 그를 몰아
낼 수 있는 성령의 역사가 무엇이더냐?
35 바로 내가 성령을 태워 나의 아들을
통하여 법전이라 내린 나의 뜻이니,
36 이 책이 세상에 나가 전해짐으로 인하
여 이를 보고 깨우치는 자들이 역사할
때, 아무것이나 수혈하면 건강을 유지
한다 하여 그저 받아들여 나의 성전을
더럽히고 아비규환처럼 살아가는 그
와 같은 사악한 자들을 내가 나의 성
령으로 쓸어 내고자 함이니라.
37 모두를 다 쓸어 내며, 나의 법전을 보
고 깨우친 나의 백성, 그들이 누구인
가?
38 나의 피를 받은 혈통의 나의 아들딸이
며, 순수한 나의 아들딸이 나의 혈통
을 받아 이 세상을 지배할 때, 그들은
곧 한 형제요, 하나가 됨이니라.
39 그와 같은 역사를 이루고자 하는 것이
나의 뜻임을 너는 알아야 될 것이며,
40 지금 너의 제자들과 나의 법전을 읽고
깨우치는 그들에게 나의 성령을 심어
주니, 그게 바로 나의 피가 그들에게
임함이니 나의 혈통을 받아 가는 나의
아들과 딸들이니라.
41 너희들이 성장했을 때, 나의 예수가
사악한 무리인 짐승에게 귀신을 집어
넣어 다 물 속에 쓸어 넣듯이, 지금 사
악한 짓을 하고 있는 자들을 다 바다
에 쓸어 넣게 됨이니, 그 역사가 시작
되고 있음을 알아야 할 것이니라.
42 너의 제자들에게 그들이 위대하게 선
택되었음을 알라 이르라.

2,638 번째 하나님 말씀

2002년 7월 22일 10시 07분

1 사랑하는 나의 아들아!
2 "네, 아버님! 말씀하옵소서."
3 이제는 혈통이라 내가 너에게 말하였
으니, 곧 나의 혈통으로써 이 세상의
나의 모든 피조물 만백성이 존재하도
록 하고자 하는 것이 나 여호와의 뜻
이라 너에게 말하였음이니라.
4 너희들이 말하기를, 여호와 하나님의
성령이 임하여야만 너희들이 깨달으
며 깨우침을 얻으며 나의 백성이 된다
그리 말하였으나,
5 성령이 임하는 것은 나 여호와가 너희
들에게 내리고 안 내림이니라.
6 이제는 내가 나의 혈통을 통하여 너희
모두를 다 이 세상에 한 혈통으로써
이루고자 하는 것이 나의 뜻이니라.
7 내가 너에게 일렀듯이, 몸에 좋다 하
여 이 사람 저 사람의 피를 받아 제 몸
에 챙겨 넣는 것이 지금의 종교 종파
들의 형상이라 하였으니,
8 나의 성전에서 이루어지는 너희들의
삶의 형태가 아무 피나 받아들이는 그
와 같은 형국의 수천 수억의 종파들이
지금 얽히고설켜 뒤죽박죽 되어 있으
니 거기에 어디 정상적인 나의 혈통이
있는가?
9 그리하여 내가 나의 성령으로써 나의
아들과 나의 아들의 제자들을 통하여
이와 같은 혈통의 역사를 이루는 것이
천 년에 걸쳐 이루고자 하는 역사이니
라.
10 그리하여 나의 혈통을 받은 예수가 나
가 이 세상을 지배하며 너희들을 일깨
우고자 하였으나 그를 실패했음이니
라.
11 그리하여 내가 나의 아들을 통하여 나
의 성령을 책으로 만들어 그 혈통을
세상에 뿌리내리고자 함이니,
12 나의 아들 외에는 그 누구도 나의 혈
통을 받아 이 세상에 나가 만백성을
구하는 역사를 이룰 수 없음을 알아야
될 것이니라.
13 정녕 나의 아들만이 나의 혈통이요,
나에게 선택된 자임을 너희들이 알아
야 될 것이니라.
14 그 외에는 아무도 나와는 관계가 없음
을 알아야 될 것이니라.
15 이제는 너희들이 아무 피나 수혈하며
몸에 좋다 하여 받아들이는 그와 같은
너희들의 믿음의 종파의 형태에서, 나
의 아들을 세상에 내보내 나의 아들로
하여금 나의 혈통으로써 그 제자들에
게 혈통을 내려 나의 피가 전수됨이
니, 곧, 이는 내가 내리는 것이니라.
16 이게 바로 성령임을 알라.
17 너희들은 나 여호와로부터 성령을 받
아야 구원을 받으며 성령을 받았다 하
나, 그 누구도 나로부터 성령을 받은
자가 없음이니라.
18 성령은 곧 무엇을 의미하느냐?
19 너의 제자들은 앞으로 성령의 의미를
나의 혈통이라 그리 말하라.
20 너희들만이 통하는 말로써 혈통을 받
은 자라 그리 말하라.
21 이것이 성령이 임한 자이니라.
22 나의 아들에게 나의 피의 혈통이 임하
여 그 아들로 하여금 그 제자들에게

혈통을 잇게 하며 또한 그 제자의 제
자들에게 그 혈통을 잇게 함이니, 이
제는 나의 혈통을 이룸이니라.
23 즉, 이루고자 함이니라.
24 곧, 나의 아들을 통하여, 그 제자들을
통하여, 또 그 제자의 제자들을 통하
여 그리 내려가는 것이 나의 성령임을
알라.
25 이제 내가 너에게 말하지 아니하였던
가?
26 내가 예수를 시켜 그 잡귀를 짐승의
몸에 집어넣어 바다에다 버렸듯이, 이
제는 이 피 저 피를 다 받아들여 저희
들이 혈통이라 부르짖는 자, 그들을
다 멸하기 시작함이니라.
27 그리하여 나의 혈통만이 이 세상에 존
재하며, 나의 혈통만이 하늘에서 이룬
것같이 이 지상의 낙원을 이루면서 그
속에서 살아갈 수 있음이니라.
28 그리하여 너희들을 한 형제라 말한 뜻
은 너희들만이 한 형제라는 것이니라.
29 모든 백성들이 다 한 형제라 너희들은
말하나, 이제 그들은 아무 피나 수혈
받아 저희들이 나의 피를 버렸음이니,
30 그리하여 내가 나의 순수한 혈통을 찾
음이니, 혈통이란 무엇이더냐?
31 나의 성령이 내려감이니라.
32 이 지상의 인간 세계에 나의 아들을
통하여 성령을 내려보냄이니, 그 성령
으로써 그 제자들이 내려받으며 또 그
제자의 제자들이 내려받음이니라.
33 그리하여 너희들만이 한 형제며 나의
아들딸임을 알라.
34 이제는 혈통으로써 통하라.
35 너희들은 한 혈통을 받은 나의 형제
요, 자식이니, 너희들이 형제간에 반
목하는 것이 있어서는 아니 됨이니라.
36 너희들은 육의 관계나 육의 인간관계
그 모두를 다 떠나 창조주인 나 여호
와의 혈통을 받은 나의 사랑하는 아들
딸들임을 알라.
37 너희들은 이제 성령을 받음을 나의 혈
통을 받은 걸로 그리 너희들끼리 통하
여 그 역사를 이루어 갈 것이며,
38 너희들만이 혈통을 받은 그 자부심을
갖고 그 속에서 한 점의 부끄럼이 없
는 변화된 삶을 살아가, 천 년의 역사
를 이루는 나의 아들딸로서 한몫을 다
하도록 그리 가르치라, 나의 아들아!

2,639 번째 하나님 말씀

2002년 7월 22일 10시 59분

1 사랑하는 나의 아들아!
2 "네, 아버님! 말씀하옵소서."
3 너희들 말에 청개구리라는 그 미물이
있지 않더냐?
4 산으로 가라 하면 바다로 가고, 바다
로 가라 하면 들로 또한 산으로 가는
그와 같은 청개구리의 성격이 있다 하
였음이니라.
5 그런가 하면 염소라는 그 동물은 어떠
하더냐?
6 더우면 저희들이 붙어 자고 추우면 떨
어져 잠이니, 제가 더우니까 남도 더
워 보라는 그와 같은 심성의 상태가
아니던가?
7 제가 붙어 자면 저는 더움을 모르는가?
8 떨어져 자면 저도 추우니까 남도 한번
추워 보라 하여 떨어져 자는 그와 같

은 동물의 심성이 바로 무엇이더냐?
9 지금 나의 피조물 만백성이 가지고 있
는 심성과 조금도 다름이 없음이니라.
10 정녕 너희들이 2천 년의 신약의 역사
가 흐르면서 나의 성령을 바로 배우고
나의 뜻을 바로 깨우쳤다 하면 너희들
이 더우면 붙어 자고 추우면 떨어져
자는 염소와 같은 마음 자세는 되지
아니하였을 것이니라.
11 너희들은 그보다도 더한 것이니라.
12 그러기에 너희들이 지금까지 깨우쳐
온 하늘에 오르는 길이 잘못되어 있으
며,
13 믿음의 길이라 하며 가고 있는 그 종
교 지도자들의 가르치는 그 형태와 그
를 배워서 하늘에 오르겠다 광분하며
울부짖으며 모든 재물과 금화와 은화
를 바치는 그와 같은 형국으로써 하늘
에 오르는 티켓을 사려 하는 그 사악
한 형태로 그리되어 있음이니,
14 그 모두는 너희들이 잘못 가르치고 잘
못 깨우쳐 왔으며 잘못 가고 있음을
알아야 될 것이니라.
15 내가 나의 성서의 가르침은 육의 세계
의 가르침이 아니요, 영의 세계의 가
르침이라 했느니라.
16 너희들이 구원을 받는 영의 세계의 가
르침이라 하였거늘, 너희들은 그 모두
를 다 육의 세상에서, 너희들의 권력
이요, 재물이면 안 되는 것이 없는 그
와 같은 형국의 세상에서 살다 보니,
너희들 자신이 그와 같이 세뇌 교육이
되어 있음이니라.
17 그러니 너희들의 그와 같은 자세와 정
신 상태를 바꾸지 아니한다면 너희들
은 정녕 하늘에 오르는 길을 볼 수 없
음이니라.
18 육의 세상에서 너희들이 돈이라는 그
재물과 금화와 은화와 권력을 가지면
사람의 생명까지도 너희 마음대로 주
무를 수 있으며 죽이고 살릴 수 있다
는 너희들의 근성과 타성이 배어 있음
이니,
19 너희들의 잠재의식에 재물을 가지고
이 세상에 못 이룰 것이 없다 하는 그
와 같은 타성과 근성이 젖어 있어, 천
국의 문을 여는 것도 너희들은 재물을
갖다 바치면 그 문을 열 수 있으며 그
문을 열 수 있는 그 열쇠를 살 수 있다
생각하니, 그와 같이 너희들이 어리석
고 우매하니,
20 차라리 재난이 닥칠 때 그 재난을 피
하여 도망가는 짐승만도 못한 것이 너
희들이니라.
21 오죽하면 나 여호와가 나의 피조물 만
백성 너희들을 더우면 붙어 자고 추우
면 떨어져 자는 그 염소보다도 더 사
악한 자들로 변했다고 표현하겠는가?
22 너희들은 그보다 더하니라.
23 지금의 형국이 그와 같이 되었음이니,
너희들은 너희들이 지금 서 있는 그
위치를 깨달아야 될 것이니라.
24 그러한 성격과 그러한 타성에 젖어 있
는 너희들이기 때문에, 너희들은 지금
잘못 가는 그 길이 옳은 길이며 바른
길이라 그저 그 길에 두 주먹 불끈 쥐
고 너희들의 재물과 시간과 모두를 다
바치며 열광적으로 아우성치고 그와
같이 악을 쓰며 광란의 짓을 하면서
그리 달려가고 있음이니라.

25 그리하여 지금 내가 하늘에 오르는 길
의 정답이요, 문제를 내주고 그 문제
의 답을 나의 아들을 통하여 세상에
법전이라는 책으로 너희들에게 내려
보내거늘,
26 너희들은 이 정답을 보지 않으려 함이
니라. 그리고 이 정답을 너희들은 생
각지 아니하려 함이니라.
27 아무리 정답이라 하여 너희들을 깨우
치려 해도 너희들은 이를 보려 하지
아니할 것이니라.
28 지금 종교 집단의 잘못 가는 그 깨우
침에 세뇌되었으며 정신이 굳어져 있
으며 잘못 이용되어 가고 있는 너희들
의 그 심성이 아니라 하더라도,
29 너희들은 정녕 바르고 옳은 길로 가라
면 옆으로 가며 뒤로 가는 염소와 같
은 성격 때문에 너희들이 가지 않을
것이니,
30 더군다나 너희들이 너희 스스로 구원
을 받았다 하며 구원의 길을 가고 있
다고 장담하고 자부하며, 하늘의 문을
돈으로 사서 열 수 있다는 오만방자한
그 생각을 가지고 사는 너희들이 아무
리 정답이 있다 하여도 그 답을 쳐다
보겠는가?
31 내가 지금 세상에 너희들이 구원을 받
고자 하는 거기에 정답을 기록하여 지
금 그를 보고 깨우쳐 정답을 옮겨 쓰
고 그대로 행하면 하늘에 오른다 그리
가르치고 있건만,
32 너희들이 이 정답은 팽개치고 그저 지
옥 불로 가는 그 티켓을 사기 위해서
발버둥치는 그와 같은 삶을 사는 것이
니, 그것이 바로 무엇이더냐?
33 구약의 시대에 나의 피조물 만백성이
잘못 깨우쳤으며, 신약의 시대에 나의
백성들을 깨우치고자 나의 아들이 내
려갔으나 그를 단죄하여 나의 생명수
를 너희들이 부을 수 없도록 만들었으
니,
34 너희들의 살아온 형태가 그와 같이 원
조의 뿌리서부터 잘못 살아와 너희들
이 오만방자하며 바른길을 가지 아니
하고 지옥 불로 가는 그 길만을 가는
그와 같은 성격으로 비뚤어져 왔음이
니라.
35 그 근본은 모두 그때부터 시작되었음
이니라.
36 그리하니 그 마음을 너희들이 잡을 수
있던가?
37 너희들이 비뚤어진 자세로써 믿음을
행하고 지금까지 살아온 상태라면 과
연 그것이 정도의 길이라 생각하느냐?
38 그리하여 내가 너희들에게 한마디로
써 평하여 깨우쳐 주었느니라.
39 오른쪽으로 도는 팽이를 왼쪽으로 돌
리는 그 삶의 형태가 아니면 너희들은
절대로 구원을 받을 수 없다 한 그 뜻
은 무엇이더냐?
40 너희들이 삶을 잘못 살아왔으며 잘못
되었음이니 그를 돌려서 가야 된다는
그 뜻이거늘, 그 이치 하나도 깨우치
지 못하는 것이 너희들이니라.
41 지금 구약서부터 신약의 시대까지 나
의 피조물 만백성을 하늘로 이끌고 인
도한다는 자들이 역행의 길로 가르쳤
음이 바로 이와 같은 증거이니라.
42 그리하여 나의 정답을 보고도 보지 못
하며, 그를 기록하여 답을 쓰지 않으

려 하는 것이 너희들임이니라.

43 너희들의 청개구리와 같은 그 마음보와 염소라는 동물 같은 그 마음보를 바로잡지 않고 뒤로 돌리지 아니한다면 너희들은 구원을 받을 수 없음이니라.

44 너희들이 나의 정답을 보고도 정답이라 하지 아니하고 태워 버리고 찢어 버리고 이를 짓밟으며,

45 이게 오답이라 소리 지르고 너희들이 들고 있는 그 오답이 정답이라 악을 쓰며 하늘 높이 치솟는 줄 모르고 있으니,

46 그게 바로 너희들이 지옥행으로 가는 티켓임을 알라.

2,640 번째 하나님 말씀

2002년 7월 22일 11시 15분

1 사랑하는 나의 아들아!

2 "네, 아버님! 말씀하옵소서."

3 내가 너를 통하여 너의 제자들에게 일렀느니라.

4 나의 예수를 특별한 사람이요, 신비의 세계의 사람으로 보지 말라 하였음이니라.

5 그가 십자가에 못 박혀 죽어 가는 고통을 감내하고 견딜 수 있었던 것은 너희들이 그를 두려워하지 말며, 그가 그리 영적으로 신비한 사람으로 태어났기에 그 역사를 이루었다 생각하지 말라.

6 여기서 너희들이 하나 깨우쳐야 할 것이 있느니라.

7 너희들이 나의 법전을 읽으며 나의 아들을 통하여 내리는 나의 성령의 깨달음을 들어 깨달음의 경지가 점점 높아져 나의 아들 예수의 그 경지까지 높아진다 하면,

8 너희들은 너희 목숨을 어떠한 고통 속에 던진다 해도 그것이 아무런 고통이나 괴로움이 아니며 그와 같이 던질 수 있는 것이 있음이니라.

9 너희들 자신을 버릴 수 있음이니라.

10 그리하여 예수가 깨달았던 그 경지만큼 너희들이 올라왔을 때, 그보다 더한 고통의 길을 너희들이 감내하고 갈 수 있는 깨달음을 너희 스스로 얻게 됨이니라.

11 너희들의 성서에 말하지 않더냐?

12 도적질하고자 하는 손이 있으면 자르라 하였으나, 너희들은 그 손을 자를 용기가 없으며 자를 수 없음이니라.

13 그러나 너희들의 깨우침의 경지가 점점 높아졌을 때, 너희들의 그 경지가 높아져 너희들이 도적질하는 손을 볼 때 그를 자를 수 있는 그와 같은 깨달음이 있을 것이니,

14 그 깨달음이 있을 때 도적질한 그 손을 자르는 것은 아무것도 아니며, 나뭇가지 하나 분지르는 것만도 못한 그와 같은 깨달음을 얻을 것이니라.

15 그리 깨달음을 얻은 자는 또한 그와 같은 짓을 하지 않게 됨이니라.

16 너희들의 한 눈이 더러운 것을 보고 추한 것을 볼 때 그 눈을 뽑으라 하였음이니라.

17 그러나 너희들은 절대 그를 할 수 없음이니라.

18 그러나 나의 법전을 읽고 깨달아 경지

가 높아졌을 때, 너희들이 추하고 더
러운 것을 보는 그 눈을 뽑는 것은 아
무것도 아닌 그와 같은 것을 느끼게
되며 고통의 역사가 없음을 알게 될
것이며, 그 모습이 불쌍한 모습이 아
니라는 것을 알게 됨이니라.
19 그리하면 너희들은 추하고 더러운 것
을 보지 않게 됨이니라.
20 그러니 바로 나의 아들 예수와 같은
경지에 올랐을 때만이 너희들이 너희
스스로 목숨을 나를 위하여 바치고 던
질 수 있는 그와 같은 역사를 이룰 수
있음이니,
21 수천 년 역사가 흘러오는 동안에 나의
모든 백성들과 종교 지도자라 하는 자
들 중에 과연 예수와 같이 자신을 던
질 수 있으며 던질 자가 있겠는가?
22 예수와 같이 던질 수 있는 자는 바로
그 경지에 올라 있음이니라.
23 그 경지에 오르지 못하고 깨달은 자가
없기에, 지금 너희들 중에 하나도 내
가 구원할 자가 없으며, 너희 스스로
구원의 길을 잘못 보고 가르친다 하였
음이니라.
24 너희들이 정녕 구원의 길을 올 수 있
다면 지금 내가 나의 아들을 통하여
너희들에게 깨우쳐 주는 그 이치를 깨
달아 행하는 자가 있어야 될 것이니라.
25 그러한 자만이 구원을 받을 자격이 있
으며 구원을 받게 됨을 알라.
26 너희들 스스로 예수보다 더 고통스럽
고 힘든 그와 같은 길과 그와 같은 방
법으로 목숨을 바친다 하여도 하나도
두렵지 아니하며 그를 즐거운 마음으
로 할 수 있는 것은 너희들의 육의 생
각으로써는 절대로 할 수 없음이니라.
27 너희들이 영의 세계의 깨달음의 경지
에 도달했을 때, 그 깨달음이 높아졌
을 때 그것은 아무것도 아니니,
28 초개같이 할 수 있는 것은 너희들의
깨달음의 경지에 달렸느니라.
29 그러니 그와 같은 행위를 하는 자가
없었으며 그와 같이 가르친 자가 없었
음이니, 그와 같은 자들이 바로 나의
아들이 존재하는 그 세상에 올 수 없
다는 것을 너희들은 알아야 될 것이
며, 올 자격이 없음을 알아야 될 것이
니라.
30 지금 내가 너희들을 나의 성령으로써
심어 주는 나의 혈통의 자식이라 명하
였음이니라.
31 너희들은 나의 법전을 정독하고 깨우
쳐 경지에 올라 나의 아들 예수처럼
그 모두를 저버릴 수 있는 그와 같은
마음의 자세에 도달해야 될 것이며,
32 너희들이 도적질하고자 하는 그 팔을
자를 수 있는 그 경지에 도달했을 때
그를 행하지 않는 자가 될 것이며,
33 그때만이 너희들이 하늘에 오르는 그
경지를 깨달아 나에게 올 수 있으며
그 길을 오고 있음을 알아야 될 것이
니라.
34 그와 같은 깨달음을 얻지 못하는 자,
그를 행할 자신과 용기가 없는 자, 그
용기만큼 깨닫지 못한 자, 그 모두가
다 제 죄를 용서받지 못하며, 깨달음
의 진정한 길이 무엇이며 하늘에 오르
는 길이 무엇인지 모르고 살아가는 자
들임을 알라.
35 그러기에 너희들 중에 나로부터 구원

받을 자가 하나도 없으며 없다 했음을
알라.

2,641 번째 하나님 말씀

2002년 7월 22일 11시 44분

1 사랑하는 나의 아들아!
2 "네, 아버님! 말씀하옵소서."
3 너희 인간 세속에 살아가면서 그런 말
이 있지 않더냐?
4 길가에 집을 지을 수 없다 함이니, 그
말의 뜻이 어디 있던가?
5 주관 없는 집주인이 지나가는 사람들
이 한마디씩 하는 것을 다 맞추어 하
다 보면 아무것도 이루어지는 것이 없
으니, 중구난방의 형태로써 모든 것이
다 흘러가 하나의 제가 짓고자 하는
그 집의 역사까지도 이루지 못하는 그
와 같은 형국이 된다는 뜻이니,
6 이 사람, 저 사람, 많은 사람의 말을
들어 움직이다 보면 아무것도 이루어
질 수 없음이니라.
7 지금 너는 너의 제자들을 보는 눈이
있어야 될 것이니라.
8 너는 지금 나의 성전에 와서 나의 성
령을 듣고 나의 법전에 따라 공부하다
떠나는 그 제자들에 대한 아픈 마음과
슬픈 마음을 갖지 말라.
9 그들이 바로 어떠한 사람들이더냐?
10 길거리에 집 짓는 자에게 한마디씩 하
고 지나가는 사람의 형국과 같음이니
라.
11 지금 종교의 믿음의 형국이 어찌 가던
가?
12 주관이 없으며, 저희들의 사상이 없으
며, 저희들이 미래를 알 수 있는 길을
모르며, 하늘에 오르는 길이 무엇인가
를 모르고 있으니,
13 그저 여기 가서 집적대고 저기 가서
집적대며, 길 가는 사람이 한마디씩
던지는 그 말을 듣고 움직이는 것 같
은 형국으로써 믿음을 가는 자는 정녕
하늘의 빛을 볼 수 없음을 알아야 될
것이니라.
14 자기의 소신과 자기의 생각을 뚜렷이
가지고 가는 자, 그는 길거리가 아니
라 어떤 들판에 집을 짓는다 해도 그
역사를 이룰 수 있을 것이니라.
15 지금 믿음을 향하여 간다 하는 자들은
남들의 말을 듣고 참새 떼처럼 옮겨
다니니,
16 이리저리 왔다갔다하는 자들, 그들은
길거리에 사람들에게 밟히는 지렁이
만도 못한 자들임을 너는 알아야 될
것이니라.
17 그들은 신조가 없으며 뿌리가 없으며
저희들의 소신이 없음이니,
18 아무리 바르고 옳은 것을 가르쳐 주고
일깨워 준다 하여도 그들은 그를 귀에
받아들여 저희 양식으로 만들 수가 없
음이니라.
19 그들은 신의와 의리가 없음이니라.
20 저희들이 남으로부터 더 좋은 대접을
받을 때 지난날의 대접받은 자를 생각
하지 아니하고 그저 오늘의 영광의 대
접에 대하여 모두를 다 바치고 따라가
는 그와 같은 자들이니,
21 그들이 과연 무엇을 이룰 수 있다고
생각하는가?
22 이리 갔다 저리 갔다 하는 자들을 너

는 가슴 아프게 생각하지 말라.
23 나의 성전이요, 내가 지금 통제하는
너의 성전과 같은 그곳에 와서 공부하
고 배우는 자들, 그리고 나의 법전을
읽고 깨우치는 자들,
24 그것이 오로지 하늘에 오르는 길이요,
바른길이라 생각하였으면 오로지 목
숨을 걸고 그 길을 가는 그와 같은 믿
음을 가진 자만이 구원을 받을 수 있
음이니라.
25 지나가는 자가 한마디씩 하는 대로 그
에 따라서 벽돌을 쌓고 흙을 붙이며
집을 짓는 자는 중구난방으로써 아무
것도 이룰 수 없으니, 바로 그것이 무
엇이더냐?
26 제 시간과 인간의 모든 재산을 낭비하
는 자이니라.
27 저의 소중한 젊음과 제가 가지고 있고
지금 숨 쉬고 일할 수 있는 그 모두를
허송세월하며, 남의 말에 귀 기울이다
그 모두를 버리는 자가 되어 있음이니,
28 그들을 너희들이 아쉬워하며 가슴 아
파하지 말지니라.
29 나의 법전을 읽고 깨우쳐 너를 보며,
내가 존재함을 알며, 나의 성령의 160
권의 이 기적이 어떠한 역사보다도 위
대한 기적이라 깨우치는 자, 그리고
그 말씀 속에 성서의 말이 같이 일맥
상통하며, 그를 받쳐 주며, 그가 가지
고 있지 못한 부분들을 상세히 파헤치
며 세분화하여 가르친다는 것을 깨닫
는 그러한 자는 네 앞을 떠나가지 아
니할 것이니라.
30 그걸 보지 못하는 자는 네 앞에 수시
로 왔다가 떠나갈 것이니라.
31 그러한 자에 대하여 가슴 아파하지 말
라.
32 바로 그것은 무엇이더냐?
33 어디에서 누가 말씀을 받으며 어디에
서 점을 쳐 주며 어디에서 어떤 무당
이 너희들의 미래와 과거를 알려 주며
너희에게 축복을 준다 할 때 그들은
서슴없이 또 그리 갈 것이며, 그곳에
저희들이 몸담다가 그곳 역시 별것 아
닐 때 또 딴 곳을 찾아가는 그와 같은
자들은 아무런 쓸모가 없느니라.
34 그러한 자들을 잡으려 하지 말며, 그
들을 구원하려 하지 말며, 그들을 더
불어 이끌어 가려 하지 말라.
35 그러한 자들은 나의 혈통을 받을 자격
이 일단 없음이니라.
36 수십 사람의 수십 가지 혈액을 갖다
저희가 수혈을 받았음이니, 그는 그
부작용 속에 죽어 가게 될 것이니,
37 그 죽어 가는 자를 네가 아무리 구원
하려 한다 해도 나 여호와가 역사로써
씻어 주지 아니하면 그는 구원받을 수
가 없음이니라.
38 그러한 자를 구원하여 네가 끌고 간다
하면 안 되느니라.
39 그들은 나로부터 수혈을 받을 수 없기
때문이니라.
40 그리하여 나의 혈통으로써 그들이 같
이 역사할 수 없는 자들이니, 그들을
네가 경계하며, 그들을 가까이 하지
말라.
41 나의 성전에 와 말하기를, 제가 직접
받으며 나 여호와로부터 어떤 음성을
들었으며 지시를 받았다 하는 자들은
나의 성전의 문 안에 발을 들여놓지

못하도록 그리하라.
42 그들이 걸치고 있는 그 옷 자체도 나
의 성전에 비치지 말며 휘날리지 못하
도록 그리하라.
43 그들이 바로 사악한 자들이니라.
44 그들은 구름 떼처럼, 참새 떼처럼 이
곳저곳 날아다니면서 저희들이 무엇
인가를 얻고자 하니,
45 그들은 주인을 배반하며 저희 스승을
배반하는 자들이며 하시라도 등을 돌
릴 수 있는 자들이니, 그가 인간으로
서 어찌 대우를 받을 수 있는가?
46 내가 너에게 명하노니, 앞으로 나의
성전에 와 저희들이 나 여호와 하나님
으로부터 메시지를 받았으며 뜻을 받
았으며 그 뜻에 따라 저희들이 행한다
하는 자는 절대로 발을 붙이지 못하도
록 그리하라.
47 그리하여 나의 성령을 받아서 바로 깨
우쳐 가는 자로 나의 수혈을 받는 나
의 혈통을 지금 이루고자 하니,
48 그 더럽고 추한 피를 받은 자들을 나
의 성전에 들여놓지 말아야 될 것이
니, 그들에게 나의 피를 내려 줄 수 없
음이니라.
49 너의 제자들과 네가 힘을 합쳐 하나가
되어 그 문을 닫도록 그리하라.

2,642 번째 하나님 말씀

2002년 7월 22일 11시 49분

1 사랑하는 나의 아들아!
2 "네, 아버님! 말씀하옵소서."
3 내가 너를, 겨자씨를 세상에 하나 심
었으며, 그 씨가 노랗게 자라 기둥이
될 때까지 너를 지켜 주고 받쳐 줄 수
있는 많은 예언자들을 세상에 내보냈
으나,
4 그들이 제 스스로 제왕이요, 제가 이
세상을 통제하며 나 여호와로부터 은
혜를 받은 자라, 제가 상위에 있는 자
라 그리 말하는 자들이 수없이 있음이
니,
5 오늘의 네가 가는 그 길에 재를 뿌리
는 자들로 변한 자들이 너무나 많이
있음이니라.
6 그들의 말에 귀 기울이지 말라.
7 내가 그리하여 제3부가 나왔을 때 모
든 역사가 이루어질 것이며, 3부를 세
상에 만들었을 때 네가 바로 안정을
찾을 수 있다 그리 말하였음이니라.
8 나의 법전 3부가 나오게 되었을 때 그
누구도 나의 성령을 받아 너를 도울
수 있는 자가 없음을 알라.
9 내가 너를 통하여 성령으로써 책으로
만들어 만백성에게 전하는 길 외에는
누구에게도 내가 성령으로써 임하여
어떠한 깨달음도, 어떠한 능력도 부여
하지 아니하며 주지 아니함이니,
10 누가 와서 뭐라 말해도 그들의 말에
귀 기울이지 말며 그들을 믿지 말라.
11 내가 너에게 일찍이 말하지 아니하였
던가?
12 두 사람의 선지자요, 두 아들이 내려
가 나의 뜻을 전한다 하면 이는 하나
가 될 수 없음이니, 너희끼리 내분이
생기며 엇갈려 나의 뜻을 바로 전할
수 없기 때문에, 나의 아들 한 명이 세
상에 내려가며 나의 성령을 한 사람을
통해서 내려보낸다 하였음이니라.

13 오로지 이 세상 만백성을 구하기 위해
서 내려보내는 것은 나의 성령을 태워
서 내려보내는 나의 법전이요, 네가
기록하여 전하는 이 책밖에는 아무것
도 없음을 알라.
14 이제 그 누가 와서 무엇을 받았다 해
도 너희들은 그들에게 의탁하지 말며
그들의 말에 귀 기울이지 말라.
15 내가 오늘 이후부터 모든 것을 다 덮
을 것이니라.
16 네가 이제 3부에 들어가 나의 법전을
기록하기 시작하였음이니, 3부가 세
상에 나오면 모두가 다 밝혀질 것이
며, 세상이 뒤집히는 대혁명의 바람이
불 것이니라.
17 그리하여 내가 너를 잠적시키고자 하
며, 네가 너 스스로 자리를 잡아 160
권의 법전을 기록하는 데에만 전념을
다해야 될 것이며,
18 오늘 이후부터 어떠한 누구를 통해서
도 나의 성령이요, 나의 뜻을 세상에
내려보내는 것을 단절함이며 덮음이
니라.
19 그러니 누가 와서 무슨 말을 하더라도
그에 귀 기울이지 말라.
20 그 뜻에 따라가는 자 말없이 보내라.
21 네가 3부에 돌입하여 나의 법전을 완
성해 가고 있음이니, 오늘 이후부터
그 누구에게도 내가 아무런 메시지를
내리지 아니하며, 내린 모든 것을 다
거둬들이며, 그들로부터 그 임무를 끝
마치게 할 것이니라.
22 지금서부터 너에게 와 나 여호와로부
터 명을 받았으며 무슨 뜻을 받았다
하는 자는 제가 환상을 보는 것이며,
사탄의 앞잡이로서 너를 쓰러트리고
자 하는 자들임을 이제 명심하여 너의
제자들에게 깨우쳐, 그들의 마음을 바
로잡도록 그리하라.

2,643 번째 하나님 말씀

2002년 7월 22일 11시 59분

1 사랑하는 나의 아들아!
2 "네, 아버님! 말씀하옵소서."
3 나의 피조물 만백성이 어찌 그리도 어
리석고 우둔한 자들이더냐?
4 내가 저희들에게 지혜를 높이 주어 깨
우치며 세상의 이치를 보며 스스로 저
희들을 다스려 하늘에 오를 수 있는
그 능력을 주었건만, 어찌하여 그 욕
심이라는 것 때문에 그리도 어리석고
우매한 삶을 살아가는가?
5 내가 너의 제자들에게 묻노라.
6 나의 아들의 제자 너희들은 들어야 될
것이니라.
7 뿌리 없는 나무가 과연 얼마나 지탱하
고 버틸 수 있다 생각하는가?
8 근거가 없는 나무의 뿌리가 얼마나 지
탱하고 세상을 살아간다 생각하는가?
9 근거가 없는 유언비어의 그 말이 과연
세상을 다 덮을 수 있다 너희들은 생
각하는가?
10 그 유언비어는 유언비어로써 그저 지
워져 갈 뿐이니라.
11 뿌리 없이 서 있는 나무는 결국 시들
고 말라 불쏘시개로 가게 됨이니, 그
뿌리 없는 나무는 지탱할 수 없음을
너희들이 알아야 될 것이니라.
12 지금 나의 피조물 만백성이, 또는 종

교 지도자들이요, 그 많은 자들이 나
의 피조물 만백성의 재물과 금화를 거
둬들이며 그를 많이 바침으로써 하늘
에 구원을 받는다 하는 자, 그리고 나
의 성전에 와 나의 아들로부터 나 자
신을 태워 내려보내는 그 성령의 고귀
한 나의 말과 나의 법전을 읽고 깨우
쳤다가 등 돌리고 떠나는 그들이 바로
어떠한 행위를 하는 줄 아는가?
13 뿌리 없는 나무가 존재할 것이라 생각
하는 자들이며, 유언비어의 거짓이 세
상을 다 지배할 것이라 생각하고 떠나
는 그와 같은 어리석고 불쌍한 자들임
을 알아야 될 것이니라.
14 너희들의 생각이 그와 같으며, 너희들
이 보고 판단하는 너희 심성이 그러하
니, 이는 곧 무엇이더냐?
15 너희들의 욕심이 과하여 그를 보지 못
하며 진실을 보지 못함이니라.
16 내가 오늘 나의 아들에게 명하노니,
뿌리를 반듯이 내려 바로 설 수 있는
나무는 나의 아들이 뿌리내리는 나의
법전밖에는 없음이니라.
17 성령으로써 구원을 받으며, 하늘에 오
르는 길이며, 너희들이 하늘에 와 영
원한 나의 나라에 와 살 수 있는 그 근
본의 뿌리는 내가 나의 가슴을 태워
내려보내는 나의 성령이요, 나의 법전
이요, '하늘에 오르는 길'이라 기록한
이 책뿐임을 너희들이 알아야 될 것이
니라.
18 어떤 것도 성령의 뿌리를 나의 성전인
지상에 내릴 수가 없음이니라.
19 네가 나의 성전에서 공부하고 가르치
는 나의 교본이요, 교과서는 한 개지
두 개가 아님이니라.
20 어찌하여 간단한 것을 내가 너희들에
게 가르치는 정답을 두세 가지로 가르
쳐 너희들을 혼란케 하며 너희들을 기
만할 수 있는 교과서를 만들어 너희들
에게 내려보낸다 생각하는가?
21 너희들을 바로 인도하며, 하늘에 오르
는 길이며 구원의 길을 볼 수 있는 그
뿌리는, 나의 성전에서 존재하는 것은
나의 아들을 통하여 내리는 나의 성령
이요, 나의 법전, 그것 외에는 어떤 것
도 나의 성전에서 너희들을 깨우칠 수
있는 교과서가 아님을 알라.
22 곧 그 뿌리는 나의 법전임을 알아야
될 것이니라.
23 이걸 깨우치지 못하며 이걸 보지 못하
는 자, 너희들은 뿌리 없는 나무에서
과일이 열릴 것이라 생각하고 가서 물
주고 기다리는 그와 같은 우매한 백성
들임을 알라.
24 과연 뿌리가 잘려 나간 나무가 얼마나
지탱하며, 너희들이 물을 주고 버팀목
을 댄다 해서 그가 뙤약볕 앞에 얼마
나 버틸 수 있다 생각하는가?
25 그리고 그 나무에서 꽃이 피고 과일이
열리며 그 열매를 따 먹겠다고 기다리
는 너희들이 얼마나 우매하고 어리석
은 백성의 행위인가를 너희들은 어찌
깨닫지 못하는가?
26 그리 내가 너희들에게 지혜를 주었으
며 깨우침을 주었으며, 사랑을 베풀며
살아갈 수 있는 그와 같은 선한 마음
과 천사와 같은 마음을 주었거늘,
27 어찌하여 백 년도 못 사는 그 육의 삶
에 너희들이 얽히고설켜 그 욕심으로

써 화를 면치 못하고 그와 같은 삶을
살아가고자 하는가?
28 이 지상이 나의 성전이니라.
29 나의 성전에서 너희 손으로 지은 그
두꺼비집 같은 수백 개의 그 성전이
바로 무엇이더냐?
30 너희들이 피를 받아들이면 몸에 좋다
하여 그저 이 사람 저 사람의 피를 받
아들이는 그와 같은 형태를 하고 있음
이니라.
31 너희들이 그리하여 나의 성전을 죽게
하고 썩게 함이니라.
32 그 모든 종파들이 저희들이 구원의 길
이라 하여 나의 성전에 와 잠식하며
침투하고 있으니, 그와 같은 형국으로
써 가는 것을 내가 더 이상 볼 수가 없
기에, 지금 내가 바로 너희들에게 바
른 나의 성령의 피를 내려보내는 역사
를 이루고 있음이니라.
33 그리하여 그 모두를 다 쓸어버리며 나
의 성령의 피로써 나의 혈통을 유지하
는 나의 백성들을 지상에 존재토록 하
고자 함이니, 그 나무요, 그 근본은 하
나뿐이니라.
34 그리하여 나의 성령의 법전이 진정 하
늘에 오를 수 있는 그 나무요, 뿌리이
니라.
35 그 나무만이 꽃을 피우고 열매를 맺으
며 그를 익혀 너희들에게 먹게 할 수
있음이니,
36 너희들이 내가 익힌 그 과일을 먹을
수 있는 것이 무엇이더냐?
37 하늘에 오르는 영광의 그 길을 봐 천
국의 문을 들어서는 그와 같은 것이니
라.
38 너희들은 내가 태워서 내리는 나의 성
령이요, 나의 법전의 이 나무를 보지
아니한다 하면 구원받을 수 없음이니
라.
39 이제 다시 한 번 너희들에게 명하느니
라.
40 너희들이 뿌리가 없고 밑동아리가 잘
린 나무를 심어 놓은 그것을 보고 뿌
리를 내려 무럭무럭 자라는 나무이며,
나의 아들이 이 법전을 세상에 전하고
있는 그것이 죽은 나무며 썩은 나무라
그리 말하지 말라.
41 너희들이 지금 물을 주고 기다리는 그
나무는 뿌리를 내릴 수가 없기에 시들
어 곧 죽을 것이며, 그는 꽃을 피울 수
가 없으며 열매를 맺을 수가 없음이
니, 너희들이 맛있는 과일을 따 먹을
수가 없으며, 이는 천국의 문을 바라
볼 수 없는 그와 같은 형국이니라.
42 너희들이 죽은 나무에 꽃이 필 것이라
생각하고 그 모두를 바치는 것은 바로
너희들이 사악한 자들 앞에 재물을 바
치며 너희 시간과 노동을 바침이니,
죽은 나무에 물을 붓는 그와 같은 형
국이니라.
43 이를 중단하지 아니하는 자는 구원을
받을 수 없음이니라.
44 나의 성전에서 너희들이 보고 깨우치
도록 나의 교과서를 내렸음이니라.
45 그 교과서가 무엇이더냐?
46 내가 내린 법전이니라.
47 '하늘에 오르는 길'이요, '하나님 말씀'
이라는 책이니라.
48 이 책만이 뿌리를 내릴 수 있으며 과
일을 열게 함이니, 그 과일을 따 먹는

자는 천국의 문을 열고 들어설 수 있
는 그 영광을 얻게 됨이니,
49 너희들이 바른길을 선택하도록 눈을
뜨고 귀를 열도록 그리하라, 이 불쌍
한 나의 백성들아!

2,644 번째 하나님 말씀

2002년 7월 22일 12시 14분

1 사랑하는 나의 아들아!
2 "네, 아버님! 말씀하옵소서."
3 내가 너에게 뭐라 말하였더냐?
4 저희 신도라는 자가 금화와 은화를 바
쳤을 때 그에게 열배 백배로 복을 주
라고 기도하는 것은 제가 전지전능한
하나님이 되고자 하며, 제가 나 여호
와 하나님이라 착각하는 것이며, 저희
가 나를 심부름하는 자로 그리 보는
자들이라 말했음이니,
5 그가 얼마나 사악한 자들인지 내가 너
에게 일깨워 주었던가?
6 나로부터 제가 메시지를 받았다 하면
서 나의 성전에 와 그것은 이리 하고
저것은 저리 하라 하는 자, 그게 바로
누구더냐?
7 바로 제가 나보다 더 높고자 하는 자
가 아니더냐?
8 내가 저에게 명을 내린 적이 없고 저
에게 지시한 적이 없거늘, 제가 나의
성전에 와서 이래라저래라, 나 여호와
로부터 명을 받았다 말하는 것은 제가
나보다 더 높고자 하는 것이며, 제가
나 여호와이고자 하는 그와 같은 사악
한 자임을 알라.
9 그리하여 그런 자를 절대로 나의 성전
에 들여보내지 말라 하는 뜻이 여기에
있음이니라.
10 제가 나로부터 성령을 받았으며 나로
부터 메시지를 받았으면, 제가 너보다
더 높으니 저 스스로 터득하며 제 스
스로 그 길을 가라 하라.
11 그의 말대로라면 그는 저보다 낮은 자
인 나의 아들이 있는 이 성전에 와서
제가 고개 숙여 배울 것이 없으며 공
부할 것이 없으며 깨달을 것이 없는
훌륭한 사람이거늘, 그가 어찌하여 네
앞에 와 고개 숙여 네가 강론하는 것
을 듣는다 말하는가?
12 그 자체가 잘못되지 않았는가?
13 제가 나로부터 직접 받은 자라 하면
제 길을 가라 그저 그리 이야기하라.
14 나의 아들은 이제 겨자씨를 뿌려 서서
히 자라 가는 성장 과정이니, 제가 나
로부터 직접 음성을 들었으며 명을 받
았으며 지시를 받았다 하면 제가 나의
아들보다 더 위대하다는 것이 아니던
가?
15 그리고 그와 같이 하는 것은 나보다도
더 높고자 하며 더 위에 있고자 하며
나 여호와가 되고자 하는 그와 같은
사악한 자들이 하는 행위이니라.
16 그러니 너희들은 그들을 절대로 받아
들이지 말 것이며, 갑론을박하지도 말
것이며, 나의 성전에 한 걸음도 발을
들여놓지 못하도록 그리하라.
17 저희들이 받았으면 받은 곳에 가서 그
의 뜻에 따라 살아갈 것이며 그에 따
라 행위를 그리하도록 하라.
18 나의 아들은 나약한 자라 그리 말하라.
19 세상의 이치도 모르며, 하늘의 이치도

모르며, 그저 내가 내리는 나의 성령
을 받아 기록하여 만백성을 동화하며
정화하고자 나의 뜻을 대역하는 자이
며 통역관이니 아무런 능력도 없다 하
니, 나 여호와로부터 직접 받는 위대
한 그들은 저희들의 길을 가도록 하라
그리 말하라.
20 그 뿌리도 없고 근거도 없는 것들이
과연 어디 가서 무슨 뿌리를 내리며
무엇을 할 수 있겠는가?
21 그들은 뿌리가 없고 근거가 없기 때문
에 네가 상주하고 안주해 있는 이곳에
뿌리를 내리고자 하는 사악한 자들이
니라.
22 그 사악한 마음으로 사악한 뿌리를 여
기에 내리고자 하는 것이 그들의 수법
이니라.
23 저희들이 둥지를 만들 능력이 없으니
남의 둥지에 가서 알을 낳아 새끼를
기르도록 하고자 하는 그와 같은 사악
한 짐승의 형국이 아니던가?
24 그들을 절대로 받아들이지 말라.
25 그들은 첫째 나 여호와이고자 함이며
나보다 높고자 함이며 나보다 저희들
이 더 위대한 자라 함이며,
26 그들은 또 무엇이더냐?
27 계명대로 나 여호와의 이름을 망령되
이 일컫지 말라 하면서 나의 이름을
팔아먹고 다니는 사악한 자들이니, 그
는 바로 십계명을 위반하는 자들이며
나를 빙자하는 자들이니라.
28 그들이 나보다 더 높고자 하는 사악한
자들이니라.
29 그러니 그들을 나의 성전에 절대로 발
을 들여놓지 못하게 할 것이며, 문을
걸어 잠가 그들이 들어오지 못하도록
그리하라.
30 나의 성전에 나보다 더 높고자 하는
자가 나의 아들 앞에 와 고개 숙이며
나의 아들로부터 무슨 가르침을 들으
며 내가 내리는 그 성령의 깨달음을
들어 저희 양식으로 삼으며 저희들이
그를 본보기로 살아갈 이치가 어디에
있다는 말이던가?
31 나는 지금 나의 아들에게 기초적이고
초보적인 것을 가르쳐 주고 있음이니
라.
32 160권의 법전을 세상에 내려보내기
위하여 지금 3부의 법전을 기록하고
있으며, 아직도 7부라는 대장정의 내
가 너희에게 내리고 싶은 그 성령의
뜻이 있으니, 그를 다 받기 전까지 너
는 성장 과정이니라.
33 나에게 직접 성령을 받으며 나를 보았
다 하며 나의 뜻을 받은 자가 있다 하
면 제가 나의 아들보다 더 높거늘, 어
찌하여 나의 아들의 발밑에 와 고개
숙여 나의 아들이 전하는 그 성령인
나의 뜻을 저희 것으로 만들고자 와
앉아 있는가?
34 그 자체가 우스운 꼴이 아니더냐?
35 제가 더 높다 하며 제가 가르치는 자
라 하면서 어찌하여 초보자의 단계에
가는 학생 앞에 고개 숙여 무엇을 배
우고자 하느냐?
36 그 머리는 깡통이니라.
37 아무것도 들어 있지 아니한 걸 저희
스스로 증명함이니라.
38 나로부터 들은 것이 아니라 저희들이
허상을 보며 헛꿈을 보며 사악한 자를

보기 때문에 제 스스로 불안하고 두려
운 마음이 있어서 너에게 와 무엇을
깨우치고자 하나, 그들은 그 허상에서
벗어나지 못함이니라.
39 그러한 자 나의 성전에 발을 들여놓지
못하도록 엄히 다스리라.
40 그와 같이 너희들이 통제해야 할 것이
니, 이를 잊지 말도록 그리 명하라.
41 이를 통제하지 못할 때 너희들 스스로
하얀 그 옷에 검정 물이 묻음이니, 너
희들 스스로 무너지는 더러운 말을 듣
게 됨이니라.
42 나의 아들딸들을 나의 혈통으로 만들
고 이루어 가는 이 단계에서 나의 성
령을 받아 너희들이 나의 아들딸인 나
의 피를 받아 나의 자식이 되는 그 길
도 고통스럽고 어렵거늘,
43 너희들 몸에 더러운 오물이 묻는다면
그걸 털어 내는 시간을 또 낭비함이
며, 그를 털기 위한 너희들의 수고로
움이 있어야 될 것이니,
44 아예 너희들 몸에 근접하지 못하도록
그를 엄히 다스리라 그리 알려 주라.

2,645 번째 하나님 말씀

2002년 7월 22일 19시 53분

1 사랑하는 나의 아들아!
2 "네, 아버님! 말씀하옵소서."
3 나의 법전을 읽고 깨우치며 나의 성령
을 듣고 깨우치는 자는 세상의 만물이
다 너희들과 같이 즐겁고 행복한 모습
으로 보이며,
4 그들이 다 너희들과 더불어 살아가는,
남남이 아니요, '하나'요, '우리'라 그
와 같이 보이는 너희들의 깨달음이 있
을 것이니라.
5 그와 같은 깨달음 속에서 너희들이 또
전진하여 경지에 오르고자 하면 너희
들은 모든 사물이 살아가는 그들의 슬
프고 기쁜 그 모습을 볼 수 있음이니,
6 여기에 너희들의 마음이 경지에 올라
야 세상의 만물이 돌아가는 이치를 알
게 됨이니라.
7 내가 너에게 일러 일깨워 주었듯이,
너희들의 마음이 아름답게 변하고 변
해 가며 너희들의 추하고 더러웠던 생
각을 너희들 자신과의 싸움에서 지워
갈 때, 너희들이 하얀 마음이 되고자
하는 그 역사의 순간에 너희들이 또한
쓰러지고 넘어진다 하였음이니라.
8 그때 하얀 마음과 같은 그 굳은 마음
과 굳은 결심으로써 지탱하지 못하는
자는 쓰러진다 내가 그리 너희들에게
말하였음이니,
9 너의 제자들의 마음이 이제 끝없이 변
화되며, 사물의 아름다움과 사물들의
슬픔과 기쁨과 그 모두를 다 바라볼
수 있는 그와 같은 경지에 오르고 있
음이니,
10 여기서 너희들이 좀 더 전진하며 좀
더 변했을 때, 너희 마음이 좀 더 아름
다운 모습으로 변해 갈 때, 너희들은
알게 되는 것이니라.
11 하늘에 오르는 빛과 하늘에 그 영광이
있음을 너희들은 알아야 될 것이니라.
12 내가 너희들에게 자신과의 싸움에서
이기는 자만이 영원히 구원을 받는다
그리 말하였음이니라.
13 너희들이 나에게 약속하며 지키고자

하며 행하고자 하며 너희 마음속에서
너희들이 잘못 살아온 그 습성이요,
관습이요, 그 모두를 하나하나 떨어
버리고 지키고자 하여 너희들이 스스
로 지킬 수 있는 그 경지에 섰을 때,
14 나 여호와가 너희들에게 그를 지켜야
만 하고 그를 지키지 아니하면 안 되
는 그 이유와 너희들이 지키고 갈 수
있는 그 영광의 은혜를 내려 줌이니,
15 그를 너희들이 나로부터 받았을 때 바
로 그것이 너희들이 이제는 지키고 살
아갈 수 있는 그와 같은 마음의 한계
에 도달하게 됨이니라.
16 너희들은 너희 스스로 나 여호와가 너
희 마음을 미리 잡아 주며 너희들을
깨우치도록 하며 악에서 구원해 주며
너희들을 그와 같이 다스려 나가면 너
희들이 모든 것을 이룰 것을, 어찌하
여 너희들이 피나는 노력을 거듭하여
깨우치고 깨달았을 때 나 여호와가 너
희들이 그와 같이 갈 수 있는 영광과
힘을 주는가 그리 이야기할 것이니라.
17 너희 스스로 깨우쳐 너희 것으로 만들
지 못하면 너희들은 그 어렵고 힘든
역경에 부닥쳤을 때 그를 이길 힘과
능력이 없음이니라.
18 너희 스스로 지키고 살아가고자 하며
너희들이 그리 깨달았을 때, 나 여호
와가 너희들이 지킬 그 이유와 지키
고 갈 힘과 영광을 너희들에게 내려
줌이니라.
19 그리했을 때 너희들은 바로 육의 세상
을 지배하며 너희들이 영의 세계에 와
구원을 받는 그 길을 달려올 수 있는
그와 같은 깨달음을 얻게 되는 것이니
라.
20 내가 너희들에게 말하지 아니하였던
가?
21 너희들이 아무리 깨우치고 노력해도,
내가 너희들을 선택하는 것이라 말하
였음이니라.
22 너희들은 나에게 성령을 받았으며 나
에게 말씀을 받았으며 나로부터 계시
를 받았다는 그런 말을 하지 말라.
23 내가 선택하지 아니한 자는 이를 정녕
나로부터 받은 것이 아니며, 너희들이
성령을 받을 수도 없음이니라.
24 내가 너희들에게 내림이니라.
25 너희들이 아무리 바르고 곱게 살아간
다 해도 너희들이 깨끗한 천사와 같은
마음에 이르지 못함이니, 그러한 자
나의 성령을 받을 수 없으며 성령이
너희들 몸에 임할 수 없음이니,
26 이는 내가 너희들에게 내려 주는 것뿐
이니라.
27 그리하여 내가 성령을 내려 준 자, 그
가 바로 나의 혈통이며 나의 피와 나
의 뜻을 계승해서 가는 나에게 선택된
나의 아들과 딸이라는 그 이치를 나의
법전에 확실히 기록하여 너희들에게
전하였으니, 그 뜻을 알아야 할 것이
니라.
28 너희들은 이제 오만방자한 행위를 하
지 말라.
29 너희들이 나로부터 구원받으며 예수
의 피로써 구원받으며 천국의 문을 여
는 열쇠를 받은 것같이 그리 경거망동
하지 말라.
30 그것은 너희들의 자만이며, 너희들이
나보다 더 높고자 하며 너희들이 이

세상 그 모두를 지배하고자 하는, 너희 자신도 모르는 그 환상에 빠져 있으며 환각 상태에 빠져 있는 자들이 하는 행동임을 알아야 할 것이니라.

2,646 번째 하나님 말씀

2002년 7월 22일 20시 19분

1 사랑하는 나의 아들아!
2 "네, 아버님! 말씀하옵소서."
3 이 세상 그 모두는 누가 창조하였으며
누가 너희들에게 그 모두를 내렸다 생
각하는가?
4 "전지전능하신 여호와 하나님께서 창
조하셨으며, 저희 인간에게 모두를 취
하고 살 수 있는 은혜와 덕과 사랑을
베푸셨사옵나이다."
5 그렇다 하면 이 세상 창조물 모두를
나보다 더 정확하게 아는 자 없으며,
나보다 더 정확하게 그 특성과 그들의
쓰임을 아는 자가 없음이니라.
6 그리고 모든 동식물들이 살아가는 그
형태와 그들이 가지고 있는 그 특성조
차 나보다 더 아는 자가 없음이니, 인
간 너희들의 한계로써는 그를 알 수가
없음이니라.
7 그렇다면 너는 여기서 하나 들어야 될
것이니라.
8 너희들은 창조주 내가 이 지상의 성전
을 만들었음이니, 이 지상의 성전보다
더 정확하고 더 아름다운 성전이라는
것을 누가 만들 수 있다 생각하는가?
9 인간으로서 만들 수 없으며, 그 무엇
도 내가 만든 이 지상의 자연의 아름
다운 성전보다 더 위대한 것을 만들
수가 없음이니라.
10 내가 이 지상의 우주 공간이 나의 성
전이라 말하였으니, 너희들이 너희 손
으로 만들어 너희들 성전이라 걸쳐 놓
는 것은 과연 무슨 행위를 하는 것이
던가?
11 내가 정확한 성전을 만들어 나보다 더
정확하고 위대한 성전을 만들 수 없다
하였거늘, 내가 만든 성전 위에 너희
들의 머리로, 손으로써 만든 성전을
그와 같이 걸쳐 놓음이니, 그것은 바
로 어떠한 악행을 하는 것이던가?
12 나 여호와에게 너희들은 등을 돌리며
나를 배신하는 그와 같은 행위를 함이
며, 나를 저버리고자 하는 행위임을
알아야 할 것이니라.
13 너희들 인간사에서도 정답을 갖고 진
실을 가르쳐 주는 자의 말을 듣지 아
니할 때, 그것은 진리가 아니며 정답
이 아니지 않은가?
14 그것은 오답을 가지고 그들이 정답이
라 악을 쓰며 아귀다툼을 하는 그와
같은 너희들의 인간 세상의 삶이 속출
하고 있음이니라.
15 너희들은 그를 비유하여 한번 나 여호
와가 이 세상에 성전이라 하여 아름답
게 자연 속에 만들어 놓은 모든 동식
물의 살아가는 모습과 흐르는 물과 산
천의 그 아름다운 그 모든 것을 보라.
16 그보다도 더 정밀하고 정확하고 아름
답게 만든 성전이 없음이니라.
17 내가 만들어 놓은 그 성전보다 더 위
대한 것이 없으며, 더 정확한 것이 없
으며, 거기에서 너희들이 기도하고 경
배하면 구원을 받아 하늘에 오른다 하

였음이니,
18 그 위에 너희 손으로 만들어 놓은 그
성전이라는 곳에 가 재물을 바치고 기
도하고 경배하면 하늘에 오른다며 그
와 같이 너희들이 하늘을 향하여 십자
가를 걸쳐 놓는 그 형국이 과연 너희
들은 나의 순리에 따르는 행위인가,
나의 뜻을 거역하는 것인가를 지금 생
각해 봐야 할 때가 되었음을 알라.
19 내가 너희들에게 준 이 자연 속에서
기도하며 내가 만든 성전에서 나의 계
명을 따르고 지키며 기도하고 경배하
면 되는 것을,
20 그 위에 너희들이 인간의 손으로 만들
어 놓고 그것이 하늘에 오르는 길이라
함은, 너희들이 나보다 더 위대하며
너희들이 하늘에 오르는 그 모든 권한
을 쥐고 있다 생각하는 것이 아닌가?
21 너희들이 그 행사를 하고 싶으며 그
과시를 하고 싶으며 그와 같은 권력을
누리고 싶은 생각에서 움막 같은 성전
을 지어 놓고 나의 어리고 착한 백성
들을 그곳에 긁어모아 그들에게 평생
시련과 고통을 주며, 내 자연의 아름
다운 그 속에서 하늘에 오르는 빛을
보지도 못하게 하는 것이 바로 너희들
이 나의 뜻을 역행함이니라.
22 그 얼마나 무서운 행위로써 너희들이
나의 피조물 만백성에게 전하는가?
23 너희들은 지금 나의 성서라는 것을 가
지고 너희들이 스스로 공부할 수 없고
깨우칠 수 없도록 그리 만들었으며,
그리하여 나의 백성들이 어렵고 힘들
어 그걸 해석하고 설명하지 못하여 스
스로 하늘에 오르는 길을 바라보지 못
하며 그 길을 찾지 못하기에,
24 내가 이제는 아무나 읽을 수 있는 160
권의 간단한 법전을 만들어 세상에 이
를 내보냄이니, 이것이 바로 너희들의
구원의 빛이요, 구원의 길의 안내자임
을 알아야 할 것이니라.
25 성서라는 것을 가지고 나의 피조물 만
백성 너희들이 각자 공부하고 깨우칠
수 없는 그 어렵고 힘든 구약과 신약
이기에, 내가 그 뚜껑을 덮고 그 속에
있는 것으로써 너희들이 지키고 행해
야 할 것을 간단히 풀어 너희들에게
전함이니, 이게 바로 무엇이던가?
26 너희들이 손으로 만든 성전이라는 곳
에 가 너희들의 자유의 시간과 재물과
그 모두를 다 바치며, 부모 형제와 등
져 가며, 믿는 자만이 구원을 받는다
는 말에 너희들은 형제와 부모의 그
사랑도 모르며 스스로 자기만이 구원
을 받고자 하는 그 욕망에서 한평생을
바치는 그와 같은 믿음의 세계를 가고
있음이니,
27 그것이 얼마나 나의 뜻을 거역하는 것
인가를 너희들은 깨달아야 될 것이니
라.
28 그리하여 나의 성전에서 너희들이 스
스로 공부하고 깨우칠 수 있는 그 대
안으로 내가 160권의 법전에 성령을
내려보내 나의 아들을 통하여 책으로
내려보냄이니,
29 그리하여 너희들이 아무 곳에서나 읽
고 깨우쳐 하늘에 오르는 그것을 가르
침이니라.
30 그리하여 이 모두가 너희들이 만든 그
성전에 가서 기도하고 구원을 받고자

하여 나의 뜻을 역행하는 것이 아니
라, 나의 법전을 접하여 가슴에 안고
정독하여 너희들이 스스로 자연 속에
서 아름다움을 느끼며 하늘에 오르는
그 길을 볼 수 있도록 하기 위하여 나
의 법전을 세상에 내려보냄이니,
31 나의 법전을 접하는 자는 그저 너희들
이 다락방에서 너희 가족끼리 이웃과
더불어 나의 법전을 읽고 깨우쳐 그
속에 있는 뜻을 알면 곧, 너희들이 하
늘에 오르는 그 빛을 볼 수 있으며 반
석 위에 서는 그 영광을 얻음이니라.
32 반석 위에 서서 너희들이 하늘에 오르
는 그 빛을 볼 수 있는 것이 나의 법전
임을 알아야 될 것이니라.
33 내가 나의 아들을 통하여 너희들에게
전하였느니라.
34 이 세상 우주 공간에 존재하는 모든
것을 나 여호와가 창조하여 너희들에
게 관리하도록 만들었음이니, 그 위대
하고 전지전능한 것을 너희들이 바라
보고 깨우쳐야 너희들이 나의 성서의
뜻을 안다 내가 말하였음이니라.
35 성서에 정해진 그 위대한 것은 백이라
는 것 중에 하나밖에 아니 되니, 아흔
아홉 개라는 것은 지구상의 내가 만
든 모든 동식물이요, 자연이 저희 스
스로 서로 얽히고설키며 질서를 파괴
하지 아니하고 살아가는 그 모습 속에
서 위대함과 전지전능함을 찾으라 하
였음이니라.
36 그리하여 너희들이 바라는 주일이라
하여 그리 엮어 놓은 안식일이라는 날
에 성전에 가 기도하고 광란의 짓을
하지 아니하여도 구원을 받는다 내가
말하였음이니라.
37 모든 믿음의 길이요, 안식일이라는 것
은 너희들이 짐승처럼 한데 모아 놓고
너희들이 명하는 것을 들으며 모였다
가 헤어지고, 모든 시간과 자유를 안
식일을 위해서 뺏는 것이 아님이니라.
38 안식일은 너희들을 위하여 존재한다
고 하였음이니라.
39 안식일은 믿음을 위한 안식일이 아니
요, 너희 자신을 위하여 내가 내린 안
식일이니라.
40 그리하여 그 안식일에 너희들이 잘못
살아온 것을 반성하며 새로 살아갈 각
오와 나의 성령이요, 나의 율법에 따
라 너희들이 살아가겠다는 그와 같은
각오의 다짐으로써 재충전하는 그것
이니, 각자가 필요한 날을 선택하여
쉬는 것이 곧 안식일의 개념이며,
41 너희들이 짐승에게 먹이를 주는 것처
럼 한 번에 불러모아 시간을 정하여
먹이를 주듯이 그와 같이 안식일이라
는 것을 정해 놓고 그 시간에 너희들
을 다 긁어모아 그 시간에 참석하지
아니한 자에게는 발톱 밑에 가시만 찔
려도 그것이 안식일을 지키지 아니하
였기 때문이라 하며 공갈과 협박과 불
안한 마음을 갖도록 그리 살아가게 하
는 것이 지금의 너희들의 뜻이니,
42 첫째는 자연의 내가 만든 성전에서 너
희들이 손으로 지은 성전이라는 것이
나를 역행하는 행위이며,
43 이와 같이 나의 피조물 만백성을 협박
하고 그들을 쇠사슬로 묶는 행위를 하
는 자, 그들이 더 큰 죄를 짓고 있음이
니, 그들은 나와는 아무런 관계도 없

으며, 내가 그들을 용서할 수 없음을
알아야 될 것이니라.

2,647 번째 하나님 말씀

2002년 7월 22일 20시 44분

1 사랑하는 나의 아들아!
2 "네, 아버님! 말씀하옵소서."
3 나의 아들 예수가 만백성 너희들에게
일러 전하였느니라.
4 너희들이 살아감에 있어서 떡과 생선
으로써만 살아갈 수 없는 것이며, 나
여호와의 성령이요, 나의 말로써, 나
의 가르침이요, 나의 뜻에 따라 살아
가는 것이 너희들의 양식이요, 근본이
요, 기본이라 그리 말했느니라.
5 이는 곧 무엇을 말하던가?
6 너희들은 육의 삶의 인생에 한계가 있
으며, 그 육의 삶을 마치고 난 다음에
영의 세계에, 영원히 사는 그 세상을
위하여 나의 뜻이요, 나의 율법이요,
내가 너희들에게 전하는 그 길을 따라
살아오는 자만이 구원을 받을 수 있다
이리 미리 너희들에게 일깨워 주었음
이니라.
7 그렇다면 너희들이 나의 음성이요, 나
의 말이요, 나의 뜻에 살아가는 것이
근본이요, 기본이라 하였으니, 내가
이 세상의 나의 피조물 만백성 너희들
을 구원하기 위하여 누구를 통하여 나
의 말을 전하였던가?
8 나는 너희들이 떡이요, 생선으로만 사
는 것이 아니라, 그보다 백배 천배 중
요한 영의 세상의 삶을 위하여 나의
마음이요, 나의 뜻이요, 나의 성령으
로써 너희들이 지탱하고 살아가게 되
어 있음을, 그 소중함을 너희들에게
일깨워 주었음이니라.
9 그리하여 그 모두를 내가 나의 아들을
통하여 너희들에게 생명수가 되어 세
상에 너희들이 살아가는 모든 이치를
깨우쳐 주며 쉽게 깨달아 하늘에 오르
는 그 진리의 모두를 전하려 하였으나,
10 나의 아들로 하여금 그를 전하지 못하
도록 했으니, 너희들이 얼마나 사악하
고 간악한 자들인가?
11 너희들은 나의 성서에 마귀가 나의 아
들을 시험하였으며 나의 아들이 그 마
귀의 시험에서 그를 지켜 갔다 말하나,
12 곧 나의 아들로서 내가 성령을 통하
여 너희들에게 깨우침을 주고자 하며
하늘에 오르는 길을 인도하고자 하였
으니, 그것을 너희들이 더 이상 세상
에 나가지 못하며 나의 피조물 만백성
이 대대손손 그 진리의 나의 말을 듣
지도 못하게 하였으며 나의 성령을 듣
지도 못하게 하였으니, 그게 바로 무
엇이더냐?
13 그게 사탄이요, 사악한 자들이 이루는
역사의 지금의 결과이니라.
14 그들보다 더 사악한 자가 어디 있으며
그들보다 더한 사탄이 어디 있겠는가?
15 나의 아들의 성령이 세상에 나가지 못
하도록 그를 팔았으며, 그를 배신하였
으며, 그가 더 이상의 나의 뜻을, 성령
을 전하지 못하도록 십자가에 못 박혀
죽게 한 그들이 누구더냐?
16 바로 사탄들의 행위이니라.
17 그들이 사악한 자들이니라.
18 그리하여 너희들이 나의 성령을 들을

수 없음이니, 너희들은 바로 육의 삶
에서 허덕이는 그 속에서 지금까지 살
아왔으며, 정녕 하늘에 오르는 길을
볼 수가 없었음이니라.
19 너희들은 떡과 생선으로 사는 것이 아
니요, 나의 성령의 뜻이요, 나의 말로
써, 나의 가슴에 있는 뜻으로써 너희
들이 구원받고 살도록 되어 있음이니,
20 그가 너희들의 양식이 되어 세상에 내
려가지 못하게 했으니 너희들의 육의
삶이 바로 어떠하였던 것인가?
21 너희들의 육의 삶을 스스로 지탱하였
으니, 떡과 생선으로써 너희들이 살아
올 수 있는 육의 삶의 역사의 전통을
몇천 년 동안 이어 왔으나,
22 너희들이 정녕 하늘에 오르는 길이요,
영원히 영혼이 사는 나의 말이요, 나
의 뜻이요, 나의 성령은 너희들에게
전해지지 못하였으니,
23 그리하여 죽은 암흑의 시대가 몇천 년
이 흘러왔다 하였음이니라.
24 이제 내가 너희들에게 말하듯이, 너희
들은 떡과 생선으로써만 사는 것이 아
니요, 나의 성령으로써 너희들이 변화
되어 나의 혈통을 받는 그와 같은 나
의 피조물 백성으로 살아가는 것이 너
희들이 가야 할 길이며 살아가야 할
길이니라.
25 그리하여 내가 너희들에게 몇천 년 동
안 암흑의 세계에서 너희들의 육의 삶
을 위해 부르짖는 그 형국이, 그리고
너희들이 하늘에 오르는 그 길을 보지
못하며 나의 계명이요, 나의 율법을
버려두고 살아가는 너희들이 불쌍하
고 가련하여 내가 제3의 시대에 나의
아들을 통하여 나의 성령을 너희들에
게 내려보냄이니,
26 이 성령의 나의 뜻은 끝이 없으며, 끝
이 보이지 아니하며, 영원히 너희들이
죽을 때까지 전하고 또 전해도 너희들
이 다 들을 수 없는 것이 나의 성령이
니라.
27 그리하여 내가 나의 아들을 통하여
160권 속에서 너희들이 쉽게 깨달을
수 있는 나의 성령을 지금 내려보내
니, 이게 바로 무엇이더냐?
28 너희들의 육의 삶의 양식이 아니요,
너희들이 구원을 받는 영의 양식이니
라.
29 너희들의 육은 떡이나 생선으로써, 재
물로써 살아갈 수 있으나, 영원히 사
는 너희들의 다음 세상을 위하여 너희
들은 떡과 생선이요, 재물로써만 살아
갈 수는 없음이니,
30 영혼이 구원을 받는 나 여호와의 성령
으로써 너희들이 깨닫고 살아오는 것
이 영원히 사는 너희들의 삶이니라.
31 그리하여 이를 내가 간단히 누구나 다
깨우칠 수 있도록 지금 풀어서, 나의
아들 예수를 통해서 너희들에게 전하
지 못했던 이 역사를 2천 년 만에 나
의 아들을 세상에 내보내니,
32 마지막으로 나의 가슴을 불태우듯이
나의 성령의 모두를 다 모아 너희들에
게 내려보내는 나의 책자라는 것을 잊
지 말라.
33 그러하니 너희들은 알고 있었을 것이
니라, 복음의 시대요, 나의 음성이요,
나의 성령으로 너희들이 살아가는 시
대가 온다는 것을.

34 바로 그것이 지금의 세대에 역사가 이
루어지고 있음이니 그리 알아야 될 것
이니라.
35 나의 아들 예수를 죽도록 했던 그 사
악한 사탄들의 행위가 지금도 나의 아
들을 쓰러트리려 하며, 나의 법전이
세상에 나가는 것을 나오지 못하도록
하며, 그를 태워 버리며, 짓이기며,
36 나의 아들을 쓰러트리고자 예수보다
더 처참한 형국으로써 박해하고 그에
게 가해하며, 나의 성령이요, 너희들
이 하늘에 오르는 양식인 그 말씀이
지금 너희들에게 내려가는 그 자체를
내려가지 못하게 하며 기록하여 책으
로 만들지 못하게 하는 지금의 그 형
국이니라.
37 나의 법전을 읽고 깨우친 나의 아들의
제자들과 나의 법전의 한 줄을 깨달아
이것이 성령이라 깨닫는 너희들은 힘
을 모아 나의 아들과 더불어 이 세상
에 160권의 법전이 다 덮을 때까지 모
두를 다 바쳐 최선의 노력을 다 했을
때, 너희들이 나에게 와 크나큰 은혜
와 은총의 영광을 받을 것이니,
38 이를 잊지 말고 너희들에게 주어진 단
한 번의 그 기회를 버리지 말라.
39 너희들이 열 번, 백 번, 천 번을 죽었
다가 다시 산다 해도 이와 같은 기회
가 너희들에게 없는 것이니,
40 이는 나 여호와의 뜻이요, 창조주인
내가 내리는 것이며,
41 나의 아들이요, 그 나의 아들을 통하
여 내리는 이 법전이 너희들을 구하는
생명수이기 때문이니 그리 알라.

2,648 번째 하나님 말씀

2002년 7월 22일 20시 54분

1 사랑하는 나의 아들아!
2 "네, 아버님! 말씀하옵소서."
3 네가 나에게 어떠한 기도를 드리고자
하며 네가 어떠한 네 마음의 경배를
드리고자 하는지를 나 여호와가 다 알
고 있음이니라.
4 너 자신이 바로 서지 못하는 그 아픈
마음과 네가 만백성에게 빛이 되지 못
하는 그 아픈 삶과 네가 한 점의 부끄
러움이 없이 살아갈 수 없는 네 마음
속에 나에게 네가 용기와 힘을 주며
그리 살아갈 수 있는 그 길을 열어 달
라 기도하고 싶어 하는 그 마음을 나
여호와는 알고 있음이니라.
5 네가 죽어서 모두를 다 바쳐 네가 빛
이 되어 만백성을 구하는 길이 있다
하면 너는 그 길을 가고자 하며,
6 나 여호와에게 정녕 네가 그 길을 가
기가 너무나도 힘들고 어려우니 용기
와 힘을 달라 애절히 기도하고 싶어
하는 그 마음을 아느니라.
7 그러면서도 참고 인내하는 네 그 마음
을, 사랑하는 아들아, 나는 알고 있음
이니라.
8 그러나 너는 해낼 수 있음이니라.
9 네가 고통스럽고 힘이 들며 네가 정녕
한 점의 부끄러움이 없이 살아가는 그
삶을 살지 못하며, 너의 제자들의 그
눈빛을 바라보기에 부끄러워 그 눈을
들 수 없다 생각하며,
10 네가 정녕 하나의 빛이 되어 만백성을
가르치는 빛이 되는 그와 같은 삶을

살기가 너무 힘들고 어려워 지치고 쓰
러지고자 하며,
11 네가 변하고자 하나 변할 수 없는 그
한계의 벽을 안고서 몸부림치는 그 모
두를, 그리고 네가 무엇을 부르짖고
원하고자 하는지를 나 여호와가 다 알
고 있음이니라.
12 사랑하는 나의 아들아,
13 네가 어떠한 방법으로써 네 마음을 달
랠 수 없으며 네가 너 자신을 지키고
바로 갈 수 없으며,
14 네가 밀어닥치는 파도보다도 더 거센
인간의 육의 삶의 형태를 지탱하고 버
티며 나의 그 빛을 따라오기에 얼마나
힘들고 어려운지를 아나니,
15 그러나 너는 그리 걱정하지 말라.
16 네가 어렵고 힘들며 지탱하기가 어려
울 때, 나 여호와 아버지를 찾으라.
17 네가 나에게 경배하고 기도하며 묵상
하면 내가 네 마음을 다스릴 수 있는
능력을 줄 것이며, 네가 헤쳐 나갈 힘
을 너에게 줄 것이며 내가 너에게 방
법을 줄 것이거늘, 그저 너는 항상 기
도하라.
18 '아버님! 제가 어찌하여야 되겠사옵나
이까? 아버님 제가 어찌 가야만 되겠
사옵나이까? 저의 죄를 용서하여 주
옵시고 저의 흔들리는 이 마음을 바로
잡아 주옵소서. 제가 지금 넘어지려는
이 마음을, 그리고 제가 넘지 못하는
이 벽을 넘을 수 있도록 용기를 주옵
소서, 아버지!' 하며 네가 나를 부르라.
19 그리고 나를 부르며 묵상하고 기도하
고 네가 매달릴 때, 내가 너에게 그 모
두를 다 주거늘, 어찌하여 너는 나에
게 매달리지 아니하며 네가 인간의 생
각에서 넘을 수 없는 벽이라 그리 생
각하는가?
20 네가 깨달아서 네 자리를 지켰을 때
내가 너에게 능력과 권능을 주며, 네
가 왜 그를 지킬 수 있었으며 왜 지켜
야 하며 네가 왜 그 길을 가야 되는지
를 내가 너에게 훤히 보여 주며 깨우
쳐 주거늘, 무엇이 두렵고 무엇이 겁
이 나 네가 그리 가는가?
21 사랑하는 나의 아들아,
22 아무도 너를 다스릴 수 없음이니라.
23 그 누구도 너를 다스릴 수 없음이니라.
24 오로지 '아버지여! 저에게 힘을 주고
용기를 주옵소서.' 그리 기도하며, 네
가 지금 싸우고 있는 그 마음에서 '악
을 제거하고 선을 선택할 수 있는 그
용기와 힘을 주옵소서.' 하며 네가 애
절한 마음으로 나 여호와를 찾을 때,
어버이인 내가 너에게 무엇인들 안 주
며 안 내려 주겠는가?
25 아들아! 그리 기도하라.
26 그리고 경배하며 묵상하라.
27 두려워하지 말고 겁먹지 말라.
28 이 모든 160권을 세상에 내 만백성을
천 년에 걸쳐 새로운 세상으로, 새로
운 내가 원하는 새 시대로 인도하는
너의 책무가 소중하거늘,
29 내가 너를 버릴 리 없으며 너의 소원
을 들어주지 아니할 것이 없거늘,
30 네가 진정 나 여호와 아버지를 찾고
기도하며, 힘들고 어려울 때 나에게
눈물로써 기도하고 나에게 경배하며
나에게 답을 구하라.
31 그러면 네가 이길 수 있는 힘이 네 몸

에서 용솟음칠 것이니 그리고 네가 해
낼 수 있을 것이니,
32 그 기도하는 길을 너의 제자들에게 가
르쳐 주며, 너의 제자들 또한 힘들고
어려울 때 나 여호와에게 눈물로써 진
정 너희들이 애원하고 기도할 때, 내
가 너희들에게 답을 임하여 내려 줄
것이라 그리 전하라, 사랑하는 나의
아들아!

2,649 번째 하나님 말씀

2002년 7월 22일 21시 26분

1 사랑하는 나의 아들아!
2 "네, 아버님! 말씀하옵소서."
3 이 깊은 밤, 내가 너를 내려다보며 내
가 너를 아들이라 부름이니라.
4 네가 나의 뜻에 따라 만백성을 구하기
위하여 이 깊은 밤 나에게 경배하며
기도함이니,
5 네가 성령으로써 세상에 나가 성령으
로 태어나 자란 나의 아들도 아니요,
인간의 육신의 형태를 가지고 세속에
서 반백이 되도록 너희들이 60년이라
는 그 생활 속에서 얽히고 얽힌 그 삶
을 살아온 네가 오늘 그 모두를 다 자
르고 버리며 네가 삶을 다시 살아,
6 네 생활의 모든 습관이나 버릇까지도,
네가 살아왔던 모든 취향까지도, 네가
먹고살던, 네가 입던, 네가 행동하던,
네가 즐겨 놀던, 네가 즐겨 하던 인간
사 세속의 그 모두를 다 버리고 그를
단절하며 하나하나 깨우쳐,
7 네가 하나 깨우칠 때마다 하나의 세속
의 잘못된 버릇을 버려 가며 나의 성
령을 받아 법전을 기록하여 세상에 내
고자, 그리하여 만백성을 구하겠다는
그 대명으로 네가 이 깊은 밤 앉아 나
에게 목메이게 기도와 경배를 드리니,
8 내가 그 모습을 보기에 내 마음이 무
척이나 아프며 쓰림이 있음이니라.
9 내가 너를 아들이라 당당히 불렀을 때
모든 천사요, 사탄이요, 그들에게 한
점의 부끄러움이 없는 너로 변하여 가
고 있으니, 그 또한 나 여호와의 기쁨
이 이루 말할 수 없음을 너는 알아야
될 것이니라.
10 사랑하는 아들아!
11 너는 나에 의하여 절름발이 인생을 살
았다 하였음이니라.
12 네가 지금까지 험악하고 힘들고 어려
운 일, 남들에게 당당히 내놓고 말할
수 없는 그와 같은 부끄러운 삶과 너
자신이 잘못 살아왔던 그 모두가 네
뜻에 의함이 아니요, 내가 너를 그리
다스렸으며 너를 그리 오게 하였음이
니라.
13 네가 스스로 네 마음속에 사악하고 악
하고 추하고 더러운 그 마음이 그득히
차 네가 그리 행한 것이 아니니라.
14 너는 나로부터 선택된 아들로서, 눈물
이 많으며 사랑이 많으며 정이 많으며
인정 속에 살아가고자 하는 것이 너였
느니라.
15 그리하여 네가 네 뜻대로 살아가지 못
하도록 너를 내가 이리 시험하고 훈련
하고 다스려 지금 이렇게 키워 왔음이
니, 그와 같은 네 아픔의 눈물을 이제
는 거둬야 할 것이며,
16 그 모두는 너의 죄가 아니요, 내가 너

를 그리 훈련하여 오늘에 너를 쓰고자
하였음이니라.
17 내가 너를 그와 같이 훈련시키며, 어
렵고 힘든 그 고비 고비마다 넘기며,
네가 남들이 인내하기 쉽지 않은 그
어려운 길을 지금까지 이렇게 견디고
살아온 것은
18 내가 너를 훈련시켜 오늘 이 자리에
앉혀 놓아, 너를 나의 아들이라 하여
내가 천 년의 역사를 이루는, 나 여호
와가 창조하는 새로운 시대를 여는 그
대명을 맡아 네가 한 점의 섬을 갖고
세상에 내려가 너로부터 만백성을 깨
우쳐 가는 기초가 되며,
19 너로 하여금 나의 성령을 받들어 나의
뜻의 역사를 이룰 자, 이루지 못할 자
를 구분하여 나의 혈통으로서 나의 아
들딸을 네가 선별하여 나에게 천거하
며 그들과 같이 이 역사를 이루는 그
어렵고 힘든 고비 고비마다 내가 너를
그리 훈련시키지 아니하며 너를 단련
시키지 아니하였다면 네가 견딜 수 없
었음을 너는 알아야 될 것이니라.
20 네가 인간이기에, 네 세속의 삶이 있
기 때문에 너 스스로 어려울 때마다
인내하고 견딜 수 있는 힘이 너에게
없음이니,
21 그리하여 너를 내가 돌보다도 더 단단
하게, 또는 바닷물보다도 더 유연하
게, 그리고 사랑이 무엇이며 베푸는
것이 무엇인가를 내가 너에게 이리 훈
련시켜 왔음이니라.
22 너는 그 지난날의 아픔에 의하여 오늘
에 울지 말 것이며, 그 모두는 나의 뜻
에 의하여 이루어졌음이니, 오로지 너
는 160권의 법전을 내어 세상의 만백
성을 구하는 데 너의 그 모두를 다 바
쳐야 될 것이니라.
23 나의 아들 예수가 나의 피조물 백성들
을 구하기 위하여 때와 장소를 가릴
것 없이 만백성을 모아 놓고 강론하며
나의 성령을 전했음이니라.
24 너희들이 먹고사는 음식보다도, 육의
삶보다도 영의 삶의 그 소중함을 위하
여, 그 귀하고도 귀한 나의 음성을, 나
의 뜻을 만백성에게 동서남북으로 그
저 전하고 다녔음이니라.
25 그리하여 그는 어떠한 결과를 맞이하
였던가?
26 그는 죽음의 그 길을 선택하는 그와
같은 역사 속에서 죽어 갔음이니라.
27 그 제자들이 배신했으며, 그를 따르던
자들이 등을 돌렸으며,
28 그를 저주하는 그 사악한 자들이 저희
들의 권력이요, 힘이요, 모두를 다 나
의 아들에게 박탈당하며 저희들의 모
든 권한과 실권이 무너질 것이 두려
워, 힘을 합쳐 그들이 그와 같은 사악
한 자들과 내통하여 나의 아들 예수를
죽게 하였음이니라.
29 그것이 바로 무엇인지 너는 알겠는가?
30 그를 죽이고자 하는 이방의 사악한 자
들과, 그를 따라 목숨을 바치며 그의
기적을 보며 그와 더불어 하늘에 오르
겠다 맹세했던 그 제자들이 그들과 서
로 내통하고 교통하여 그와 같은 역사
의 한 장면을 단절시킨 그 시대의 상
황을 너는 지금 나의 피조물 만백성이
요, 너의 제자들에게 그리 설명해 줘
야 될 것이니라.

31 그들이 적들과 내통하여 나의 아들을
죽게 하였음이니라.
32 그들이 그리하여 사악한 자들이라 내
가 말했음을 너희는 알아야 될 것이니
라.
33 사랑하는 나의 아들아, 너는 들으라.
34 네가 아무리 힘이 돌보다 강하고 또
물보다 유한 그와 같은 마음으로써 대
처하며 살아간다 해도,
35 네 밑에 너를 따르는 너의 제자들이
너에게 등 돌리고 화살을 던지는 자들
과 너를 죽이고자 하는 자들과 내통하
여 너를 공격한다면, 너는 여지없이
쓰러지며, 지탱할 수가 없음이니라.
36 그러니 지금 너의 제자들에게 물으라,
과연 저희들이 목숨을 바쳐 나의 아들
을 따라갈 수 있는 마음 자세가 되었
는가.
37 나의 아들을 공격할 때, 저희들이 섭
섭하고 아쉬운 점을 지우지 못하며 사
랑으로써 그를 다스리지 못하여, 그들
과 내통하여 너를 팔고 죽이는 그와
같은 역사를 반복할 수 있는 그와 같
은 마음을 가진 자들인가,
38 그렇지 아니하면 저희들이 더불어 너
와 같이 한 길을 가며 목숨을 바쳐
160권이 세상에 나올 때까지 모두를
다할 수 있는 너의 제자들인가?
39 너는 이를 확실히 그들에게 물어 스스
로 결정하라 그리하라.
40 네가 아무리 강적이라도 안팎에서 힘
을 합쳐 너를 공격하고 너를 죽이고
무너트리려 할 때 견딜 수 없음이니,
41 너의 제자들이 더 무서운 적이니라.
42 나의 아들 예수를 십자가에 못 박아
그리 처참히 죽인 자들은 육으로 행함
이었으나,
43 그들과 내통하여 나의 아들을 판 자
요, 나의 아들의 일거수일투족을 다
그들에게 제공한 자들은 얼마나 더 사
악한 자들인가?
44 너의 제자들에게 그 상황을 지금 돌이
켜 생각해 보도록 하라 이르라.
45 그리하여 그와 같은 죄를 짓는 너의
제자들이 있어서는 아니 될 것이니,
46 이를 본보기로 하여 너의 제자들에게
교육을 시켜야 될 것이며, 그들의 마
음을 단속하고 그들의 눈을 뜨게 해야
될 것이니라.
47 그리하여 지금 예수의 시대처럼 네가
나의 법전 160권이 세상에 나오기도
전에 동서남북 갈 자리와 가지 않을
자리를 구분하지 못하고 많은 사람에
게 강론하고 다닌다면, 나의 법전의 3
부가 세상에 나와 강론하고 다닌다면
너는 잠시도 이 세상에서 목숨을 부지
하고 살 수 없음이니라.
48 사악한 그들이 나의 아들 예수가 강론
하여 전하는 나의 성령을 세상에 내려
오지 못하도록 그 사악한 행위를 했듯
이,
49 또 마찬가지로 나의 피조물 만백성을
일깨우는 160권의 나의 성령이요, 나
의 법전이 세상에 나오지 못하도록 그
들은 온갖 수법과 잔인한 행동으로써
너를 제거하며 그 법전이 나오지 못하
도록 할 것이니라.
50 그리하여 네가 3부가 내려올 때까지
인내하며 너의 제자들의 힘이 하나가
되어 3부를 세상에 내놓을 때, 그다음

에 내가 너희들에게 갈 길을 다시 명
하여 줄 것이니, 그때까지 자중하며,
51 아무나 너희들이 만나 갑론을박하지
말며, 나의 아들을 너희들이 잘 보살
피며 인도하는 것에 너희들이 조금도
게을리해서는 아니 됨을 알라 이르라.
52 너희들이 160권의 법전을 세상에 내
는 것보다 더 큰 기적과 역사가 없으
며, 이것이 어떠한 역사를 이루는 것
이냐?
53 하늘에서 이루어진 것같이 이 땅에 지
상의 낙원을 이루고자 하는, 창조주인
나 여호와가 새로운 시대를 여는 그
대업을 너희들이 맡아 거기에 동참하
여, 육을 가진 나의 제자요, 나의 아들
이요, 딸들로서 나를 대신하여 그 역
사를 이루는 것이니,
54 너희들의 몸과 마음을 너희 것으로 생
각해서는 아니 될 것이며,
55 너희 몸과 마음이 나 여호와를 위하여
존재하는 것이며, 나의 법전이 세상에
나가는 그 대임을 맡는 데 너희들이
존재한다는 것을 깨달아야 될 것이며,
56 나의 아들이 가는 길에 너희들이 더불
어 목숨을 바쳐 그를 지키고 가는 것
이 너희들이 해야 할 일이니,
57 너희들의 목숨과 너희들의 마음과 너
희 모두는 너희 것이 아님을 알아야
될 것이니라.
58 너희들은 이와 같은 이치를 생각할
때, 과연 너희들이 어떤 형태로써 살
아가야 되며 어떠한 마음이요, 어떠한
행동으로써 살아가야 될 것인가를 너
희 스스로 각자 알아서 그 자리를 지
켰을 때, 나의 아들이 160권의 법전을
세상에 내는 역사를 이룰 것이니라.
59 나의 아들 예수를 그리 처참히 죽여
내가 전하고자 하는 그 뜻을 전하지
못했듯이, 그를 그리 죽게 했던 그 외
부의 사악한 자들보다도 내부에서 그
들과 부화뇌동하여 나의 아들을 죽게
한, 더 사악한 그를 따르는 제자들이
었음이니, 너의 제자 중에 그러한 자
가 나와서는 아니 될 것이니라.
60 정녕 160권의 법전을 나오지 못하도
록 나의 아들을 파는 자, 나의 아들을
외부의 적들과 내통하여 밀어붙이는
자, 그는 정녕 죽어 와 나에게 얼마나
고통스런 그 길을 가야 될 것인가 너
희들은 상상도 못할 것이니,
61 지금 너희들이 생각해 보라.
62 너희들의 온몸을 가장 무거운 기계요,
바늘과 같은 것으로써 다 찔러 올 것
이니, 너희 머리도 눈도 귀도 어느 것
도 하나의 틈이 없이 너희 몸으로 지
탱할 수 없는 그 무거운 덩어리가 누
르고 바늘로 그리 찔러 놓을 것이니라.
63 그리고 그 틈에서 너희들이 벗어나지
못하는 그 죄를 받아야 될 것이니, 이
를 명심하여 너희 자신이 각오를 다시
하고 자세를 바르게 하여,
64 나의 아들 예수를 적의 부하들과 내통
하여 팔아먹고 그를 버리는, 그를 죽
이는 그와 같은 너의 제자들이 지금
나와서는 아니 될 것이니, 이를 명심
하라.

2,650 번째 하나님 말씀

2002년 7월 23일 0시 38분

1 사랑하는 나의 아들아!
2 "네, 아버님! 말씀하옵소서."
3 나의 성전에 와 나의 성령을 들으며
나의 법전을 가지고 공부하는 너의 제
자들, 그리고 너를 따르는 나의 피조
물 만백성,
4 그들이 생각하고 있는 마음과 그들이
너를 비춰 보는 그 모습과 그들이 눈
빛으로써 보는 거기에 네가 얼마만큼
아름답게 비쳐지며 네가 변하는 모습
이 그들에게 어찌 비춰지는가에 따라
서 네가 160권의 법전을 세상에 내는
역사의 기초를 다지며 그 힘을 이룰
수 있는 것임을 너는 알아야 될 것이
니라.
5 너희들 말에 있지 않더냐?
6 모르는 자는 그 집에 와 도적질을 할
수 없다 하였음이니라.
7 그 집의 내막과 그 형편을 잘 아는 자
가 그 집의 물건을 훔쳐 가기 쉽다는
뜻이며, 적군을 아는 자가 그 적을 무
너트리기 쉽다는 것이니,
8 모든 자신의 속내를 아는 자로부터 너
희들은 당하고 또 무너지고 실패하는
그와 같은 인생살이의 삶이 있지 않은
가?
9 믿음이라는 것도 무엇이더냐, 아들아!
10 예수를 그 사악한 자들에게 넘겨주며
그를 판 사람들이 누구더냐?
11 예수를 적대시하며 예수를 인정치 아
니하며 예수를 모른다 하는 자들이 예
수를 팔았던가?
12 그 제자라 하였으며 그 역사와 기적을
다 보았으며 그와 더불어 저희들의
생명을 다 바쳐 같이 살아가고자 했던
그들이 예수를 팔았으며, 그들이 또
배신하지 아니하였던가?
13 나의 아들아,
14 지금 너를 따르는 너의 제자들, 적은
그 나의 백성들의 마음에 훈훈한 정과
훈훈한 사랑과 또 나의 성령에 기록되
어 있는 그 사랑의 깨달음을 네가 몸
소 실천하여, 너의 변하는 그 모습을
보고 진실 되고 진정한 너의 그 삶을
보며, 가식이 없으며 너의 제자들에게
거짓 하지 아니하며 속이지 않고 살아
가는 그 모습에서 그들이 너에게 등
돌리지 아니할 것이며 너를 배신하지
아니할 것이니라.
15 너는 만백성으로부터 몇천 년 역사가
흐른 다음에 너를 평가하며, 네가 누
구라는 것을 알며, 네가 살아온 그 삶
을 다 깨우쳐 너와 같은 삶을 살고자
하는 나의 피조물 만백성에게 계속 몇
천 년의 역사를 거쳐 네가 본보기로
갈 것이니라.
16 그러나 지금 너를 따르는 너의 제자들
이요, 너와 같이 있는 그들이 모두 너
를 어찌 평가하느냐 하는 그것이 얼마
나 중요하고 소중한지를 알아야 될 것
이니라.
17 내막을 아는 자가 그 집을 무너트리
며, 내막을 아는 자가 그 적을 무너트
리기가 쉬운 것이며, 그 모든 내막을
아는 자가 그 집에 가 도적질을 하기
쉽다 말하였느니라.
18 많은 백성들이 너를 멀리서 보고 너를

평가하는 것보다도, 너와 더불어 생사
고락을 같이하며 항상 같이하는 그들
의 그 마음에서 너를 비춰 보는 마음
과 눈빛이 다 같아야 될 것이니라.
19 그들이 바라보는 눈빛이 다르며 그들
이 너를 보는 생각이 다르며 그들이
너를 평가하는 것이 다를 때, 너는 진
정한 나의 아들로서 만백성의 빛이 될
수 있는 그와 같은 삶을 살지 못하고
있음을 네가 알아야 될 것이니라.
20 사랑하는 나의 아들아!
21 "네, 아버님! 말씀하옵소서."
22 너의 제자들과 나의 법전을 읽으며 네
주변에 있는 나의 백성들에게 네가 매
일같이 한 계단 한 계단 변해 가는 그
생활을 보임으로써 네가 경지에 오르
는 것을 그들이 볼 수가 있음이니라.
23 그와 같은 너의 아름다운 변화 속에서
만이 너의 제자들이 너에게서 등을 돌
리지 아니하며 너를 버리지 아니할 것
이니 그리 알아야 될 것이며,
24 그리고 그 너의 제자들이 너를 바로
평가하며 너를 바로 기록하여 역사에
남는 나의 아들이요, 네가 살아오고자
했던 그 모습을 보고 살아가고자 하는
나의 피조물 만백성이 이 지상에 존재
할 것이니라.
25 그러니 네 주변에 있는 너의 제자들로
부터 그 마음의 그 눈빛이 하나가 되
어,
26 너를 바라보는 마음이 사랑하는 마음
으로써, 너를 소중히 하는 마음으로
써, 너를 아끼는 마음으로써 너를 따
라 그들이 한평생 살다 죽어 오며, 한
점의 부끄러움이 없는 당당한 그들의
모습으로써 너를 따를 수 있도록 그리
네가 오늘서부터 다스려 나가는 것이
중요함이니,
27 내가 너에게 내리는 이 가르침을 깊이
새겨 조용히 행하는 나의 아들이 되어
야 될 것이니 그리 알라, 사랑하는 나
의 아들아!

2,651 번째 하나님 말씀

2002년 7월 23일 0시 49분

1 사랑하는 나의 아들아!
2 "네, 아버님! 말씀하옵소서."
3 내가 나의 피조물 만백성 너희들에게
일깨워 주고 가르쳐 주며 너희들을 인
도하기 위하여 내가 내릴 수 있는 나
의 성령의 뜻은, 이 지구가 쪼개져 멸
망하는 그 순간까지 내가 너에게 성령
을 내린다 하여도 그는 중단함이 없음
이니라.
4 그와 같이 끝이 없는 것이 나의 성령
이요, 내가 만백성을 구할 수 있는 나
의 교본이요, 교과서요, 가르침을 그
와 같이 내가 내릴 수 있음이니라.
5 너는 여기서 들어야 할 것이니라.
6 누군가는 그리 끊을 수 없고 끊이지
아니하며 끝이 없는 나의 성령을 나의
피조물 만백성에게 전해야 함이니,
7 그리하여 그들을 깨우쳐 그들이 구원
을 받을 수 있는 그 역사를 이루어야
함이니,
8 육의 형태를 가진 수십억 인구 중에
한 사람, 그 누군가는 선택되어 나의
끝이 없는 성령을 기록하여 만백성에
게 전하는 이 역사를 이루어야 되지

아니하겠는가?
9 너는 네가 어찌 그 죄 많은 너의 삶으
로써 나의 아들이라 선택되었는지 그
자체를 너 스스로 가슴 아파하며, 그
를 네가 남들 앞에 부끄러워하며,
10 너 자신이 바로 서지 못함을, 네가 살
아온 지난날의 그 얼룩진 삶에 대하여
네가 아무도 없는 깊은 밤에 눈물을
흘리는 그 마음을 내가 알고 있음이니
라.
11 그러나 나의 아들아, 누군가는 이 역
사를 이루어야 할 것이니라.
12 그리고 하루아침에 누구도 이를 이룰
수가 없음이니라.
13 내가 너를 선택하여, 너는 태어나기
전부터 선택된 나의 아들이요, 또한
이 역사를 이루기 위하여 네가 지금
네 인생이 아닌 나의 주관하에 살아왔
음이니, 그 많은 인생사의 훈련 속에
서 네가 이리 굳건히 다져져 있음이니
라.
14 그리하여 네가 어떠한 세파에도 쓰러
지지 아니하며, 어느 누구의 공격에도
흔들리지 아니하며 자리를 지킬 수 있
는 나의 아들임이니라.
15 너는 선택된 자이니라.
16 내가 나의 이 많은, 끝이 없는 성령을
육의 형태를 가진 너희 형제요, 나의
백성을 통하여 전해야 될 것이니,
17 다만 네가 미리 준비된 나의 아들임을
알면 될 것이니, 너는 괴로워 깊은 밤
네가 혼자 울지 말지니라.
18 이제는 네가 지금의 가고 있는 그 길
을, 수십억 인구 중에서 과연 너만큼
변화되며 나의 뜻에 순종하고 살아가
고자 하며 내면과 외면의 그 아름다운
자세로써 남들에게 부끄러움이 없이
살아가고자 하는 너의 그 마음을 너는
모르느니라.
19 나의 수십억 인구들이 가지고 있는 그
들의 마음의 형태를 너는 정녕 모르고
있음이니라.
20 살아가면서 부대끼는 그들의 그 삶의
형태가 얼마나 네가 상상할 수 없으리
만큼 무섭고 매서우며 네가 이해할 수
없을 만큼 재물 앞에 그들의 마음이
변하는지, 그 무서운 형국은 너의 상
상을 초월할 것이니라.
21 그와 같이 그 모두를 네가 벗어났음이
며 네가 그 길을 갈 수 있음이니, 네가
지금 여기서 너 스스로 지켜 가며 살
아가는 그것도 많은 사람 앞에 네가
귀감이 되는 삶을 살고 있음을 알아야
될 것이니라.
22 너는 괴로워 울지 말라.
23 네가 나의 법전 3부를 세상에 내며 이
를 기록하고 감에 따라서 너 스스로
변하는 그 모습은 만백성의 빛이 될
것이며,
24 지금까지 60평생의 네가 살아온 그
삶 속에서 그를 다 단죄하며 바로 서
는 것은 이 지상에 너 하나밖에 없음
이니, 바로 너는 나의 아들이기 때문
에 그 길을 갈 수 있는 것이니라.
25 그 누구도 갈 수 없음을 너는 알아야
될 것이니라.
26 너와 같은 그 마음으로 무서우리만큼,
네가 나에게 목숨을 바쳐 나의 뜻에
순종하고자 하는 그 굳은 마음과 같
이, 자식이요, 형제요, 아내요, 그 삶을

모두 다 버리고 나의 그 길만을 간다
는 것은 아무나 그리 갈 수 없으며 그
리 행할 수 없음이니라.
27 길고도 긴 여행 속에서 더러는 지쳐
쓰러질 것이며, 더러는 탈락할 것이
며, 더러는 그 목적지에 감을 포기할
것이니라.
28 그 결과요, 목적지에 가서 아무리 금
은보화요, 너희들이 얻을 수 없는 것
을 얻는다 하여도 많은 사람들은 그
어렵고 힘든 길을 가지 못함이니, 중
도에 다 포기하고 쓰러짐이니라.
29 이 세상에 어떠한 역경과 고통을 딛고
도 만백성을 구하는 그 빛의 생명줄인
나의 160권의 법전을 기록하여 세상
에 내는 것은 너밖에 할 수 없음을 나
는 아느니라.
30 그리고 너밖에 이룰 수가 없는 것임을
너는 알아야 할 것이니,
31 너의 모두는 나로부터 선택된 삶이라
하였음이니라.
32 네가 죽어 이미 모든 인간관계의 인연
을 끊은 자라 하였음이니, 너는 그와
같은 마음으로써 오늘과 내일에 변화
되는 삶을 살아야 될 것이니라.
33 그와 같이 변화되는 삶을 사는 것이
네가 만백성을 구하는 빛이 되는 길임
을 그리 알라.
34 이후 너는 너 혼자 깊은 밤에 너 자신
이 눈물 흘리는 그와 같은 삶을 청산
할 것이며, 그와 같은 일을 반복해서
는 아니 될 것을 깊이 새겨들어야 할
것이니라.

2,652 번째 하나님 말씀

2002년 7월 23일 0시 59분

1 사랑하는 나의 아들아!
2 "네, 아버님! 말씀하옵소서."
3 내가 나의 성령을 모두 태워 네 가슴
에 심어 네가 이를 나의 법전이라 하
여 책으로 세상에 만들어 냄이니, 이
법전의 내용을 너만큼 아는 자 없으
며, 너만큼 깊이 깨우친 자가 없으니,
4 네가 이다음에 죽어 천국에 와 나의
피소물 만백성이 나의 법전에 따라서
얼마나 살았는지 그들에게 점수를 매
기는 그와 같은 일을 할 것이라 내가
명하였으니, 이는 바로 무엇이더냐?
5 내가 나의 성령을 너의 가슴에 심어
주었으며, 나의 법전을 너를 통하여
심판의 법전이라 하여 네 손에 쥐여
주었음이니 이것이 바로 무엇이더냐?
6 하늘나라의 문을 열 수 있는 천국의
열쇠를 내가 너에게 내려 줌이니라.
7 나의 법전이요, 나의 성령이 너의 가
슴을 통하여 내려가 내가 지금 이 법
전을 만들어 160권의 대장서를 네 손
에 들려 줌이니,
8 이것이 바로 나의 피조물 만백성이 하
늘에 오르고 못 오르는 그 문을 열고
잠그는 그 황금의 천국 문의 열쇠를
내가 너에게 주었음이니, 너는 이 이
치를 깨달아야 될 것이니라.
9 나의 아들의 가슴에 내려 심어 준 나
의 법전대로 너희들이 육의 삶을 얼마
나 살아왔느냐에 따라서 너희들이 구
원을 받거나 구원을 받지 못하니, 바
로 그것이 무엇이더냐?

10 하늘나라에 너희들이 존재할 수 있는
천사요, 나 여호와의 그 뜻을 알아 나
와 같은 형국으로 살아가고자 너희들
이 피나는 노력을 하며 목숨을 바쳐서
나의 법전대로 살고 지켜 온 자는 하
늘에 오를 수 있으니, 그게 바로 나의
법전이 그 천국의 문을 열어 줄 것이
며,
11 너희들이 잘못 살아오며, 나의 법전대
로 살지 않으며, 나의 법전을 짓밟으
며, 이단이요, 사탄이요, 사악한 무리
가 말세에 하는 장난이라 그리 말하여
나의 법전을 읽지 아니하고 보지 못한
자는 하늘에 오르는 그 빛을 볼 수 없
으며, 나의 뜻을 역행해 살아가는 자
니, 그가 바로 하늘나라에 올라올 수
없음이니, 그 앞에 천국의 문이 닫혀
열리지 아니할 것이니라.
12 그러니 바로 무엇이더냐?
13 내가 천국의 열쇠를 너에게 내려 주었
음을 나의 아들 너는 알아야 될 것이
니라.
14 그리하여 내가 나의 아들이라 너를 명
함이 여기에 있음이니라.
15 나 여호와가 존재하는, 너희들의 전지
전능한 창조주인 아버지가 존재한다
는 그 하늘의 천국의 문을 열어 주고
안 열어 주는 그 황금의 열쇠를 나의
아들만이 가지고 있음이니, 그게 바로
무엇이더냐?
16 160권의 나의 법전이니라.
17 그러니 그 천국의 문을 열어 주고 안
열어 주는 나의 아들인 네가 과연 160
권의 법전대로 어찌 살아야 할 것인가
를, 너 스스로 그를 깊이 깨우쳐야 될
것이니라.
18 너의 제자들 또한 그 깊이를 깨우쳐야
될 것이니라.
19 너의 제자들에게 천국의 문의 열쇠를
내가 나누어 줌과 같음이니라.
20 너의 제자들이 깨우쳐 바로 세운 그
제자들 또한 천국에 오르고 못 오르는
것은 너희들이 천국의 문의 그 열쇠로
열고 안 엶에 달렸음이니, 이를 너희
들이 알아야 될 것이니라.
21 그러니 하늘에 오르는 그 천국의 문을
열어 나의 피조물 만백성이 올 수 있
는 자와 오지 못하는 자를 구분하여
문을 열어 주는 그 대명을 너희들이
수행하는 자들이니, 너희들이 삶을 어
찌 살아야 되겠는가?
22 사랑하는 나의 아들아!
23 "네, 아버님! 말씀하옵소서."
24 하늘의 천국의 문을 열 수 있는 열쇠
를 가진 너와 너의 제자들에게 이르라.
25 너희들이 삶을 어찌 살아야 되는가?
26 너희들은 정녕 한 점의 부끄러움이 없
는 그와 같은 삶을 살아가는 자들이
되어야 될 것이니라.
27 바로 천국의 열쇠를 너희들 손에 쥐고
있기 때문이니라.
28 너희들이 그 문을 열지 못한다면 나의
피조물 만백성은 하늘나라에 오를 수
없음이니, 그들이 바로 살지 못한다면
하늘에 오를 수 없음이니라.
29 그러니 내가 천국의 열쇠를 네 손에
맡겼음이니, 이는 무조건 나의 피조물
만백성에게 문을 열어 하늘에 오르도
록 인도하라는 것이 아님이니라.
30 그 천국의 문을 통과할 수 있는 자, 들

어오지 못할 자, 그를 구분하여 너희
들이 그 문을 열어 주고 닫고 하라 함
이니,
31 그 문을 열어 주고 닫고 하는 너희들
이 나의 뜻대로 순종하지 아니하며 나
의 법전을 지키지 아니하며 나의 법전
대로 살지 아니하였다면, 너희들은 정
녕 그 천국의 문을 여는 그 열쇠를 가
지고 천국의 문을 여는 것이 아니라,
천국의 문을 열지 못하도록 꽉꽉 잠가
놓는, 그와 같이 너희들이 문을 열어
주지 않는 문지기로 될 것이니라.
32 너희들이 나의 성령에 따라 복종하며
순종하며 나의 법전대로 살았다면 너
희들이 천국의 문을 열고 닫을 수 있
는 권한은 내가 내린 그대로 있느니라.
33 그리하여 너희들이 깨우쳐 너희들의
제자들이 그 문을 통과하고 못 통과하
는 것은 너희들이 어찌 가르치고 깨우
쳤느냐에 달렸으며, 나의 피조물 만백
성이 어찌 살았느냐 함이니,
34 천국의 열쇠를 맡긴 것이 천국의 문을
열어 주는 것이 아니요, 천국의 문을
꽉꽉 걸어 잠그는 그와 같은 임무도
너희들에게 있음이니,
35 나의 피조물 만백성 너희들은 들으라.
36 나의 아들의 손에 들려 있는, 나의 아
들의 그 제자들의 손에 들려 있는 천
국의 그 황금의 열쇠가 문을 열 수 있
도록 너희들은 나의 법전을 보고 깨우
쳐야 될 것이니,
37 나의 법전을 읽지 않고 보지 아니하며
그대로 살지 아니하며 깨우치려 하지
않는 자는 감히 그 천국의 문 앞에 와
문을 열어 달라 할 자격도 없음이니
그리 알라.

2,653 번째 하나님 말씀

2002년 7월 23일 01시 21분

1 사랑하는 나의 아들아!
2 "네, 아버님! 말씀하옵소서."
3 너희들은 남의 옷에 묻은 그 티는 잘
보며, 남의 흉과 남의 잘못 삶과 남의
부끄러운 그 모습들은 너무나 잘 보는
것이니라.
4 작은 것으로써 너희들은 상대방의 약
점이요, 흠집이요, 그 부끄러운 점을
너무나도 잘 보며 잘 찾아내느니라.
5 그런가 하면 또한 위로는 너희들이 하
늘의 뜻이요, 자연의 그 이치를 깨닫
는 그와 같은 능력이 있음이니라.
6 구름이 끼는 날 비가 오며 눈이 내릴
것을 너희들은 알고 예측하며, 바람이
부는 날 태풍이요, 비바람이 올 것인
가 안 올 것인가를, 하늘의 자연의 그
이치도 미리 깨닫고 보는 그와 같은
마음의 자세요, 깨달음이 있는 것이
너희들이니라.
7 그러나 너희들은 지금 정녕 너희들의
삶에 있어서 영혼의 구원과 영혼이 죽
고 사는 그 삶에 대해서는 어찌하여
그리도 그를 바라보지 않으려 하는가?
8 너희들은 너희 스스로 육의 삶이 아니
요, 영혼의 삶이 다시 너희들에게 있
음을 바라보지 아니함이니라.
9 오로지 육에서 부귀와 영화를 얻어 너
희들이 편안하게 사는 것만이 너희들
은 영원히 사는 것이며 그게 축복이라
그리 생각하고 있음이니라.

10 너희들이 아무리 육에서 부귀영화를
위하여 제왕으로서의 그 자리를 누렸
다 하나, 나 여호와가 존재함을 믿지
아니하며 나에게 와 너희들이 심판을
받는다는 것을 깨닫지 못하는 자, 그
를 모르고 사는 자, 너희들은 영혼의
죽음을 위한 그 삶을 사는 자들이니,
11 너희들이 죽어 나에게 와 심판을 받아
지옥 불로 갈 때 그보다 더 무섭고 두
려운 것은 너희들에게 없음이니, 너희
들은 어찌 그를 깨우치지 못하는가?
12 너희들이 지금 믿고 있는 그 형국의
형태가 얼마나 너희들이 바르고 곧은
자세라 말하는가?
13 지금 너희들의 믿음으로써는 구원을
받을 수 없다고 내가 수차 나의 법전
에 기록하였음이니,
14 너희들은 남의 단점이요, 약점을 알며
자연의 흐름까지도 아나 정녕 영원히
사는 구원을 받는다는 그 믿음이 지옥
불로 가는 그와 같은 믿음이라는 것
을, 어찌하여 너희들 자신을 들여다보
지 못하는 그와 같은 우를 범하고 사
는가?
15 너희들은 지금 믿음에 가는 그 길이
정녕 하늘로 오르는 길인가, 지옥 불
의 죽음의 길로 가는 잘못 가르치는
종교 지도자들의 안내를 받아 그 길을
가는 것인가를,
16 너희들이 너희 자신을 지금 냉철히 돌
아다보고 너희 자신을 판단할 수 있는
그와 같은 시간이 너희들에게는 지금
너무나도 소중함을 알아야 될 것이니
라.
17 지금 나의 법전이 세상에 내려가 나의
법전을 읽은 너희들이, 지금의 너희들
이 구원을 받는다는 그 믿음이 과연
어찌 가고 있는가 너희들 자신을 한번
돌아다보며,
18 남의 약점을 보듯이 너희 자신을 들여
다보는 그와 같은 마음의 깨달음을 갖
지 아니하면 너희들은 영원히 구원을
받을 수 없음을 알아야 될 것이니라.
19 이제 나의 사랑하는 아들 너는 너의
제자들에게 전해야 될 것이니라.
20 너희들이 남의 잘못된 점은 잘 보나
스스로 너희 자신을 돌아다보지 못하
며 자신의 잘못됨을 바라보지 못하듯
이,
21 너희들은 지금 하늘로부터 선택된 자
들이며, 너희들이 하늘에 올 수 있는
선택된 백성이라 내가 너희들에게 말
하였음이니,
22 이는 너희들이 하루하루의 삶에 있어
서 나에게 한 점의 부끄러움이 없는
삶을 살아야 될 것이며, 너희들이 나
의 법전대로 살아가는 그와 같은 깨달
음의 삶이 아니면 정녕 구원을 받을
수 없음이니,
23 너희들은 너희 자신을 매서우리만큼,
냉혹하리만큼 들여다보며 너희 자신
을 깨우쳐 보는 그와 같은 시간을 하
루 중에 얼마나 많이 갖느냐에 따라서
너희들이 바로 서고 못 서는 그 힘이
될 것이니,
24 이를 너의 제자들에게 일깨워 주어,
손에 쥐어 주는 그와 같은 가르침으로
써 그들을 지도하도록 하라, 나의 아
들아!

2,654 번째 하나님 말씀

2002년 7월 23일 08시 13분

1 사랑하는 나의 아들아!
2 "네, 아버님! 말씀하옵소서."
3 나의 성령을 받아 법전을 만들어 만백
성을 구하는 나의 아들이요, 너는 네
가 일거수일투족의 그 움직임에 있어
서 위로는 천사들이 너를 보며 아래로
는 사악한 자들이 너를 보고 있음이
니, 너 스스로 변하고 변해 가는 그 모
습을 그들이 먼저 알고 있음이니라.
4 이제는 네가 스스로 일어설 수 있으
며, 네가 하늘의 이치를 알고 있으며,
네가 가야 할 길을 알고 있으며,
5 또한 네 마음이 흔들리고 흔들릴 때마
다 나 여호와를 찾으며 경배하고 기도
하며 나에게 답을 찾음이니, 너의 바
르고 곱게 가는 그 모습이 나 여호와
의 마음을 이리도 기쁘게 하고 있음이
니,
6 이제는 내가 천 년의 역사에 걸쳐 하
늘에서 이룬 것같이 이 땅에서 이루고
자 하는 새 시대의 역사를 이룸에 있
어서, 불안하고 초조하며 뒤뚱거리며
걷는 아이를 바라보는 부모의 마음과
같은 나 여호와가,
7 이제는 스스로 네가 딛고 일어서 당당
한 모습으로 걸어가며 살아가는 너의
형태를 바라봄이니, 네가 나 여호와를
이리 기쁘게 하며,
8 네가 당당히 갈 수 있으며 그 역사를
이룰 수 있다는 것에 모든 천사와 사
탄들도 그들이 감히 이제 입을 봉하고
있음이니라.
9 사랑하는 나의 아들아!
10 "네, 아버님! 말씀하옵소서."
11 사람이 깨우치고 변하는 것은 지금 너
의 마음자리처럼 그리 변하는 것이며
그리 무서운 것이니라.
12 감히 누가 나의 아들, 네 앞에 와 인간
이 십계명을 지킬 수 없으며 죄를 짓
지 아니하고 살 수 없다 말할 수 있는
가?
13 너희 인간들과 똑같이 60에 가까운
그 나이까지 그 세속의 생활에서 부닥
치며 날구어시며 살아온 네가 새로 태
어나는 생명으로서 굳건히 일어서 걸
어가고 있음이니,
14 그를 보고 감히 누가 나의 십계명이
지킬 수 없는 것을 내렸다 말하겠는가?
15 나의 십계명을 감히 누구도 지킬 수
없다 그리 가르치는 종교 지도자들,
또 그리 가르침을 들어 그와 같이 생
각하는 자들, 그들 스스로 자신의 부
끄러움을 알아야 될 것이며,
16 저희들이 정녕 하늘에 나 여호와가 있
음을 알지 못하며, 나 여호와의 심판
이 얼마나 두려운지 모르며, 말로써
전지전능한 여호와 아버지라 부르나,
그들은 정녕 모두를 다 통제하고 주관
하는 나 여호와를 전지전능하다 생각
하지 못하고 있음이니라.
17 그러니 지금까지 나의 피조물 만백성
이 어떠한 길을 왔던가?
18 그들은 구원의 길이 아니라 죽음의 길
로써 나의 피조물 만백성을 이끌어 왔
으며, 나의 백성들 또한 그 길로 스스
로 살아왔음을 알아야 될 것이니라.
19 감히 누가 나의 아들 앞에 와, 인간은

천사와 같이 될 수 없으며 인간은 죄
를 짓지 아니하며 남을 욕되게 하지
아니하며 살 수 없다는 그 말을 할 수
있는가?
20 너의 모습과 너의 살아가는 그 형태를
보고도 그리 말할 수 있거든 말하라
이르라.
21 이것이 아들아, 네가 내면과 외면이
하나가 되어 변화된 모습이니, 나 여
호와가 너를 보는 마음이 오늘과 같이
기쁜 날이 없음을 너는 알겠는가?
22 지금의 네가 앉아 생각하는 그 마음이
곧 하늘나라의 뜻이요, 나의 뜻이요,
내가 이루고자 하는 너희들의 기본이
됨을 알라.

2,655 번째 하나님 말씀

2002년 7월 23일 08시 39분

1 사랑하는 나의 아들아!
2 "네, 아버님! 말씀하옵소서."
3 너희들이 천 가지, 만 가지 역사에 이
루어지는 모두를 곧고 바르게 실천하
여 하늘에 오르는 그 길을 바라보며
오르겠다 노력하는 것보다도,
4 너희들이 내가 불로 직접 써 내린 그
계명을 수시로 암송하며 그 뜻에 숨어
있는 내가 바라고 원하는 것을 깨닫는
다 하면 너희들은 바로 설 수 있는 사
람이며 또 구원을 받을 수 있는 사람
인 것을,
5 너희들은 이것 하나도 실천하지 아니
함이니라.
6 너희 스스로 회개하고 반성하며 나 여
호와에게 기도하며 내가 직접 불로 써
너희들에게 지키고 살라 한 계명을 너
희들이 수시로 암송하며 그 속에서 원
하는 것을 찾고자 한다 하면, 너희들
은 하늘에 오르는 그 빛을 볼 수 있으
며 너희 마음을 다스려 나갈 수 있음
을 알게 되는 것이니라.
7 너희들이 이와 같이 간단한 방법을,
그 길을 오지 아니하며, 그를 지킬 수
없다 그리 말하며 너희들이 행하지 못
함이니, 이는 하늘에 오르는 길이 아
니요, 너희들이 죽음의 길로 가는 그
역사 속에서 살아가기에,
8 내가 너희들에게 160권이라는 법전을
내려 아무나 읽고 깨우쳐 하늘에 오르
는 그 길을 볼 수 있도록 창조주인 내
가 그 애절한 마음으로써 나의 아들을
통하여 이를 내리는 역사를 이루고 있
음이니라.
9 어찌하여 너희들은 이 자체가 위대한
기적이라 하여 이를 돌아다보지도 못
하는가?
10 내가 너희들에게 묻고자 하노라.
11 구약의 시대와 신약의 시대요, 지금에
살아가는 너희들이 과연 진정한 그 믿
음이 어디까지 있으며 너희들의 믿음
의 자세가 어디에 있는가?
12 너희들이 믿음이라는 것은 너희 마음
속에 백에서 하나도 너희들이 진실된
믿음을 가지지 못하며 진실된 그 길을
찾지 못하고 있음을 알아야 될 것이니
라.
13 너희들은 나를 향하여 믿음의 길을 가
고 있으며 믿음 속에서 산다 말하며,
나의 뜻대로 살아가겠다고 각오하며
산다 그리 말하느니라.

14 그러나 나 여호와가 너희들을 바라보
는 너희들의 심성의 그 믿음은 백이라
는 숫자에서 하나의 믿음도 너희들이
정녕 너희 것으로써 만들지 못하고 깨
우치지 못하며 그와 같이 행동하지 못
함이니, 이것이 지금 너희들이 가고
있는 믿음의 길임을 알아야 할 것이니
라.
15 나의 성전에 와 나의 성령을 직접 들
으며 나의 법전의 가르침을 듣는 너희
들이 백이라는 마음에서 그 하나도 진
실된 깨우침이 없으며 진실된 행함이
없는 너희들이라 말한다 하면 너희들
은 나 여호와를 원망하며 통곡하고 싶
을 것이나, 너희들의 마음이 그러한
자리에 있음이니라.
16 그러하면서 너희들이 무엇을 얻고자,
너희들이 나에게 무엇을 구원하고자
소원하는 마음이 있다 하면 이는 이루
어질 수 없음을 너희들이 알아야 될
것이니라.
17 사랑하는 나의 아들아!
18 "네, 아버님! 말씀하옵소서."
19 너희들이 하늘에 오르는 그 길이 너무
나 험난하고 힘들다 말함이니, 과연
그 힘들고 어려운 만큼 너희들의 마음
이 변해야 될 것이니라.
20 내가 오늘 나의 아들을 통하여 너희들
을 사랑하기에 나의 아들 제자 너희들
에게 명하노니,
21 너희들의 깨달음이요, 너희들의 마음
이 변하는 것은 너희들의 전체적인 그
마음에서 1프로라는 그 숫자도 차지
하지 못하며 변하지 못한 것이 너희들
임이니, 너희들이 과연 어찌하여야 되
겠는가?
22 사랑하는 나의 아들아!
23 "네, 아버님! 말씀하옵소서."
24 내가 그 어렵고 힘든 길을 가는 너의
제자들에게, 너희들이 백에서 하나도
깨닫지 못하며 구원의 길을 보지 못하
며 너희들이 제대로 바로 서서 가지
못하는 나의 백성이라 말하는 나 여호
와의 아픈 마음을 너희들은 알아야 할
것이니라.
25 정녕 깨닫는 자는 언행이요, 행함에
있어서 스스로 순리적인 진리의 행동
을 할 수 있는 그와 같은 마음 자세가
굳어짐이니, 너희들은 그 마음이 과연
굳어져 있는가?
26 나의 성전에 와서 공부하는 너의 제자
들 또한 지금 너희들이 얼마만큼 믿고
있는가?
27 너희들은 설마 이것이 진정한 길은 아
닌가, 이것이 잘못 가는 길은 아닌가,
너희들이 잘못 선택한 것은 아닌가,
나의 아들이 정녕 나 여호와의 아들인
가 아닌가 하는 그러한 마음을 너희들
의 하루 생활 중에 1초라도 갖는다 하
면, 그것이 바로 너희들이 1프로의 마
음도 다스리지 못하고 깨우치지 못한
그와 같은 자들이라 내가 말하였음이
니라.
28 그리하여 너희들을 내가 그리 탓함이
여기에 있음이니라.
29 나의 아들에게 내가 천국의 문을 여는
그 황금의 열쇠를 손에 쥐여 주었다
하였음이니라.
30 그렇다 하여 그 문이 무조건 열리며
열어 줌이 아니니, 그가 너희들이 잘

못 살아오는 그 형태를 보고 그 하늘
의 문을 닫을 수 있는 것이니, 또한 열
고 닫는 그것이 열쇠의 특성임을 너희
들이 알아야 될 것이니라.
31 오늘 나의 아들이 기도하는 이 성전에
와 앉아 있는 '윤수'라는 여인이 그 마
음부터 제가 다스려 봐야 될 것이니,
그것이 만백성이 가지고 있는 마음인
것이니라.
32 그러니 너희들이 소원하는 것을 이룰
수 있으며 나의 아들 옆에 너희들이
감히 와 그가 가고 깨우치는 마음 자
체도 너희들이 들여다보지 못함이니,
33 너희들이 하루 스물네 시간 속에 잠시
라도 흔들리는 마음이 있으며 너희 자
신이 다스리지 못하는 그 마음이 있다
하면 이는 바로 무엇이더냐?
34 너희들이 1프로도 깨우치지 못한 마
음이니라.
35 나 여호와가 존재하며 내가 무서움을
알며 나로부터 너희들이 와 심판을 받
는다는 그 확고한 마음이라도 자리를
잡는다면 감히 두려워 너희들이 딴생
각을 하고 살아갈 수 없는 것이 인간
의 형태이거늘,
36 너희들이 과연 어떠한 마음의 형태로
살아가는가?
37 1프로의 믿음이요, 깨우침도 없는 너
희들임을, 내가 오늘 아침 나의 아들
을 통하여 너희 마음을 온 세상에 드
러내 놓으니,
38 그 마음을 너희들이 거둬 담을 수 있
는 것은 너희들의 생각과 노력에 달렸
음이니,
39 내가 두 번 다시 너희들이 1프로도 깨
우치지 못하여 하늘의 뜻을 모르는 백
성이라는 그 말을 하지 아니하도록 너
희들이 1프로의 깨달음을 얻도록 하
라.

2,656 번째 하나님 말씀

2002년 7월 23일 11시 41분

1 사랑하는 나의 아들아!
2 "네, 아버님! 말씀하옵소서."
3 네가 가장 중요시하는 너의 할 일은,
나에게 기도하고 경배하며 그리하여
나의 성령을 받아 160권의 법전을 세
상에 내며, 너의 제자들의 귀를 뚫어
주고 눈을 뜨도록 하며 세상사 이치를
깨닫도록 가르치는 것이 너의 본분이
며,
4 너의 제자들 또한 그들의 본분이 무엇
이더냐?
5 그들은 나의 성령이요, 나의 법전을
읽고 깨우치고 저희들이 깨달은 것을
행하고 실천하며 그 속에서 살아가는
것이 그들이 해야 할 책무이니라.
6 이와 같이 엄연히 구분되어 있는 이
테두리 내에서 한 치라도 소홀히 하는
자는 나로부터 용서받지 못함을 너희
들은 알아야 될 것이니라.
7 오늘 내가 사랑하는 나의 아들을 통하
여 너희들에게 하나를 명하고자 함이
니라.
8 오늘부터 너희들은 나에게 기도할 때,
'저의 죄를 용서하여 주옵소서.' 그 앞
에 '하나님! 감사합니다.' 하는 그 말
을 먼저 한 다음에 너희들의 죄를 용
서해 달라 그리 기도하는 법을 배우라.

9 이것이 정녕 나의 뜻이니라.
10 너희들은 모든 것에 범사에 감사하며
감사하다 그리 말을 하고 사느니라.
11 그러나 너희들은 그 감사의 뜻이요,
나에게 경배하는 그 뜻조차 모르며 너
희들이 육의 삶에서 얻어지는 그 모두
를 갖고 감사하다 그리 밀어붙이고 감
이니,
12 육의 삶에 너희들은 감사하며 사는 것
이라 그리 아니, 이것이 얼마나 통탄
할 길이더냐?
13 너의 제자들이 지금 나의 성령을 들으
며 나의 법전을 들으며 그들의 깨우침
이 높이 와 있음이니라.
14 그러니 그들에게 내가 기도하는 방법
을 오늘 그리 명함이니라.
15 너희들은 이 세상에 나오기 전에 나로
부터 너희들이 살아온 그 삶에 대한
심판을 받고 인간으로 태어났음이니
라.
16 그리하여 너희들이 '저의 죄를 용서하
여 주옵소서.' 하기 전에 나에게 '하나
님! 감사합니다.' 하는 그 기도를 드리
라는 것은
17 너희들이 나로부터 심판을 받을 때 내
가 너희들의 죄를 용서해 줌과 동시에
너희들의 그 죄를 사할 기회를 내가
너희들에게 주었음이며, 그 사하는 기
회를 주어 너희들이 인간으로서 세상
에 태어났음이니 그 새로 태어나 세상
에 나온 거기에 대한 감사의 뜻이 바
로 무엇이더냐?
18 너희들이 죄를 짓기 전에 나로부터 은
혜를 받은 그 감사한 뜻을 표현함이
니, 감사의 뜻이 구분되어 있음을 너
희들은 알아야 될 것이니라.
19 너희들의 그 모든 죄를 용서받으며,
인간으로서 세상에 생명을 주어 태어
났으며 너희들의 지은 죄를 만회할 그
기회를 준 것을 먼저 너희들이 감사를
드리며,
20 너희들이 육에서 살아가면서 지은 얽
히고설킨 그 죄에 대한 용서를 나에게
빌어야 될 것이며, 그 너희들이 지은
죄를 용서해 달라 나에게 기도한 다음
에 너희들은 나 여호와에게 '하나님!
감사합니다.' 그와 같은 기도를 간곡
히 또 드려야 될 것이니라.
21 그 이유는 무엇이더냐?
22 너희들이 추하고 더럽게 죄짓고 살아
온 그 죄를 용서해 줄 수 있고 구원해
줄 수 있는 나의 법전을 세상에 내려
보내 너희들이 나의 법전을 접하며 나
의 성령을 들으며 나의 아들과 한 시
대를 살아가는 영광의 은혜를 받았음
이니, 그 은혜에 너희들이 감사의 보
답을 하는 그 뜻의 기도를 그리하라는
것이니,
23 너희들이 범사에 감사하다는 뜻이 이
두 가지로 분류되어 있음을 알아야 될
것이니라.
24 이것이 바로 너희들이 감사의 뜻을 정
통으로 알며, 그 은혜에 감사하고 보
답하는 인사를 하는 것이며 나에게 경
배하는 것이니라.
25 육의 삶 속에서 너희들이 나에게 감사
하는 것은 그 모두가 감사의 뜻이 아
님이니라.
26 그 모두는 내가 너희들에게 살아갈 수
있는 그 능력을 주고 너희들이 취하고

행할 수 있도록 주었음이니, 그것은
너희들이 노력하고 안 함에 따라서 너
희들이 얻고 못 얻는 것이니,
27 이미 나로부터는 계산이 다 끝난 것임
을 너희들이 알아야 될 것이니라.
28 이제 하늘의 나의 뜻을 너희들에게 전
하며, 감사의 소리를 어찌하여야 하는
가를 내가 너희들에게 다시 명하나니,
29 너희들이 나에게 '하나님! 감사합니
다.' 하는 그 애절한 감사의 뜻을 표현
하는 것은 너희들이 세상에 생명이 나
온 것에 대한 감사의 인사요,
30 너희들이 살아가면서 지은 죄를 용서
해 달라 하는 것은 너희 죄를 용서해
달라 비는 것이요,
31 너희들이 나의 법전이요, 나의 성령을
통하여 영원히 구원을 받을 그 기회를
준 것은 너희들이 기도가 끝날 때 그
리 나에게 감사하는 것이니, 그 감사
의 뜻이 여기 있음이니라.
32 그저 너희들은 '감사하다.' 그리 부르
짖는 것이 아님이니라.
33 나의 뜻이요, 내가 원하는 것을 모르
면서 가는 잘못된 믿음으로 그와 같이
'감사하다.' 하는 말을 함부로 하는 것
이 아님이니라.
34 그 뜻을 알고 난 다음에 너희들은 여
기에 맞춰 나에게 감사의 기도를 드릴
수 있는 그와 같은 너희들의 믿음을
가라.
35 그것이 바로 내가 나의 자식이요, 나
의 딸이요, 내가 새로운 혈통으로써
존속하고자 하는 너희들에게 그 감사
를 줌이니,
36 너희들에게 쓸데없는 수고로움을 내
가 주지 아니하고자 함이니, 바로 정
통으로 한 길을 올 수 있는 그 길을 가
르쳐 줌이니라.
37 되나 안 되나 너희들이 그 뜻도 모르
면서, 감사의 기도를 드리는 그 의미
도 모르면서 그리하는 것을 내가 오늘
바로잡아 주기 위해서 너희들에게 깨
우쳐 줌이니, 너희들이 이를 깊이 깨
우쳐 행하도록 그리하라.
38 오로지 너희들은 모든 것에 감사를 드
릴 수 있으나, 너희들이 나에게 기도
를 드리는 것은 너희들이 그만큼 깨우
침의 영의 세계에 높이 와 있음이니,
39 너희들의 감사의 기도는 앞과 뒤의 그
뜻으로써만 감사의 기도를 간곡히 드
리도록 그리하라.

2,657 번째 하나님 말씀

2002년 7월 23일 12시 48분

1 사랑하는 나의 아들아!
2 "네, 아버님! 말씀하옵소서."
3 너희들이 작은 물줄기를 틀어 자연의
순리를 바꾸어 놓을 수도 있으며, 새
는 그릇에 그 물을 새지 못하도록 너
희들이 그를 다스리고 손질을 할 수는
있을 것이니라.
4 그러나 너희들이 하늘에서 쏟아지는
눈이요, 비를 무엇으로써 막을 수 있
다 생각하는가?
5 너희들의 인력으로써 하늘에서 내리
는 그 비요, 눈은 아무리 막으려 한다
해도 막을 수 없을 것이며, 그를 막으
려 대드는 자를 너희들은 정신이상자
라 그리 말할 것이니라.

6 그리고 가장 어리석은 자라 너희들은
말할 것이니라.
7 지금 바로 나의 아들을 통하여 내가
성령을 세상에 내려보내 160권의 법
전을 만들어 세상에 이를 전함이니,
그리고 나의 아들이 죽을 때까지 나의
성령을 받아 만백성을 위하여 전함이
니,
8 이와 같이 하늘에서 빗물과 같이 쏟아
지는 나의 성령의 이 뜻을 너희들이
어떤 힘으로 막을 수 있다 생각하며
막는다 생각하는가?
9 너희들이 하늘에서 쏟아지는 그 빗물
을 막을 수 없으며 하늘에서 내리는
그 눈이라는 것을 너희 인간의 힘으로
막을 수 없다면, 너희들은 나의 법전
을 더욱이 막을 수 없음을 알아야 될
것이니라.
10 사랑하는 나의 아들아!
11 "네, 아버님! 말씀하옵소서."
12 지금 저희들만이 나에게 선택된 자이
며, 나에게 오르는 길이며, 저희들에
게 금화와 은화와 시간과 모든 재물을
바치며 저희 앞에 와 고개 숙여 경배
하고 광란의 기도를 드리는 자만이 구
원을 받는다는 그와 같은 종파들이 헤
아릴 수 없이 세상의 나의 이 성전을
덮고 있음이니, 그들의 그 작태를 다
어찌 보겠는가?
13 그를 다 세상에 파헤쳐 만백성이 그들
이 흘러온 역사와 지금의 흘러가는 작
태를 다 본다 하면, 너희들이 손으로
만든 그 성전이라는 곳에 찾아갈 자
하나도 없을 것이니라.
14 너희들의 말로써 종교 지도자가 바른
나의 성령이요, 나의 율법이요, 나의
법대로 살아가며 나의 성령대로 살아
간다 하여 단상에서 가르치는 자,
15 그리고 그 역사에 흘러온 너희 종교
지도자들의 선배요, 너희들의 조상들
이 해 왔던 그 작태를 하나하나 너희
들이 그림으로 보듯이, 영상의 필름처
럼 그들이 살아온 과거의 형태를 본다
하면, 너희들은 과연 어찌하겠는가?
16 그리고 지금 단상에 서서 나의 피조물
만백성을 일깨워 하늘에 오르는 길이
라며 인도하는 자들이 어두운 곳에서
행동함과 밝은 곳에서 행동함과, 그들
이 재물을 거두어들이는 것과 거두어
들여서 그들이 쓰는 것과,
17 그들이 해서는 안 되는 그 행동을 하
지 말라고 말로 외치나 저희 스스로
그를 역행하는 그 모두를 다 영상으로
써 보여 나의 피조물 만백성 너희들에
게 심판을 받을 수 있고 재판을 받을
수 있다면,
18 너희들은 너희 스스로 만들어서 구원
을 받는다는 그 성전에 한 사람도 갈
사람이 없을 것이며, 너희 아들딸 자
식들이 행여나 그곳에 발길을 돌릴까
봐 단속할 것이니라.
19 그보다 더한 자 있으니, 그곳에서 하
늘에 오르는 길이라 하여 너희들이 재
물을 바치며 주일을 바치며 안식일을
바쳐 지켜 왔던 그곳의 그와 같이 추
하고 험악하고 사악한 단면을 너희들
이 그대로 본다 하면, 너희들은 그곳
에 기름을 부어 불을 지를 것이니라.
20 그리고 너희들이 그 보상을 받고자 혈
안이 될 것이며, 그와 같은 광란의 세

계요, 폭동이 일어날 수 있는 형국이
지금의 형태임을 너희들은 알아야 될
것이니라.
21 그러니 이것을 어느 누가 어떠한 것으
로 가르칠 수 있으며 깨우칠 수 있겠
는가?
22 어느 한 사람의 설법으로써 언어가 다
르고 행동이 다르며 습관이 다르며 살
아가는 방식이 다르며 서로 소통하는
그 자체가 다르고 또 글이 다른 그와
같은 만백성을 어찌 하나로 만들고 하
나로 통일할 수 있다 말하는가?
23 여기서 너희들은 하나 깨우쳐야 될 것
이니라.
24 하늘에 오르는 진리는 하나요, 나에게
향하는 길은 하나라 하였으며, 오로지
나로부터 선택된 자들은 한 길이라 하
였으니, 그 많은 종파가 모두 어찌 가
겠는가?
25 그러나 그 많은 종파가 하나의 언어
로써 세상을 통일하며, 너희들의 글로
써 하나로 통일하며, 너희 생활 습관
을 다 바꾸어 하나로 통일하는 그와
같은 역사를 이룰 수 있는 종파가 있
으면 세상에 나와 보라 하라.
26 어떠한 종파도 부분적으로 어떠한 하
나의 국가를 상대로도 하나로 통일할
수 없으며 믿음을 한 길로 만들 수 없
으며,
27 하늘에 오르는 그 훤한 길을, 그 빛을
볼 수 있도록 인도할 수 있는 어느 종
파도 이 세상에 존재하지 못하고 있음
이니라.
28 그리하니 바로 이를 어찌 깨우쳐야 되
겠는가?
29 하늘에서 지구를 덮을 듯이 쏟아지는
그 빗물처럼, 그 빗물이 하늘을 덮고
지상을 덮듯이 빗물처럼 쏟아지는 그
와 같은 역사가 아니고서는 하나로 만
들 수 없으며, 그들을 깨우칠 수 없으
며,
30 언어요, 소통하는 것을 너희들이 하나
로 만들 수 없는 것이 여기에 있음이
니라.
31 그리하여 내가 빗물보다도 더 강력하
게, 빗물보다도 더 빠른 속도로, 빗물
보다도 더 많은 양으로써 나의 피조물
만백성 너희들의 손에 쥐여 주어
32 너희들이 가슴에서 이를 보고 깨우쳐
하늘에 오르는 길을 보아 너희들이 다
한 형제요, 한 자식이요, 뿌리가 같다
는 것을 깨닫도록 하며, 너희들의 언
어요, 생활의 형태요, 그 모두를 하나
로 만들고자 하는 것이 내가 하루 이
틀에 이루고자 하는 것이 아니라 천
년의 역사에 걸쳐 이루고자 함이니라.
33 그리하여 지금 나의 법전 160권이 세
상에 나오며, 나의 아들이 기록하여
전하는 나의 성령이 바로 빗물과 같이
쏟아져 세상을 덮을 것이니,
34 그를 거역하고 이길 자 있으며 이를
막을 자 있거든 과연 막아 보라 이르
라.
35 아무도 하늘에서 내리는 그 비를 막을
수 없으며 그 비를 가릴 수 없듯이, 내
가 내리는 이 성령이 세상을 빗물보다
더 강력히 덮을 시대가 머지않았음이
니,
36 그와 같은 이치를 너의 제자들에게 깨
우쳐, 오늘과 내일이 다른 변화되는

삶을 살고 너희들의 희망의 꿈을 안고 살아갈 수 있도록 그리 너의 제자들에게 전하여 깨우칠 것이며,

37 나의 법전을 읽고 깨우치는 백성들에게 희망과 용기를 주도록 그리하라, 나의 아들아!

2,658 번째 하나님 말씀

2002년 7월 23일 12시 58분

1 사랑하는 나의 아들아!

2 "네, 아버님! 말씀하옵소서."

3 아무리 큰 제방에 갇혀 있는 물이라 하여도 그 물이 흐르지 아니하면 그가 썩어서 쓰지 못하며 생명수가 될 수 없음이니라.

4 모든 생명을 가지고 있는 동식물이 그 생명이 살아 있지 아니할 때, 그 맥박이 뛰고 숨을 쉬지 아니할 때 그들은 바로 다 썩어 가며, 그들은 다 재가 되어 없어져 감이니,

5 그와 같은 것이 생명체의 생명을 존속하느냐 지탱하지 못하느냐에 따라서 그와 같은 형국이 되는 것이니라.

6 생명이 붙어 있는 모든 동식물은 제자리를 지켜 제 기능을 다하나, 생명이 끊어진 모든 동식물은 그저 썩어 가 변질되어 쓰지 못하는 그와 같은 형국으로 되는 것이 너희들의 생명의 그 소중함이니라.

7 지금 수천 년 동안에 믿어 온 그 종파의 믿음과 그 가르침과 그리고 나로부터 무엇인가를 들었으며 나로부터 선택되었다 하는 자들, 그리고 저만이 축복을 받아 하늘의 이치를 다 깨닫고 아는 것처럼 말하는 자, 그리고 저만을 따르는 자가 구원을 받는다 그리 말하는 자,

8 이 세상 그 모두는 다 뿌리가 없는 것이며 그들은 바로 죽어 썩어지는 것임을 너는 알아야 될 것이니라.

9 즉, 나의 성령이요, 나의 뜻이요, 나의 말은 바로 생명력이 있어야만 되는 것이며,

10 살아 있는 것만이 나의 뜻이요, 내가 너희들을 깨우치고자 하는 나의 성령임을 알아야 될 것이니라.

11 지금 나의 피조물 만백성 너희들은 깨우쳐 하늘을 봐야 될 것이니라.

12 내가 나의 성령의 모두를 태워 나의 아들을 통하여 법전이라 하여 책을 만들어 세상에 내보내니, 이는 160권으로써 역사를 이룰 것이며,

13 나의 아들이 죽을 때까지 나의 성령을 받아 세상에 너희들에게 전함이니, 이게 죽은 생명이더냐 살아 있는 생명이더냐?

14 죽지 않고 썩지 아니하며 존속해 견디어 나가는 것은, 그 생명줄이 흐르는 것은 무엇이더냐?

15 그게 살아 있으며 생명이 있으며 약동하고 변화되어 감을 알아야 할 것이니라.

16 이 세상 나의 피조물 만백성이 어떠한 형태로 제가 나를 보았으며 나로부터 명을 받았으며 저희들이 나에게 모든 지시를 받아 만백성을 이끈다 한다 해도,

17 그리고 저희들이 기도하고 경배하는 것만이 하늘에 오르는 길이라 하며 제

가 말하는 것만이 구원을 받는 길이라
저희들이 그리 말해도,
18 그 말은 뿌리가 없으며 근거가 없으며
생명력이 없음이니 그들은 세월이 지
나고 또 세월이 감에 따라서 만백성에
게 지워지며, 한낱 지나가는 바람결에
스쳐 가는 것만도 못한 것과 같이 다
재가 되고 바람이 되어 없어지는 것이
니,
19 어찌하여 너희들은 생명이 없는 그곳
에 가 너희들이 구원을 받으며 그것이
하늘에 오르는 길이라 그리도 너희들
이 애착하며 매달리고 소원하는가?
20 나의 사랑하는 피조물 만백성 너희들
은 봐야 될 것이니라.
21 영원히 살아 있는 그 생명이 존속되는
나의 이 법전을 보라.
22 나의 성령이 곧 너희들을 구원하는 길
이며, 이게 곧 나의 성령이요, 나의 뜻
이니, 이는 죽지 아니하고 영원히 지
속됨이니라.
23 이는 그리하여 종이라는 것에 내가 뜻
을 기록하여 너희들이 볼 수 있도록
책으로 만들어 내며 너희들을 심판한
다 하여 성령의 법전이라 하였거늘,
어찌하여 이 끊어지지 않고 생명이 약
동하는 나의 법전을 보지 아니하며,
24 뿌리가 없고 근거가 없어 죽어 썩어
가는 그들을 붙잡고 너희들은 구원의
길이 거기에 있다며 그리 어리석은 삶
을 살아가는가?
25 그들에게 말하라.
26 정녕 너희들을 구원하는 길이며 저희
가 나로부터 선택된 자라 하면, 내가
나의 아들을 통하여 내리듯이 글로써,
책으로써 엮어 너희들 앞에 그리 답하
는 그와 같은 역사를 이루도록 그리하
라 이르라.
27 그들은 그리 못 할 것이니라.
28 나로부터 받지 못하며 나의 뿌리가 아
니며 나의 혈통이 아니며 내가 이루고
자 하는 나에게 선택된 자들이 아니
니, 그들은 그와 같은 역사를 이룰 수
없을 것이니라.
29 저희들 머릿속에 세 치의 혓바닥으로
생각나는 대로 기록하여 저희들이 얽
히고설키며 오늘에 한 말을 내일에 가
서 따질 때 그들은 대답 못 하는 그와
같은 저희들의 간악한 생각으로써 모
두를 순간순간 모면하여 넘어가는 그
속에서 저희들이 나로부터 선택되었
다 그리 말하는 자들이니,
30 그 뿌리가 없고 근거가 없어 썩어 가
는, 생명력이 없는 그곳에 너희들이
매달리는 어리석음을 지금은 해서는
아니 될 것이니, 이를 깊이 깨우치라.
31 그리고 나의 아들을 따르는 많은 제자
너희들은 이와 같은 나의 애절한 뜻을
만백성에게 전하여 구하는 데 너희들
의 모두를 다 던져야 할 것을 명심하
여 행하도록 그리하라.

2,659 번째 하나님 말씀

2002년 7월 23일 13시 11분

1 사랑하는 나의 아들아!
2 "네, 아버님! 말씀하옵소서."
3 너희들이 한 생명을 나로부터 받아 세
상에 나가 살아오는 성장 과정에서 부
귀와 영화요, 권세를 다 누리고 산 자

와 그렇지 못하고 찌들고 힘들고 어렵다는 육신의 삶을 살아온 그와 같은 나의 백성들, 너희들이 죽음의 문턱에 와 죽어 갈 때 뭐라 말하는가?
4 '다 부질없고 허망한 인생을 내가 어찌 이리 살았는가? 다 부질없는 것을 ….' 그리 너희들은 후회하느니라.
5 그러면서 너희들은 뭘 생각하는지 아는가?
6 '내가 어찌하여 이 세상을 창조한 창조주가 계심을 모르고, 방자하고 허망하게 그리고 그리 잘난 체하며 내가 세상 것을 다 주무를 듯이 그리 살았는가?' 그리 후회하고 통곡하는 것이 죽음 직전의 너희들의 마음의 자세이니라.
7 오늘 열심히 살아가며 내일 또한 열심히 살아가야 할 사람이 갑자기 유명을 달리하여 세상을 떠났을 때, 너희들은 그를 찾아와 말하느니라.
8 '이와 같이 허망하게 갈 것을, 이와 같이 허무하게 갈 것을, 그리 부질없거늘, 인간이 다 무엇이기에 그가 그 욕심을 내며 그리 아옹다옹하며 살았을까? 어찌하여 그는 그런 삶을 살다가 허무하게 갔을까?' 그리 말하느니라.
9 너희들은 말을 할 때 남의 일처럼 생각하며 남의 일과 같이 그리 말하나, 그게 바로 너희들 자신의 모습이며 너희 자신이라는 것을 너희들이 깨달아야 할 것이니라.
10 그와 같은 말을 하는 자, 그게 저 자신이며 제가 그와 같이 가고 그와 같은 삶을 산다는 것을 생각하지 못하는 자가 바로 그와 같이 어리석고 우매한 자들이니라.
11 너희들이 그와 같이 열심히 살다 숨을 거둔 자 허망한 것이며, 중도에 살다 삶을 포기하게 되는 자 또한 허무하며 무상한 것이 인생의 삶이라 그리 말하느니라.
12 그러나 너희들은 여기서 들어야 될 것이니라.
13 내가 뭐라 너희들에게 일깨워 주었던가?
14 육은 죽어 한 줌의 흙으로 돌아가며 니희 영혼은 영원히 사는 나의 나라에 와 심판을 받는다 하였음이니라.
15 너희들이 그와 같이 썩어 죽어 가는 그 육신을 위하여 무엇을 이루고자, 무엇을 만들고자, 부귀와 영화를 갖고자 아옹다옹하며 살다 죽어 가는 자, 다 아무것도 들고 가는 것이 없으며 허무한 삶이며 허무한 것이 인생이거늘,
16 너희들이 잘못 살았다고 통곡하며 창조주 내가 있음을 알고 그때 너희들이 눈물 흘리며 회개한다 하였음이니라.
17 너희들은 정녕 육의 그 허무하고 부질없는 삶을 살아 그 길을 향하여 계속 달려가는 인생을 살 것인가?
18 너희들이 과연 어디로부터 생명을 받아 왔으며 너희들이 과연 어디로 가는가 그 하나의 이치만을 깨닫고 생각해 본다 하면,
19 하늘나라에는 창조주가 있으며, 나 여호와가 너희들에게 모두를 다 내려 주었으며, 그리하였기에 너희들로부터 내가 다 거두어들이는 그와 같은 역사가 이루어진다는 것을,

20 그리고 너희들이 살아온 만큼, 너희들
이 아름답게 살며 또 사악하게 산 그
삶에 대한 심판을 받아 그 대가를 치
른다는 것을,
21 그것 하나도 너희들이 깨우치지 못하
고 지금까지 그리 살아가는 것이 너희
들이니라.
22 이제 나의 피조물 만백성 너희들은 알
아야 될 것이니라.
23 너희들이 육의 삶을 위해 살아가는
자, 죽을 때 다 허무하며 인생 무상한
것이라 말을 하며 너희들은 죽어 갈
것이니라.
24 그렇지 아니한 그와 같은 삶의 죽음에
너희들이 불안과 공포로써 나에게 심
판을 받는 그 자체를 견디지 못할 만
큼 두려운 그 벌의 대가 앞에 너희들
이 서 있을 때, 너희들은 후회하는 인
생을 살아서는 아니 될 것을 내가 나
의 아들을 통하여 나의 법전에 기록하
여 내려보냄이니,
25 너희들은 너희 육의 삶 다음에 영원히
사는 심판을 받는 나라가 너희들을 기
다리고 있음을 깊이 깨우쳐야 될 것이
니라.
26 그리하여 너희들이 육의 삶에 얽매여
살다 운명할 때, 허무하며 인생무상이
며 다 부질없는 것이라 그리 말하는
자가 되지 말아야 될 것이며,
27 너희들이 바르게 살아와 영원히 사는
나라에서 축복과 영광을 받을 수 있는
그와 같은 삶의 세계가 있음을 바라보
고 그와 같은 삶에 맞추어서 살아가는
너희들이 되어야 할 것이니라.
28 그와 같이 너희들이 살아갈 길이란 바
로 무엇이더냐?
29 사랑을 베풀고 나누며 삶이니라.
30 그리고 내가 너희들에게 지키라는 계
명이요, 내가 나의 아들을 통하여 이
장정의 법전을 내리니,
31 이 법전을 읽고 깨우쳐 너희들이 허무
한 인생이 아닌 진짜 알차고 미래가
있으며 구원을 받는, 영원히 낙원에서
사는 그 세상이 있음을 바로 보고 그
세상을 위하여 사는 자, 너희들의 육
이 죽어 가면서 마지막 던지는 그와
같은 탄식의 소리는 하지 않을 것이니
그리 알아야 될 것이며,
32 너희들이 갑자기 세상을 등지고 죽어
가는 자를 보며, '그와 같이 허무하게
가는 인생, 어찌 그리 억척같이 살려
했는가?' 하며 너희는 그를 불쌍히 여
기느니라.
33 그러나 그것이 그의 인생이요, 그의
죽음이 아니라, 그게 바로 너희 자신
이며, 너희가 바로 그와 같은 심판이
요, 죽음을 면치 못하고 살아가는 것
이라는 것을 알아야 될 것이니,
34 내가 오늘 나의 아들을 통하여 너희들
에게 전하니, 너희들이 그와 같은 삶
의 다음 세상이 있음을 알고 그 길을
위하여 깨우쳐 달려오는 자는 그와 같
은 허무한 인생의 삶을 살았다 그리하
지 아니할 것이니,
35 이 내가 전하는 뜻을 깊이 깨우쳐 너
희들이 구원의 길을 바라보도록 그리
하여야 할 것이니라.
36 지금의 힘이 있고 판단력이 있고 능력
이 있고 생각이 있을 때, 너희들이 기
억하고 사는 이웃을 사랑하며 너희들

의 벗들을 사랑하며 형제와 부모를 사랑하며 그리고 베풀며 그 아름다운 마음속에서 살아가는 그와 같은 삶의 길을 찾아야 함을 잊지 말라.

2,660 번째 하나님 말씀

2002년 7월 23일 13시 23분

1 사랑하는 나의 아들아!

2 "네, 아버님! 말씀하옵소서."

3 너의 제자들과 너를 따르는 백성들에게 이를 일깨워 가르쳐 주어야 할 것이니라.

4 너희들이 시간이라는 것을 따져 하루의 삶이 24시간이요, 스물넷이라는 숫자로 나누어져 있지 아니한가?

5 너희들은 스물넷으로 나누어진 시간 중의 하나인 그 한 시간의 따뜻함을 위하여 스물세 시간의 그 빙산과 같은, 그보다도 더 춥고 고통스러운 그 시간을 선택하고자 하며 너희들은 우선 따뜻한 한 시간을 선택하는 삶을 살아야 될 것인가,

6 한 시간의 살을 째는 듯한 춥고 힘든 그 시간을 견디고 인내하여 스물세 시간의 온화하고 따뜻한 그 시간을 선택하는 삶을 살아야 될 것인가?

7 너희들이 눈으로 보고 육체로 보며 만지며 볼 수 있는 그와 같은 계산법이라면 너희들은 어떤 것을 선택하겠는가?

8 곧 병들어 죽어 가는 자가 아닌 다음에는 너희들은 한 시간의, 그 살을 째는 듯한 춥고 고통스러운 시간을 선택하여 인내할 것이며,

9 너희들은 죽기를 각오하고 스물세 시간의 그 아름다운 따스함과 평화로운 삶을 위하여 한 시간을 희생할 것이니라.

10 너희들이 눈으로 보고 체험하여 그림으로 그를 본다 하면 너희들은 스물세 시간의 그 고통을 위하여 한 시간의 행복을 얻는 그와 같은 어리석음은 행하지 아니 할 것이니라.

11 그러나 지금 너희들이 살아가는 그 모습은 그보다 더 어리석은 삶을 살고 있음이니라.

12 너희들이 인간 세상의 제왕이면 무엇하며 부귀와 영화를 가진 자면 무엇하며 너희들이 모든 것을 다 누린 자면 무엇을 하겠는가?

13 너희들은 어찌하여 끝이 보이는 그 짤막한 삶을 위하여 끝이 보이지 않는 영원한 그 아름다운 천국의 그 삶을 포기하고 버리는 그와 같은 어리석은 삶을 살아가고 있는가?

14 지금 너희들이 살아가고 있는 삶이 그와 같으니라.

15 정녕 너희들은 영원히 보이지 않는 그 아름다운 세계에 끝이 없는 그 삶을 버려두며, 너희들 눈으로 보이는, 그 끝이 보이는 짤막한 인생의 육의 삶의 행복과 부귀영화를 위하여 너희들이 그 모두를 버림이니,

16 어버이로서 그를 버리는 너희들의 그 어리석은 행동을 보고 내가 어찌 가슴 아파하지 아니하겠으며, 너희들을 바로잡아 깨우치고자 하는 것이 나 어버이의 뜻이 아니겠는가?

17 창조주인 전지전능한 너희들의 아버

지라 일컫는 나 어버이가 너희들이 끝
이 안 보이는 영원한 그 지상의 낙원
에서 살아갈 수 있는 그 길을 깨우쳐
주기 위하여 내가 너희들에게 나의 성
령을 태워 나의 아들을 통하여 법전이
라 하여 만들어 손에 쥐여 주며 가슴
에 들려 주거늘,
18 어찌하여 이와 같은 소중한 그 이치를
너희들은 깨우치지 못하고 그리 어리
석은 삶을 사는가?
19 너희들은 마음속에서부터 깨우치며
그 변화를 가져와야 될 것이며, 너희
들의 외형으로써 보이는 그것보다도
보이지 않는 세계의 그 아름다움을 볼
수 있는 깨우침을 얻어야 하듯이,
20 너희들은 지금 영원히 사는 그 삶을,
단막극만도 못한 너희들의 삶을 위하
여 버리는 그와 같은 우매하고 어리석
고 바보 천치와 같은 그 생활에서 너
희가 희희낙락하며 즐거워하며 제왕
이 되고자, 재벌이 되고자 금화와 은
화를 가지고 남 앞에 군림하고자 하는
그와 같은 어리석은 삶을 살아가고 있
음이니,
21 내가 그를 내려다보는 그 모습이 얼마
나 너희들의 비참하고 처참한 형국인
가를 아는가?
22 그리하여 나의 법전을 세상에 내려보
냄이니라.
23 그러니 너희들은 단막극만도 못한 그
삶을 위하여 영원히 사는 너희들의 삶
을 버리지 말며, 나의 법전을 읽고 깨
우쳐야 할 것이니,
24 내가 구구절절이 너희들을 깨우치기
위하여 끝이 없이 내리는 이 나의 성
령의 뜻을 너희들이 어찌 받아들이지
못하는가?
25 내가 정녕 너희들에게 이르듯이, 하늘
을 두루마리 삼고 바닷물이요, 이 지
상의 모든 물들을 먹물 삼아 기록하는
그 고통의 역사와 그 시간을 다 내가
너희들에게 던져 주며 너희들에게 보
내 주는 그 고통의 시련을 겪기를 너
희들은 정녕 원하는가?
26 너희들 스스로 한 구절을 읽어도 깨우
칠 수 있는 나의 성령의 뜻이거늘, 어
찌하여 이를 들여다보지 못하며, 이를
보고 깨우치는 그와 같은 변화의 역사
를 이루지 못하는가?
27 나의 사랑하는 피조물 만백성 너희들
은 내가 너희들에게 다시 말하나니,
28 나의 법전을 읽고 가슴에 안고 정독하
여 깨우치지 아니하는 자는 심판대에
설 수도 없으며 나에게 와 심판받을
때 너희들의 이름 석 자가 그 명부에
없을 것이니, 그 명부에 없는 자 지옥
으로 끌려감을 너희들은 잊지 말아야
될 것이니라.
29 너희들의 죽음 직전에 그 고통의 천배
만배보다도 더 고통스런, 너희들이 실
제로 영으로서 치러야 하는 그 세상에
끌려가니,
30 너희들의 이름이 천국에 올라가는 그
명단에 없으며 지옥에 가는 그 명단에
쓰여 있는 그와 같은 황당한 그 앞에
섰을 때, 오늘의 법전을 보지 아니함
을 너희들이 통곡할 것이니, 이를 명
심하여 깨우쳐야 할 것이니라.
31 이것이 내가 너희들에게 전하고자 하
는 뜻임을 깊이 알아 행하도록 그리하

라.

2,661 번째 하나님 말씀

2002년 7월 24일 0시 03분

1 사랑하는 나의 아들아!
2 "네, 아버님! 말씀하옵소서."
3 하늘에 오르는 그 길은, 질서를 지키며 순리에 따라 너희들이 행하는 그 속에서 스스로 나의 계명을 지키고 사는 그것이 하늘에 오르는 길이라 내가 너에게 명하였음이니라.
4 이 세상에 너희보다 못한 동식물은 다 질서를 파괴하지 아니하며 그 순리에 따라 살아감이니,
5 그들의 사는 그 세상의 아름다운 마음만도 못한 것이 가장 지혜를 높이 가진 인간 너희들이 지금 살아가는 그와 같은 형국이니라.
6 내가 너희들을 가장 예쁘고 아름다운 모습으로 만들었으며, 그리하여 너희들에게 이 세상 모두를 다 통제하며 취하고 살라 하여 그만큼 특권과 모든 것을 다 주었건만,
7 너희들은 그것으로써 만족하질 못하며 너희 마음속에 도사리는 그 욕심의 한계를 벗어나지 못하여, 가진 자 더 갖고자 하여 높은 자 더 높고자 하는 그 마음의 자리를 잡지 못하여 오늘과 같이 사악한 시대에 살아가는 너희들이 되게 되었음이니,
8 이는 어느 누구의 깨달음이요, 강론이요, 또한 교육으로써도 너희들을 바로잡아 갈 수 없음이니라.
9 이제 너희들은 가르치는 자와 따르는 자, 그와 같은 수법을 벗어나, 가르치는 자는 자기의 뜻에 따라 지도하며 배우는 자 또한 자기의 뜻에 따라 자기의 취향에 맞추어 자기의 개성에 따라 배우고자 하며 그리 살아가고자 하는 것이 지금의 너희들의 형태니,
10 이를 모두 하나의 나의 뜻으로써 깨우치는 근본의, 너희들의 육의 교육이 아닌 영의 세계의 나의 뜻깊은 그 교육을 너희들에게 시켜 바로잡을 수 있는 이와 같은 시대가 지금 지나가 있음이니라.
11 그리하여 기초의 질서가 흔들리는 그와 같은 육의 생활 속에서 너희들이 살아와, 너희들이 욕심이라는 걸 버리지 못하고 육의 삶의 부귀영화를 위하여 너희 모두를 다 바쳐 살아가는 데 전념함이니,
12 그리하여 너희들의 육이 사는, 보이는 너희들의 그 삶 속에서 영원히 사는 나의 나라에 오르는 그 삶을 너희들은 보지도 못하며 생각조차도 하기 싫어하는 그와 같은 마음으로 지금 살아가는 형국에 이르렀음이니라.
13 그리하여 이것을 그 아무도 바로잡을 수 없으며,
14 나의 자식으로서, 나의 아들이요, 딸이요, 너희들이 다 같은 형제로서 세상에 사나 서로 의사를 통하지 못하며 서로 언어를 전달하지 못하며 너희들의 의사를 전달하지 못하며 그 신앙의 믿음조차 천 갈래 만 갈래로 갈라져 있음이니,
15 이 모두를 다 바로잡을 수 있는 것은 나의 법전뿐이요, 나의 법전이 세상을

덮을 때 모두가 하나가 될 수 있으니,
16 그와 같은 역사의 변화를 너희들이 이
루는 것은 나의 법전을 정독하는 길밖
에 없음이니라.
17 그리하여 내가 지금 너희들에게 나의
법전을 온 세상에 전하여 너희들이 한
형제요, 하나라는 것을 일깨워, 내가
이루고자 하는 새로운 시대를 열어 가
고자 함이며,
18 너희들이 똑같이 나의 법전을 읽고 깨
우쳐 너희들이 깨닫고 느끼는 바가 하
나가 될 때, 너희들은 하늘에 오르는
길을 볼 것이며, 너희들은 하나로서
너희 스스로 한 형제라는 것을 알게
될 것이니, 그리 알아야 할 것이니라.

2,662 번째 하나님 말씀

2002년 7월 24일 09시 57분

1 사랑하는 나의 아들아!
2 "네, 아버님! 말씀하옵소서."
3 천릿길을 갈 때 두 주먹을 불끈 쥐고
흥분하여 달려가는 사람이 있는가 하
면, 서서히 그 거리를 측정하며 가는
사람도 있음이니라.
4 너희들이 출발할 때 두 주먹을 쥐고
뛰는 사람이 그 목적지에 먼저 달성할
것 같으나, 그 천 리의 먼 길을 서서히
자신을 점검하며 출발하는 그와 같은
현명한 자를 감당치 못할 것이니라.
5 그와 같으니라.
6 지금 천 년의 역사에 걸쳐 내가 새로
운 시대를 열려 하며, 잘못 가고 있는
그 백성들의 믿음이 철옹성보다도 더
굳건히 굳어 있는 그 벽을 깨서 나의
법전을 손에 들고 하늘에 오르는 그
찬란한 빛과 영광을 받는 그 역사를
이룸이 하루아침에 이루어질 수는 없
는 것이니라, 나의 아들아!
7 서서히 그리 가야 될 것이니라.
8 그리고 차분차분 네가 나로부터 받은
그 명령을 시행함에 있어 그 모두를
이룰 수 있음이니라.
9 이는 네 머리로써 네가 계획하는 것이
아니며, 너의 제자들이 하는 말을 조
언 삼아 하는 것도 아니며, 인간 스승
의 말을 들어서 그것을 이루는 것도
아님이니라.
10 오로지 너는 나 여호와가 통제하며 내
가 명하며 내 계획된 그 속에서 네가
이루도록 하면 역사가 이루어지게 되
어 있음이니,
11 너는 그 어떠한 것도 네 생각으로 받
아들여서 움직여서는 아니 됨을 알아
야 될 것이니라.
12 오로지 나의 주관하에 나의 뜻에 의해
네가 행하고 이루어짐이니, 거기에 따
라 네가 그 길을 가면 되는 것을 잊지
말라.
13 사랑하는 나의 아들아, 서서히 가라.
14 기계도 무리하면 고장이 나며 쓰지 못
하는 것을 너희들이 알지 않는가?
15 서서히 달구어 그 성능을 발휘하도록
그리하는 것이 그 명을 길게 함이니라.
16 네가 너무 두려워하며 불안해하지 말
라.
17 모두는 나 여호와의 뜻이니, 네가 네
생각으로써 급히 달려가고자 한다면
네가 무너짐을 알아야 할 것이니라.

2,663 번째 하나님 말씀

2002년 7월 24일 11시 46분

1 사랑하는 나의 아들아!
2 "네, 아버님! 말씀하옵소서."
3 인간사에 너희들이 살아가면서 계산
법이 있느니라.
4 하나 더하기 하나는 둘이요, 둘 더하
기 둘은 넷이라는 그 기초적인 계산법
을 너희들이 배워 고차적인 학문으로
그 높이가 올라가기 시작한다면 거기
에 대한 의문과 연구의 과제가 너 끝
이 없이 넓어지느니라.
5 그러나 인간사에서 너희들이 연구하
고 계산하는 그것은 내가 너희들에게
내려보낸 그 60점의 인간의 세속의
삶의 한계를 벗어날 수가 없으며, 그
이상의 이치를 깨달아 너희들이 행할
수가 없음이니라.
6 그 이상의 이치를 깨달아 행할 수 있
는 것은 나의 영의 세계요, 하늘나라
의 그 빛을 보며 그곳의 흐름을 아는
자만이 그 이상의 계산법을 알 수 있
으며 그 이상의 깨달음을 얻을 수 있
음이니라.
7 너희들이 지금 육의 세상에서 살아가
는 그 생활의 습성에서 그 틀을 벗지
못한다 하면 너희들이 아무리 계산하
고 믿음을 깨달아도 너희들이 알 수
있는 것에 한계가 있으며, 모르는 것
이 있음이니라.
8 지금 너희들의 인간 세계에서 학문을
연구하면 그 폭이 넓고 어려움이 있으
며, 오묘함이 거기 있으며,
9 그리고 너희들이 깨달음의 높이가 올
라오고 경지가 오를수록 너희들이 알
고자 함이 있으며 너희들이 보는 것이
다르며 생각하는 것이 다름이니라.
10 그러나 인간의 육의 세상에서 노력하
고 노력해서 너희들이 60점의 한계
내에서 죽을 때까지 모든 것을 더 발
전시키고 연구하고 깨달을 수 있으나,
11 너희들이 하늘에 오르는 그 깨달음의
길은 그와 같이 연구하고 노력해서 얻
어지는 것이 아님이니라.
12 오로지 그 깨달음의 길은 한 길이니라.
13 그 한 길에서 너희들이 흔들리는 역사
를 이룬다면 너희들이 추락하게 됨을
알아야 될 것이니라.
14 믿음의 그 진리는 정해져 있음이니라.
15 이는 연구해서 얻어지는 것이 아니며,
너희들이 노력한다고 해서 그 진리가
변화되는 것이 아니니라.
16 너의 제자들에게 일러 일깨워 주라.
17 너희들이 지금 육의 세상을 벗어나 영
의 세상의 그 찬란한 빛을 보기 시작
한다 하면, 너희들이 하늘의 이치를
다 깨닫고 알고자 한다면, 너희들은
깨닫지 못하며 이해하지 못하며 받아
들이지 못하는 그 부분에서 너희들이
거꾸로 떨어지는 그와 같은 역사가 이
루어짐이니라.
18 너희들은 오로지 내가 너희들에게 내
린 법전의 내용을 공부하고 연구하며
그 길의 기틀에서 모든 것을 찾고 깨
우쳐 가야 함을 알아야 할 것이니라.
19 너희들이 어느 한 단계에 올라와 나의
법전의 뜻을 이해하고 그를 들여다보
며 내가 원하는 뜻을 나와 같이 너희
들이 깨달았을 때, 너희들은 부는 바

람에 흔들리지 않는 그와 같은 너희들
의 단단한 자세가 이루어질 것이니,
20 너희들이 그 고비를 넘는 지금에 와
있음이니라.
21 한 계단 한 계단 너희들이 나에게 접
근해 오면서 너희들이 신비의 세계를
알며 그 광명의 세계를 알게 되니,
22 너희들이 여기서 인간 세상에 살아왔
던 그 습성과 너희들이 가지고 있는
그 타성이나 너희들이 생각하고 있는
그 모두를 지우지 못하며 하늘의 이치
를 깨닫지 못한다면 너희들은 여기서
추락하게 됨이니라.
23 이제 너희들은 육의 세상에 깨달음이
아니요, 영의 세상의 깨달음을 알아야
될 것이며 그를 보아야 될 것이니,
24 너희들은 나의 법전을 깊이 정독하여
거기에만 매달리며, 나의 아들을 통하
여 내가 내리는 나의 성령의 가르침에
서 너희들이 육이 아닌 영의 세계에서
변화되는 그 조화를 생각하며 거기에
맞추어 깨달음을 얻게 되면, 세상에
살아가는 물정이 너희들 눈에 들어오
게 되며 너희들이 그를 내려다보는 영
광과 축복을 얻게 될 것이니 그리 알
라.

2,664 번째 하나님 말씀

2002년 7월 24일 23시 21분

1 사랑하는 나의 아들아!
2 "네, 아버님! 말씀하옵소서."
3 내가 너희들에게 일찍이 일러 깨우치
기를, 성전에 와서 나의 법전을 들고
가는 자, 그 머리 위에 나 여호와가 손
을 올려 '네가 지금까지 살아오는 동
안에 지은 그 죄를 다 용서하며 너를
사랑함이니, 너는 갓 태어난 아기와
같은 마음으로 살아가야 된다.' 내가
그리 말하였음이니라.
4 그러나 너희들은 정녕 그 말을 듣지
아니하며 그 말을 믿지 아니하고 있음
이니,
5 너희들은 그러나 성서에 기록되어 있
는 '어린아이가 되지 못하면 구원을
받지 못한다.' 하는 그 대목은 열심히
읽으며, 너희들이 또한 그 어린아이와
같은 순진한 마음의 자세가 아니면 구
원을 받지 못한다 하는 성서에 기록되
어 너희들에게 가르치는 그 구절은 너
희들이 입이 닳도록 암송하며 또 그와
같이 살아가야 한다 말을 하느니라.
6 내가 나의 아들을 통하여 이르기를,
나의 성전에 와 나의 성령을 태워 만
든 나의 법전을 열 권 이상 가지고 가
는 자, 그리고 그를 깨달아 가지고 가
는 자, 그들에게 내가 손을 얹어 그의
죄를 다 용서해 준다는, 어디서도 이
룰 수 없는 그 역사를 너희들에게 이
루어 주며,
7 그리하여 나의 법전을 가지고 가는
자, 내가 너희들의 지난 죄의 그 모두
를 다 용서하여 줌이니 너희들은 어린
아이와 같은, 아기와 같은 마음으로
살아가는 자만이 구원을 받을 것이라
그리 나의 성령의 가르침을 나의 아들
을 통하며 너희들에게 가르쳐 주었으
나,
8 어찌하여 너희들은 성서에 기록된 것
은 나의 뜻이요, 위대한 말이라 하며,

내가 나의 아들을 통하여 너희들에게
크나큰 상과 영광을 내리며 축복을 주
며 그리고 어린아이처럼 살라 하는 똑
같은 그런 말을 하는 것은 이단이요,
사탄의 말이라 하는가?

9 이는 내가 너희들에게 영화와 영광과
축복을 주는 것이며, 너희들의 씻을
수 없는 죄를 용서해 줌이니,

10 너희들의 죄를 용서해 주는 그 뜻이
무엇이던가?

11 너희들이 지은 죄가 없으며 그를 용서
받는다면 하늘에 오르는 길이 아니던
가?

12 그리하여 내가 나의 법전을 가지고 나
의 성전에 와 그를 들고나가는 자의
머리 위에 손을 얹어 그 죄를 다 용서
해 준다 하였음이니, 그리하여 어린아
이가 되어 사는 삶을 지금서부터 다시
살라, 너희들은 다시 태어난 인생이라
내 그리 너희들에게 깨우쳐 주었건만,

13 너희들은 나의 법전에 기록된 내용이
요, 나의 아들이 나의 성령을 받아 직
접 너희들에게 깨우쳐 주는 그것은 듣
지 아니하고 이단이요, 사탄이라 그리
말함이니,

14 이것은 너희들이 어디에 기준을 두고
그와 같은 말을 하는가?

15 어찌하여 똑같은 뜻을 나 여호와가 똑
같이 전하거늘, 너희들이 성서에 기록
된 것은 진정한 가르침이라 하며, 내
가 나의 아들을 통하여 너희들에게 영
광을 내리며 너희들에게 똑같은 나의
뜻을 전하며 나의 성령을 전하는 것은
믿지 아니하는가?

16 너희들이 지금 이와 같이 우매함을 이
제 깨우쳐 돌아다보아야 될 것이니라.

17 지금이 제3의 시대, 마지막이며, 이것
이 너희들을 심판하는 나의 법전이니,

18 그 법전을 들고 깨우치는 자는 하늘에
오르는 길을 알게 되며, 내가 원하는
것을 알며 내가 추구하는 것을 알기에
그를 다 용서하여 준다 하였거늘, 이
것조차도 너희들은 믿으려 하지 아니
함이니,

19 나의 법전에 기록되어 내려간 그 내용
과 너희들의 성서에 기록된 내용을 견
주어 보라.

20 성서의 한 구절도 읽지 않았고 그를
보지 아니하였으며, 너희처럼 종교 집
단의, 또 종교 지도자의 강론을 듣기
위하여 너희 손으로 만든 그 성전에
가 설교를 들은 적이 없으며 기도 한
번 들은 적이 없는 나의 아들의 그 입
을 통하여 책으로 만들어 근거하며 기
록되는, 어린아이같이 살아야 된다는
그 뜻을,

21 어찌하여 너희들은 앞에 있는 것은 황
금이요, 뒤에 있는 것은 자갈이라 그
와 같이 이야기하는가?

22 하나뿐인 창조주가 이야기하는 것이
다 같이 보석처럼 귀한 나의 가르침이
거늘, 너희들은 하나는 황금이요, 하
나는 잡석이라 그리하여,

23 내가 마지막으로 너희들을 심판하며
너희들이 알아들을 수 있으며 깨달을
수 있도록 너희들이 행하여야 할 길까
지, 그리고 너희들의 죄를 용서해 주
는 방법과 용서를 받는 그것까지 다
깨우쳐 주건만,

24 뒤에 내리는 그 황금의 언어를 너희들

은 돌이라 말하며 앞에 있는 것만 황
금의 언어라 그리 말하니,
25 이 어리석음을 벗어나야만 하늘의 구
원의 길을 받는 것을 보게 될 것이니
그리 알라.

2,665 번째 하나님 말씀

2002년 7월 24일 23시 31분

1 사랑하는 나의 선지자야!
2 **"네, 아버님! 말씀하옵소서."**
3 너희들 인간사에서도 부모라는 사람
들은 그 자식을 관리하기를 열 자식을
똑같이 사랑하지 않는 자가 없다 말하
였음이니라.
4 하물며 창조주인 나 여호와가 나의 백
성이요, 나의 아들딸 너희들을 사랑하
기를 어찌 사랑하는가?
5 한 사람이라도 너희들을 벌하고자 아
니하였건만, 그리고 너희들 한 사람이
라도 버리지 아니하려고 내가 구약의
시대와 예수의 시대에 그와 같은 역사
의 기적을 이루었건만, 너희들은 어떠
한 마음과 어떠한 뜻으로 지금까지 살
아왔는가?
6 내가 너희들을 구하고자 하는 그 뜻을
역행하는 삶이며 그 행동 속에서 너희
들은 지금까지 살아왔음이니라.
7 그리하여 나의 법전을 지금 세상에 내
보내, 제3의 시대에 나의 성령을 마지
막으로 내려보내 너희들을 구원하고
자 하니,
8 이는 한 자식이라도 버리지 아니하려
는 나 여호와의 깊은 뜻과 애정이 여
기에 있음을 알아야 할 것이니라.
9 그리하니 나의 아들을 따라 나의 성령
을 직접 들으며 나의 법전을 읽으며
나의 혈통으로써 나의 뜻을 이루는 나
의 아들딸이며 나로부터 선택된 너희
들은 과연 어찌해야 되겠는가?
10 나로부터 구원을 받은 자는 만백성을
구하는 데 너희들의 모두를 다해야 할
것이며,
11 나로부터 용서를 받은 너희들은 만백
성을 다 용서하는 그와 같은 마음으로
써 살아가고 자리를 지켜 가야만 함을
너희들이 잊어서는 아니 될 것이니라.
12 내가 나의 아들을 통하여 제3의 시대
에 나의 성령이요, 나의 법전을 기록
하여 너희들을 마지막으로 구원하고
자 하는 나의 이 애절한 마음은 한 자
식이라도 버리지 아니하려는 너희들
의 육의 어버이보다 열배 백배 더 간
절한 마음으로써 내가 이 깊은 밤 나
의 아들을 통하여 나의 성령을 세상에
내려보냄이니,
13 나의 혈통을 받은 나의 아들딸들이요,
나로부터 구원을 받은 나의 아들딸들
아!
14 너희들은 만백성을 구하는 데 무엇을
주저하며 무엇이 두려운가?
15 너희들의 그 모두를 다 바쳐 그들을
구원해야 할 것이 너희들의 사명이니
라.
16 또한, 더불어 내가 나의 법전을 가슴
에 안고 나의 성전을 나가는 자, 그 머
리에 손을 얹어 그 죄를 다 용서한다
하였음이니,
17 너희들은 나로부터 다 용서를 받은 자
들이며, 너희들은 나의 하늘나라에

와, 나의 낙원에 와 영원히 살 수 있는
그 은혜를 내가 너희들에게 내렸음이
니,
18 용서를 받으며 구원의 축복을 받은 너
희들이 또 어찌하여야 되겠는가?
19 나의 어리석고 불쌍한 피조물 만백성,
너희 형제를 너희들이 진심으로 용서
하며 그들을 이끌어 주는 그와 같은
형태로써 가야 할 것이니라.
20 너희들에게 등 돌리고 떠난 자, 나 외
에 다른 신을 믿는 자, 다른 것을 경배
하는 자, 그리고 너희들을 저주하는
자,
21 그들이 진심으로 깨닫고 나의 성전에
와 문을 두드리며 나의 아들, 나의 선
지자의 앞에 와 손을 잡고 진심으로
회개의 눈물을 흘릴 때, 너희들은 그
들을 다 용서하며 받아 주는 그와 같
은 마음의 자세로 가야 될 것이니,
22 이를 너희들이 잊어서는 아니 될 대목
임을 알아야 될 것이니라.
23 내가 너희들을 구원해 주었듯이 그 모
두를 다 구원해야 될 것이며,
24 내가 너희들을 용서하였듯이 그들을
다 용서해 주어야 될 것이며,
25 내가 너희들을 구원하여 지상의 낙원
을 지나 하늘의 낙원에 너희들의 이름
을 기록하여 두었으니, 그 또한 너희
들이 그들이 나의 낙원에 이름이 기록
되도록 그들을 다스리고 이끌어 주어
야 될 것이며,
26 그들이 참회의 눈물로써 회개할 때,
그들이 너희들 앞에 와 진정한 회개의
눈물을 흘릴 때, 너희들은 그들을 용
서해 주며 그들을 받아 주는 마음 자
세로써 살아가는 것이 나 여호와의 뜻
임을 오늘 너희들 가슴에 깊이 새기도
록 그리하라.

2,666 번째 하나님 말씀

2002년 7월 24일 23시 45분

1 사랑하는 나의 아들아!
2 "네, 아버님! 말씀하옵소서."
3 이제 나의 법전이 세상에 나가 만백성
이 이를 깨우치며 그들이 동서남북 각
처에서 나의 성령이 기록된 나의 법전
이 진정한 하늘에 오르는 길이요, 이
것이 제3의 시대의 역사가 이루어지
는 것이며, '여호와 하나님께서 이루
고자 하시는 그 참뜻이며 구원의 길이
여기에 있다.' 하여 그들이 불이 붙듯
이 일어날 때,
4 지금의 종교 지도자와 많은 믿음의 세
계에서 자신의 모두를 다 바치며 살아
온 그들이 너에게 핍박의 화살을 돌리
기 시작할 것이니라.
5 그들은 너에게 말할 것이니라.
6 너는 정녕 하늘의 이치가 무엇이며 나
여호와가 존재함이 무엇이며 내가 이
루고자 하는 것이 무엇인지 아는가 하
며 그들은 나의 아들 너에게 핍박하며
너에게 묻고 도전할 것이니라.
7 그러나 너는 그들에게 갑론을박하지
말며 오로지 나에게 모두를 다 미루면
될 것이니라.
8 '이 세상 모두가 이루어지며 기적의
역사요, 만물의 이 우주를 통제하는
것은 창조주인 여호와 아버님만이 아
시며, 그분만이 할 수 있는 길이니, 나

에게 여러분은 묻지 말라.' 너는 그리
말하라.
9 그리고 너희들 또한 나의 아들을 핍박
하며 나의 아들에게 하늘의 이치가 무
엇이며 새로 이루고자 하는 역사가 무
엇이냐 물으며 나의 아들에게 기적을
이루라 그리 핍박하지 말라.
10 정녕 너희들이 무엇을 알고자 한다면
너희들이 직접 나 여호와에게 물으라.
11 변화무쌍한 그 모든 변화는 나만이 알
수 있으니, 나의 아들이 그를 알 수 없
으며 그가 행할 수가 없음이니, 그 모
두는 나에게 물어야 될 것이며,
12 또한 나에게 모두를 물으라 그들에게
나의 아들 너는 그리 답하면 될 것이
니라.
13 그와 같이 묻는 자들이 얼마나 어리석
고 우매한 자들인가를 그들이 스스로
알 때가 있을 것이니라.
14 내가 하늘의 이치요, 하늘에 오르는
뜻이요, 내가 이루고자 하는 그 모든
뜻을 나의 법전 속에 다 기록하여 답
이 거기 있으니, 그 속에서 너희들이
답을 구하여 하늘에 오르는 구원을 받
으면 될 것이거늘,
15 나의 법전을 이단이요, 사탄이요, 사
악한 자가 말세에 이루는 것이라 하여
이를 들여다보지도 아니하며 태워 버
리고 찢어 버리려 하는 그 사악한 행
위를 하는 그들이 나의 아들 너에게
하늘의 이치요, 하늘의 뜻을 물으며
기적을 이루라 그리 핍박하지 말라 이
르라.
16 정녕 그 모두는 나 여호와의 뜻에 의
한 것을 그들이 또 알고 있을 것이며,
나의 주관하에 모두가 역사되고 있는
것을 다 알고 있는 그들이 너에게 그
를 핍박하고 물을 때,
17 너를 궁지에 몰아넣어 너를 세상에
존재하지 못하게 하며, 그리하여 너를
세상에 존재하지 못하도록 그리 핍박
하여 밀어붙인 다음에
18 그들은 나의 법전을, 지상에서 사악한
자며 마지막 시대에 내리는 사탄의 장
난이라 하여, 그를 다 찢어 버리고 불
태우도록 저희 신도들을 거기에 동원
하여 쓸 것이며,
19 그리하여 그 법전을 구해 오는 자를
격려할 것이며, 그들에게 '네가 만백
성을 구하는 역사를 이룬, 하나님으로
부터 선택된 백성이라.' 하며 세 치의
혓바닥으로써 그들을 위협하고 달래
고 구슬릴 것이며,
20 그들을 광란이요, 흥분의 도가니로 몰
아넣는 그와 같은 역할로써 나의 법전
을 쓰고자 할 것이며,
21 그리하여 저희들의 흔들리는 집단이
요, 무너져 가는 그 종교 집단의 뿌리
를 세우고 그 기둥을 세우며 그 성전
을 지탱하는 데 도구로써 나의 법전과
나의 아들을 쓰고자 할 것이니라.
22 그러니 너의 제자들에게도 다 일러 깨
우쳐 주라.
23 하늘의 이치와 모든 뜻을 묻거든, 그
들에게 나 여호와만이 알 수 있는 것
이며 너희들은 모른다 그리 답하라.
24 그것만이 너희들이 할 수 있는 답이며,
25 정녕 그들이 너에게 핍박하여 묻거든,
나의 법전의 한 권을 그 문 앞에 들이
밀어, 그들에게 하늘에 오르는 길과

나 여호와 하나님의 말씀의 뜻의 나의 법전을 전하여, 모두는 그 속에서 다 답해 줄 것이며 너희 눈을 뜨게 할 것이며 너희를 구원의 길로 인도할 것이라 그리하여 그 가슴에 나의 법전을 전하는 것으로써 너희들의 소임을 다 하도록 하라.

2,667 번째 하나님 말씀

2002년 7월 25일 0시 02분

1 사랑하는 나의 아들아!

2 "네, 아버님! 말씀하옵소서."

3 너희들이 이리 말하느니라.

4 성서에는 한 글자도 빼서도 안 되며, 버려서도 안 되며, 너희들이 넣어서도 안 되며, 그를 지키지 아니하여도 안 된다 그리 말하느니라.

5 그리하여 성서에 있는 그 내용대로 사는 자만이 구원의 길에 오를 수 있다 너희들은 그리 말하며 살아가는 것이니라.

6 너희들은 과연 너희들 자신을 한번 돌아다보아야 할 때가 되지 않았는가?

7 너희들의 성서에 무어라 기록되어 있느냐?

8 너희들의 성서에 기록되어 있기를, 너희들이 가지고 있는 그 재물을 다 팔아 가난한 자에게 나누어 주면 그것으로부터 너희들은 구원의 길을 볼 것이며 하늘로부터 은혜와 영광이 있을 것이라 그리 성서에 기록되었느니라.

9 그 성서에 그리 기록되어 너희들을 그리 가르치고 깨우침이니, 과연 그리 듣고 행하여야 되는 너희들은 어찌 행하는가?

10 그리고 그것을 지키는 것만이 구원의 길이요, 구원을 받는 것이라 너희들이 말하며, 가르치는 자 그리 말하고 그리 가르치며, 배우는 자 또 그리 배우느니라.

11 그러나 너희들은 너희들이 구원을 받는 것이 가장 큰 소원이며, 너희들이 바라는 그 길이라 말하며, 오로지 그 길만을 위하여 모두를 다 바치며 진실된 믿음의 길을 가며 남으로부터 부끄럽지 않은 삶을 살아 너희들은 나 여호와의 보혈로써 구원을 받았다 그리 장담하느니라.

12 그러나 너희들은 너희 스스로 돌아다볼 때가 되지 않았는가?

13 너희들은 과연 얼마나 그와 같이 너희들의 재물을 팔아 가난하고 불쌍한 이웃에게 손수 나누어 주고 행하는 삶을 지키고 사는가?

14 과연 너희들은 그리 행하는가?

15 너희들은 너희 인간들이 만든 그 성전에 와 정해진 시간에 예배와 기도를 하며 설교라는 그 강론을 들으며 수없이 기도를 하고 있음이니라.

16 너희들은 과연 너희 손으로 만든 성전에 나갈 때, 무엇을 이루고자 무엇을 얻고자 하는 그와 같은 욕심으로, 가진 자 더 갖고자 그런 마음으로 나가는 것은 아닌가?

17 너희들은 너희들이 가지고 있는 그 재물을, 모든 부귀영화요, 남들보다 더 가지고 있는 그 귀한 재물들을 팔아서 남들에게 나누어 주겠다 하여 그리 나 여호와에게 맹세하러 너희들이 만들

어 놓은 그 성전으로 가는 것인가?
18 그리고 너희들이 나약하며 용기와 힘
이 없기에 '저의 재물을 팔아 가난한
자에게 나누어 줄 수 있는 그 용기를
주시옵소서.' 하며 너희 손으로 만든
성전에 와서 나의 성서대로 살아가기
위해서 그 기도를 드리는가?
19 어떠한 기도를 드리기 위하여 너희들
은 분단장하며 곱게 차려입고 너희 손
으로 만든 그 성전에 기도한다고 모여
드는가?
20 과연 너희들은 얼마나 너희들이 그와
같은 것을 행하고자 나 여호와에게 기
도하며 그 용기를 달라 애원하는가?
21 정녕 그와 같이 성서에 기록된 뜻대로
행하여 실천해야 할 너희들이, 그와
같은 마음을 갖고 너희들이 만든 성전
을 찾지 아니하며,
22 너희 재물을 꼭꼭 더 감추어 두고자,
더 깊은 곳에 감추어 두고자 남에게
보이지 아니하도록 감추어 두며, 그
외에 무엇을 더 얻고 더 영광을 얻기
위하여, 너희들이 구원을 받기 위하여
그리 기도하고 경배하며 그 성전에 모
여든다면, 과연 너희들은 나의 성서를
얼마나 행하는 나로부터 선택된 백성
이며,
23 정녕 구원의 길에 오를 수 있는 너희
들이라 생각하는가?
24 그것 하나도 스스로 실천하며 행하지
못하는 자, 그리고 종교 집단, 또한 종
교 지도자라는 자는 잘못 가르치는
자이며, 그 길을 가는 자 또한 구원의
길이라 하나 그것은 구원의 길이 아니
요, 나 여호와와는 아무런 관계도 없
는 그와 같은 길을 가고 있는 것이니
라.
25 여기서 나의 사랑하는 피조물 만백성
너희들은 하나 알아 두어야 될 것이
있음이니라.
26 너희들의 모든 귀중한 재물이요, 재산
을 팔아 가난한 이웃에게 나누어 줄
때 너희들이 하늘로부터 영광과 은혜
를 받는다 하였음이니라.
27 이는 과연 인간으로서 행하기 어려우
며 보통 인간의 믿음으로써는 그를 실
천할 수 없을 것이니,
28 너희들의 그 마음이 부끄럽고 너희들
스스로 자신이 추하며 너희들 자신이
죄스러운 그 마음에 몸 둘 바를 모르
는 그와 같은 너희들의 자세의 한 귀
퉁이에 양심이라는 것이 있을 것이니
라.
29 그리 성서대로 행하지 못하는 너희들
에게 지금 종교 지도자들이 어찌 가르
치는가?
30 정녕 나의 뜻이요, 하늘의 역사를 모
르는 자들이 가르치기를, '너희들은
인간이기 때문에 죄를 짓지 않고 살
수 없으며, 인간이기 때문에 성서에
기록된 대로 살 수 없으며, 그리고 하
나님께서 불로 직접 쓴 그 십계명도
너희들은 지키고 살 수 없다. 그러니
너희들이 재물을 나의 앞에 많이 갖다
바침으로 해서 너희들은 구원을 받는
다.' 그리 말함이니, 그게 바로 무엇이
더냐?
31 너희들에게 먹고살라 내가 내린 그 재
물을 그들은 긁어모으면서 너희들 마
음에 죄의 면죄부를 씌워 주는 그와

같은 행위를 하고 있음이니라.
32 너희들이 성서대로 살지 못하여 부끄럽고 추하여 불안해하며, 그리고 정녕 나 여호와로부터 심판받음을 두려워하며 너희들이 하늘로 오르는 길을 갈 수 없는 것을 불안해하며 공포에 떨고 있음이니라.
33 그러한 너희들 마음속에 잘못 가르치는 종교 지도자들이 세 치의 혓바닥으로 무어라 말하느냐?
34 재물을 갖다 바치며 십일조라는 명분으로써 너희들의 수입의 10분의 1만 갖다 바친다 해도, 그리고 수시로 저희들에게 헌금을 갖다 바치면 너희들은 죄를 용서받을 수 있다 그리 말하니, 그들의 행위는 과연 어떠한 행위이던가?
35 그들이 나의 아들과 나 여호와요, 우리 부자의 이름을 팔며 나의 성령을 팔아 어떠한 장사를 하는가?
36 죄짓고 불안에 떠는 너희들에게 재물을 받고, 그 죄를 말로써 용서해 주는 면죄부를 팔아먹는 그와 같은 사악한 행위를 하고 있음이니라.
37 그 속에 와서 너희들이 시간과 재물과 그 모두를 다 바치며 너희들은 면죄부를 받았다 그리하여 너희들 자신이 도취되어 너희 자신이 지금 지옥 불로 가고 있는 그 행위를 하고 있는 것 자체도 모르며, 너희들이 지금 지옥 불로 가는 그 티켓을 사고 온 것도 모르면서 너희들은 구원을 받았다 그리 육의 삶 속에서 살아감이니,
38 그리하여 너희들은 더 큰 죄를 짓게 되며 더 많은 재물을 바치며, 더 큰 죄를 짓고 더 많은 재물을 바치며 그로부터 스스로 죄의 면죄부를 받아 너희들이 위로함을 얻으니, 이것은 바로 무엇이더냐?
39 우리 부자의 이름을 팔아 재물을 거두어들이고 저희들의 입으로써 근거도 없으며 나 여호와가 듣지도 않는 그 면죄부를 내주는 그와 같은 사악한 행위를 하고 있는 것이 지금의 잘못 가는 종교 지도자들의 하고 있는 행위임을 너희들은 반드시 알아야 될 것이니라.
40 너희들이 정녕 그러한 방법으로써 면죄부를 받으며 하늘에 오르려 하거든, 성서에 기록되어 있는 그 내용을 너희들이 공책에 기록하여, 성서에 기록되어 있는 대로 너희들의 많은 재물을, 너희들의 의식주를 해결할 수 있는 그 외의 것을 팔아 가난한 자에게 돌려주고 나누어 주는 그와 같은 생활을 하라 하는 그대로 실천하면 구원을 받을 것이니라.
41 그것도 하지 못하고 두려운 자들이 수 없이 얽히고설킨 그 죄를 용서받기 위해 사악한 종교 지도자 앞에 가서 돈을 바치고 시간을 바치며 면죄부를 사가지고 돌아오니,
42 그것은 바로 지옥 불로 가는 열차의 표임을 알아야 할 것이니라.
43 지옥행으로 달리는, 그것도 급행으로 달려가는 그 열차의 표를 사고 그 열차에 타는 형국인 것을 너희들은 알아야 될 것이니라.
44 그와 같은 것은 나와는 아무런 관계도 없음이니, 너희들은 너희들이 죄짓고

불안한 그 마음을 면죄부라 하여 너희
마음을 악용하여 그 마음에 금화와 재
물을 받고 팔아먹는 그와 같은 행위에
너희들의 눈과 귀를 떠야 될 것이니라.
45 그들은 너희들에게 면죄부를 받을 자
격도 없으며, 그 권리도 없으며 권한
도 없는 자들이니라.
46 이는 나로부터 아무런 관계도 없는 자
들이기에 너희들은 그들을 이제 단죄
할 때가 되었음을 알아야 될 것이니라.
47 이를 단죄하는 자, 너희들이 순교자보
다도 더 위대한 영광의 길을 얻게 됨
을 알아야 될 것이니라.

2,668 번째 하나님 말씀

2002년 7월 25일 0시 31분

1 사랑하는 나의 아들아!
2 "네, 아버님! 말씀하옵소서."
3 너희들은 말하느니라, 인간으로서 도
저히 구원받을 수 있는 그 깨끗한 삶
을 살 수 없으며, 인간의 노력과 인간
의 힘으로써는 너희들이 구원을 받을
수 없다 그리 말함이니라.
4 또한, 인간의 노력과 한계로써는 구원
을 받을 수 없다고 성서에 기록되어
있음이니, 그 뜻이 너희들이 말하는
것이 맞느니라.
5 그러나 너희들이 얼마만큼 노력했으
며 얼마만큼 구원을 받고자 하여 살아
왔느냐에 따라서 너희들을 구원하고
구원하지 아니함이 나 여호와의 뜻임
을 알아야 할 것이니라.
6 너희들은 정녕 인간이기에 인간으로
서 신이 될 수 없으며 완벽하게 구원
을 받을 수 없다, 그러나 그리 갈 수
있다 말하는 자는 사탄이요, 이단이
요, 사악한 자라 말하나,
7 너희들이 노력하는 만큼, 그 노력을
했을 때 구원을 받음이요, 또 성령이
너희들에게 임함이요, 그 모두는 나
여호와의 고유의 권한이며 나 여호와
의 은혜로써만 이룰 수 있는 것이니라.
8 그러기에 너희들은 인간으로서 완벽
해질 수 없다 있다 갑론을박해서는 아
니 되며, 인간이 신이 될 수 없다는 그
말 자체도 갑론을박해서는 아니 되며,
9 인간이기 때문에 완벽하여 구원을 받
을 수 있다 말하는 자가 사탄이요, 사
악한 자이며 너희들을 혼란케 하는 자
라는 그런 말을 해서도 아니 됨이니라.
10 오로지 너희들은 그 구원을 받으며 또
한 성령으로써 너희들을 구원하고 안
하는 것은, 내가 너희에게 은혜와 영
광을 내리고 안 내리는 것은, 천국의
그 황금의 문을 열어 주고 안 열어 주
는 것은, 그 모두는 나의 권한이며 내
가 행할 수 있는 것들이니라.
11 그러니 어찌 너희들이 노력했느냐에
따라 너희들은 나에게 구원을 받을 수
있고 구원을 받을 수 없음을 알아야
할 것이지,
12 너희 스스로 무엇이 될 수 있다 없다,
구원을 받을 수 있다 없다 그와 같이
갑론을박을 해서는 아니 되는 것이니
라.
13 창조주인 나 여호와가 있으며, 모두는
나의 주관하에 이루어지거늘,
14 너희들이 갑론을박하며 될 수 있다 없
다 그와 같이 말하는 그 자체 또한 너

희들은 내 고유의 권한에 도전하고자
함이니라.
15 너희들의 성서에 기록되어 있듯이, 너
희들이 인간으로서는, 인간의 힘으로
써는 구원을 받을 수 없다 함은, 너희
들이 그를 빙자하여 나의 피조물 만백
성에게 재물을 거두어들이는 그와 같
은 도구로써 활용해서는 아니 되는 것
이거늘, 너희들은 그와 같은 사악한
방법으로써 활용하고 있음이니라.
16 너희들이 노력하고 깨우치는 만큼 신
이 되는 것이며,
17 신과 같이 인간이 변화될 수 있는 것
없는 것, 너희들이 구원을 받을 수 있
는 것 없는 것, 또한 너희들에게 나의
성령이 임하는 것 임하지 않는 것, 그
모두는 나 여호와만이 행할 수 있는
고유의 권한이기 때문에,
18 너희들은 나의 계명을 지키며 나의 율
법을 지키는 것을 너희 인간으로서 행
할 수 있다 없다 그와 같이 갑론을박
을 해서도 아니 되는 것이니라.
19 다만, 내가 나의 계명을 너희들이 어
찌 지켰으며, 율법을 어찌 지켰으며,
20 또한 내가 제3의 시대에 너희들을 위
하여 나의 성령을 태워 내려보내는 나
의 법전이요, 하늘에 오르는 이 책을
얼마만큼 너희들이 정독하며 지키고
살았느냐, 또 살고자 노력했느냐,
21 모든 나의 백성인 너희들이 살아오는
그 삶의 기준에 의하여 내가 너희들에
게 심판을 할 것이며, 너희들은 거기
에 따라 심판을 받는다는 그것 외에
너희들이 생각해서는 아니 됨을 알아
야 될 것이니라.
22 너희들이 나의 계명대로, 나의 율법대
로, 내가 제3의 시대에 마지막으로 내
려보낸 심판의 법령인 이 법전을 깨우
치며 행하고 행하지 아니함에 따라서
너희들이 나로부터 심판을 받게 되어,
23 그 심판에 의하여 너희들이 치른 것만
큼, 너희들의 삶의 기준에 의한 것만
큼 너희들은 상을 받을 것이며, 은혜
를 받을 것이며,
24 또한 죽어 가며 지옥으로 가며 지옥
불로 가는, 또 거기에 따른 죄의 대가
를 너희들이 지르게 된다는 것을 잊어
서는 아니 될 것이니라.
25 너희들의 죄를 용서해 주고 안 해 주
고, 너희들을 구원하고 구원하지 않고,
26 너희들이 신과 같은 형태로써 변하고
변하지 아니하고,
27 나의 지상에 너희들이 사는 이 세속에
서 너희들이 하늘에 오르는 나의 영광
된 지상의 낙원에서 이루어지는 그 꿈
을 보지 못하며 행하지도 못해서 너희
들이 알 수 없는 그 삶에 허덕이던 그
생활 속에서 하늘의 그 영광된 나라에
오르고 또 못 오르는 그 자체는 모두
나의 판단에 의하여 이루어지며 나 여
호와의 고유의 권한이라는 것을 너희
들이 알아야 할 것이니라.

2,669 번째 하나님 말씀

2002년 7월 25일 01시 24분

1 사랑하는 나의 아들아!
2 "네, 아버님! 말씀하옵소서."
3 구약 시대에 그 많은 기적과 역사를
이루었으나 그 백성들이 하늘에 오르

는 길이요, 내가 존재함을 인정하지
아니하며 깨우치지 못하여 그 광란과
그 작태를 부려, 나의 아들 예수가 세
상에 나가 제2의 신약 시대를 열었음
이니라.
4 그리하여 그 신약 시대가 열림으로 인
하여 그를 따르는 열두 제자들로 하여
금 나의 피조물 만백성이 얼마만큼 깨
우쳤으며 나의 뜻에 얼마만큼 순종하
며 살았느냐 하는 그 심판을 하게 하
여 구원할 자와 구원하지 못할 자를
선별하고자 하였음이니라.
5 그러나 그들이 과연 어찌 되었던가?
6 그들이 나의 아들의 가르침에 따라 나
의 아들을 그와 같이 죽음의 길로 인
도하지 아니하며, 저희들이 나의 아들
예수를 살해하고자 하는 적들과 내통
하여 나의 아들 예수를 팔지 아니하였
으며, 나의 아들을 배신하는 그와 같
은 형국을 이루지 아니하였다면,
7 그 제자들에게 하늘에 와 나의 피조물
만백성을 심판할 수 있는 그 심판권을
주어 그들로 하여금 저희들이 가르친
백성을 구분하여 심판할 수 있는 그와
같은 역사를 이루고자 하였던 것이 나
의 뜻이었음이니라.
8 그러나 그들이 배신하여 등을 돌렸으
니, 그들의 그 역사에 내가 기대했던
그 모두가 단절되어 이루지 못하였음
이니라.
9 그리하여 이 암흑의 세계가 2천 년이
라는 그 역사가 흘러와, 지금의 나의
아들을 세상에 내보내어 나의 성령을
깨우치며, 나의 법전을 만들어 나의
만백성이 하늘에 오르는 길을 깨우칠
수 있도록 그들에게 내가 다시 한 번
기회를 주어 나의 법전을 세상에 전함
이니,
10 이를 보고 깨우치는 자, 구원할 자와
구원하지 않을 자를 구분하고자 함이
니라.
11 내가 일찍이 나의 아들을 통하여, 이
제는 너희들에게 성령이 임하고 임하
지 아니하는 것은 나의 뜻이요, 내가
너희들에게 성령을 임하게 하는 자는
나로부터 선택된 나의 아들이요, 딸이
라 하여 그들로 하여금 나의 피조물
만백성을 구분하도록 하고자 하였으
며,
12 그리하여 나의 성령을 받은 자, 나의
혈통을 받은 나의 아들과 딸들이 하늘
에 와 그들을 심판하게 하는 그 역사
를 지금 내가 이루어 가고 있음이니라.
13 여기서 너의 제자들에게 너는 반드시
깨우쳐 일러 주어야 할 것이 있느니라.
14 성서에 기록되어 있음이니라.
15 나의 아들을 따르는 열두 제자로 하여
금 그 지파들을 통제하게 하여 그들로
하여금 그 지파에 따른 나의 백성들의
깨우치고 깨우치지 못한 자, 하늘에
오를 자와 못 오를 자를 구분할 수 있
는 그와 같은 권능과 능력을 주어 한
역사를 이루어, 하늘에서 이루어진 것
같이 이 지상에 아름다운 낙원의 역사
를 이루고자 하였음이니라.
16 그러나 그들은 배신하여 그에게 등 돌
려 그와 같은 사악한 길을 감으로 인
하여 그 모두가 중단되어 지금 2천 년
의 그 역사가 흘렀음이니라.
17 그 역사 속에 나의 아들을 통하여 내

가 너희들에게 내리고자 했던 그 가르
침과 지금의 법전이요, 나의 성령과
같은 나의 뜻을 너희들에게 전하지 못
하여 그와 같이 지금의 세월이 흘러왔
음이니라.
18 그리하여 너희들이 지옥 불로 가는 그
것을 내가 더 이상 볼 수 없어, 어버이
의 마음으로써, 어버이의 간절한 내
뜻으로써 나의 백성 한 사람도 버려지
는 것이 너무나도 가슴이 아파,
19 너희들을 다시 구원하고자 하여 내가
나의 성령을 태워 나의 아들을 통하여
이렇게 내려보냄이니,
20 이게 바로 너희들을 심판하는 법령이
요, 법전이라 내가 말하였음이니라.
21 그리하여 나의 법전이요, 나의 성령을
읽고 깨우치는, 내가 성령으로 심어
주는 그 백성, 나의 아들의 제자들로
하여금 예수의 열두 제자에게 명하여
시행하려 했던 그 심판의 자격을 너희
들에게 준다 내가 말하였으며, 그것이
너희들이 해야 할 일이라 하였음이니
라.
22 그러니 나의 아들 예수를 그 열두 제
자가 등 돌려 배신했듯이, 너희들이
다시 지금 나의 아들을 배신하고 등
돌리며 나의 법전을 태우고 찢어 버림
에 앞장서는 역사를 이룬다 하면 또
수천 년의 역사가 그리 흘러갈 것이
며, 사악한 자들이 이 세상을 지배할
것이니라.
23 바로 사악한 자들이 나의 아들 예수의
열두 제자를 그와 같이 사악한 자로
만들어 나의 아들을 배신하도록 하였
으며, 한 번의 그와 같이 역사를 바꾸
어 놓은 경험이 있는 그 사탄이요, 사
악한 자들이, 2천 년의 역사가 흘러왔
다 하나 그들의 그 뿌리가 아직도 이
세상을 덮고 있어,
24 지금 나의 성령이요, 내가 마지막 제3
의 시대에 너희들을 구할 수 있는 나
의 이 법전을 세상에 내려보냄이니,
그 사악한 자들이 또한 이를 막으려
하며, 이를 불사르려 하며, 나의 아들
을 음해하며 나의 아들을 심판하려 하
여 그를 죽이려 함이니라.
25 그러니 이와 같은 역사에 있는 나의
아들의 제자인 너희들이 예수의 그 제
자들처럼 그와 같은 길을 가,
26 그들이 하늘에 와 심판할 수 있는 그
자격을 상실하고 박탈되어 그들이 구
원의 길을 오를 수 없었듯이, 너희들
이 지금 그와 같은 전철을 밟는 길을
갈 것인가 그렇지 아니할 것인가를,
너희들의 중대한 임무가 무엇인가를
깨달아
27 너희들은 나의 아들 예수의 그 제자들
이 그를 등 돌리고 배신하여 그로부터
그들의 모든 은혜와 영광이 다 박탈되
었듯이, 너희들이 그 전철을 밟는 그
와 같은 역사를 두 번 다시 이루어서
는 아니 될 것이니,
28 너희들의 마음이 조여 오며 너희들의
고통과 시련이 얼마나 견디기 어려우
며 고통스러운가를 너희들은 알아야
될 것이니라.
29 아무리 욥의 시련이 고통스러웠으며
육의 신체의 물리적인 그 고통이 심했
다 하여도,
30 너희들이 지금 나의 아들을 따라 나의

아들을 지켜 나가며, 어떠한 역경이
요, 사탄들의 그 사악한 간교함에 너
희들이 넘어가지 아니하고 나의 아들
을 팔지 않는 그 시대를 이루어야 될
것이며, 그와 같이 굳건한 마음 자세
로써 너희들이 가야 함이니,
31 욥의 시험이요, 사탄의 그 시험보다도
더 어렵고 힘든 그 고비를 넘겨야 하
는 것이 너희들의 가야 할 자리이니라.
32 너희들이 그리하여 마음이 하나가 되
라 하였으며,
33 하나가 넘어가고자 하며 하나가 사탄
으로 넘어가고자 할 때, 그를 다스리
고 격려하며 인내하여 너희들이 한 형
제로 한 길을 가야 될 것이니라.
34 그리하여 내가 너희들에게 혈통을 따
짐이니, 나로부터 혈통을 받은 너희들
이니라.
35 이를 잊지 말라.
36 그리하여 2천 년 전 역사의 나의 아들
예수가 당했던 그 형국을 재판하며 다
시 그대로 이루고자 하는 사악한 자들
에게 너희들이 넘어가고 지는 백성이
되면 아니 될 것이니,
37 나의 이 애절한 마음을 너의 제자들에
게 전할 것이며, 그들이 이 대목을 읽
어 깨우쳐 그 마음을 하나로 하도록
그리하라.

2,670 번째 하나님 말씀

2002년 7월 25일 01시 49분

1 사랑하는 나의 아들아!
2 "네, 아버님! 말씀하옵소서."
3 마음을 바로잡아야 할 것이며, 마음을
굳게 먹어야 될 것이니라.
4 이제는 네가 나의 법전을 가지고 만백
성을 구하는 인도자로서 세상에 나아
갈 것이며,
5 나의 법전이 세상에 전해졌을 때 또한
네가 가고자 하는 그 길에 순탄하지
못함을 네가 예측하고 가야 될 것이니
라.
6 지금 네 앞에 와 공부하며 너를 스승
이요, 선생이라 했던 너의 제자들, 그
리고 나의 법전을 가지고 깨우쳐 공부
하고자 했던 그들이 어떠한 형태로 가
고 있는가?
7 네가 지금 달란트요, 5달란트의 그 종
의 노력과 그 공에 의하여, 능력 있는
자가 그와 같이 무엇인가를 이룰 수
있는 자들에게 힘을 주며 일을 주며
책임을 주며 책무를 주며 그리고 재정
적으로 그들에게 금화와 은화를 지원
해 주어,
8 노력하는 자에게 나 여호와가 존재함
을 깨닫게 하며 구원의 영광의 그 아
름다움을 같이 느끼도록 하라 하여 그
리 실시하였음이니라.
9 그리하여 네가 나의 명에 따라 너의
제자들에게, 능력 있는 자들에게 그들
의 가정에 의식주를 해결하며 또한 남
을 도울 수 있도록 그들에게 하나의
작고 큰 기업을 만들어 주며, 그들에
게 일거리를 주며, 책무를 주고 있음
이니라.
10 그러한 역사가 이루어지는 그 형태에
서 너의 제자들이 어찌 생각하며 또
떠난 자들이 어찌 생각하는가?
11 수천 년 역사가 흘러오는 그 사이에

내가 5달란트 가지고 10달란트를 만드는 그 능력과 부지런함과 근면성이 있는 자, 그에게 너희들이 재물을 도와주며 길을 열어 주며, 그가 사회에 살아가면서 남에게 본보기가 되고 당당한 모습으로 살아갈 수 있도록 금화와 은화요, 재정적으로 모든 것을 지원해 주어,

12 그가 5달란트를 10달란트로 만드는 그와 같은 부지런함과 근면함을 만백성에게 보여 기틀이 되도록 그리 역사해 수라 하였음이니라.

13 그러나 2천 년이 흘러오는 그동안에 너희들이 어찌하였던가?

14 너희들은 그저 너희들 손으로 짓는 성전을 더 아름답게, 더 위대하게 궁궐처럼 짓는 데만 급급했으며,

15 나의 피조물 만백성에게 죄지은 자 그 죄를 용서해 주니 재물을 바치라 하여 너희들은 면죄부라는 것을 말로써 그들에게 전해 주며 그들에게서 재물을 거두어들이는 그와 같은 작태의 흐름만이 지금까지 왔음이니라.

16 그 속에서 그 믿음을 가져 왔으며 그 속에서 깨우쳐 와 너에게 제자가 되겠다 하여 고개 숙인 그들, 나의 법전을 읽고 깨우치면서 그들이 어찌하였던가?

17 그들은 먼저 온 저희들에게 역사를 이루어 주지 아니하며, 5달란트의 그 역사를 저희들부터 행하지 아니하고 늦게 온 자부터 행하며, 나중에 온 자에게 네가 그 의식주를 해결해 주는 그 일을 행함으로 인하여 그들이 너로부터 등을 돌렸으며, 너에게 화살을 쏘며 멀리 떠나가는 그와 같은 형국이 이루어지지 아니하였던가?

18 그러나 너는 여기서 너의 제자들에게 반드시 일깨워 주어야 될 것이 있음을 알라.

19 천국에 오르는 길이요, 나에게 오르는 길이요, 구원의 길을 받는 것은 먼저 온 자가 우선이며 나중에 온 자가 뒤에 따르는 그 순번에 따라가는 것이 아님을 알라.

20 네 앞에 와 성서를 가지고, 나의 법전을 가지고 오래오래 공부한 자, 그리고 초보자, 그것이 구분되어 구원을 받는 것이 아님을 너의 제자들에게 너는 확실히 알려 주어야 될 것이니라.

21 너희들이 먼저 온 자, 나중에 온 자, 먼저 된 자, 나중 된 자, 먼저 공부를 시작한 자, 늦게 공부를 시작한 초보자, 그것으로써 구분되어 구원을 받고 구원을 받지 않는 것이 아님이니,

22 그것은 아무런 관계가 없음을 너희들은 알아야 될 것이니라.

23 네 앞에 와 나의 성령을 가지고 나의 법전을 공부해 너로부터 제자라 말하며 너를 선생이라 따랐던 자들이 어찌하였던가?

24 저희들에게 먼저 의식주를 해결해 주지 아니하며 저희들의 어려운 것을 들어주지 아니하며 저희들의 힘들고 어려운 그 길을 열어 주지 아니하며 저희들에게 기도하여 그들의 앞날을 알려 주지 아니하며 그들의 변화되는 것을 알려 주지 아니하며 깨우쳐 주지 아니한다 하여 그들은 등을 돌리고 너로부터 떠나,

25 저희들이 따로 성전이라 하여 만들어 놓고 저희 스스로 공부하는 이와 같은 추한 작태를 보이고 있는 것이 그들이니라.

26 나의 성령을 받아 모두를 전하는 것은 너 하나뿐이며, 너로 하여금 모두를 전하며, 너로 하여금 모든 걸 거두어 들인다 그리하였건만,

27 그들은 그와 같이 저희 스스로 지금 나에게 오르는 길이며 나에게 명을 받으며 나의 메시지를 받는다 하여 가고 있음이니라.

28 내가 법전에 기록한 나의 성령을 찢어 버리고 태우는 자보다도 더 사악한 자요, 더 사악한 행위를 하는 것이 그들이니라.

29 내가 나의 아들을 나의 선지자라 불렀으며 나의 종이라 불렀던 그 대목들을 그들은 찢어 버리고 지워 버리며,

30 그와 같은 형태로써 찢어지고 갈기갈기 헤쳐진 나의 법전을 가지고 저희들이 스스로 공부를 하며 만백성을 깨우치는 자로 간다 그리함이니,

31 이 얼마나 통탄하고 가슴 아픈 일이던가?

32 그들은 존속지 못할 것이니라.

33 뿌리 없는 그 나무가 어떠한 열매를 얻겠는가?

34 그들이 그와 같이 너에게서 등 돌리고 가는 것은 그들이 미련하고 우매하며 하늘의 뜻을 모르기 때문이니라.

35 천국의 문을 열어 주고, 구원을 받고 못 받는 것은 나의 주관이요, 나만이 할 수 있는 것이며,

36 나의 아들 네가 할 수 있는 역사가 아님이니라.

37 그리고 앞으로 변화되는 그 모든 역사 또한 내가 너에게 명하며 만백성에게 전하라 하지 아니하는 것, 그 외에는 네가 하늘의 이치를 알 수 없으며 나의 뜻을 알 수 없으니,

38 그 모두는 나 여호와만이 알고 있음이니라.

39 너는 나의 뜻을 들어 전하는 통역자요, 나의 명을 대역하는 자요, 나의 뜻을 행하는 자이며,

40 네가 창조주요, 명하는 주인이 아니거늘, 네가 남을 먼저 도와주며, 늦게 온 자 먼저 도와주며, 먼저 온 자 도와주지 못하는 그 모두는 너 스스로 결정함이 아니지 아니하던가?

41 그리고 많은 금화와 은화를 지원해 주어 큰 일을 하도록 하는 자, 적은 금화와 은화를 도와주어 작은 일을 행하도록 한 자, 그것은 다 네 뜻이 아니요, 나의 뜻에 의하여 주관됨을 그들이 깨우치지 못하고 알지 못함이니,

42 그들은 나 여호와의 존재함을 믿지 않으려 하는 자들이기 때문에 그러하니라.

43 그들이 정녕 제대로 깨달음을 받았으며 나의 성령을 받을 수 있는 백성이라면,

44 그 모든 이루어지는 것은 너희들의 선지자요, 너희 스승이 하는 것이 아니라, 나 여호와가 주관하여 이루어지며 행한다는 것, 그 하나만 너희들이 깨달았다 해도 그와 같은 행위를 할 수는 없음이니라.

45 나의 아들로부터 많은 성령을 공부했

으며, 법전을 배웠으며, 많은 가르침
을 받은 자들이,
46 나의 아들이 저희들에게 먼저 큰 것을
주지 않는다 하여, 저희들 앞에 먼저
사업이요, 기업이라는 것을, 저희들이
편히 살아갈 수 있는 그와 같은 터전
을 먼저 만들어 주지 아니한다 하여
먼저 온 자들이 등 돌리고 떠나감이니,
47 그것이 얼마나 어리석은 이치이고 얼
마나 잘못되었던가?
48 그들이 이것은 나 여호와의 뜻이요,
나의 주관하에 행한다 생각하지 아니
하고, 바로 무엇으로 생각하느냐?
49 선지자가 머릿속으로 선지자 본인의
생각으로써, 선지자가 저를 잘 따르는
자, 저의 뜻을 순종하는 자, 그런 자들
을 골라 그들에게 먼저 은혜와 영광을
베풀어 주며 그들이 살아갈 수 있는
기틀을 만들어 줌이니, 저희들의 차지
는 영원히 돌아올 것 같지 아니한 그
와 같은 것이 저희들의 생각이니, 이
는 곧 무엇이더냐?
50 나의 선지자가 나의 뜻대로 움직이지
아니하며 저의 생각으로 제 임의로 한
다 그리 생각하기 때문이니라.
51 그게 바로 무엇이더냐?
52 그들이 나 여호와가 존재함을 의식하
지 않으려 하며 그를 믿지 않으려 함
이니라.
53 그들의 믿음이 아무리 나의 주옥같은
성령인 나의 법전을 읽으면서도 나 여
호와의 무서움을 모르며, 나 여호와가
존재함을 모르며, 저희들이 나의 성전
에 와 나의 법전의 성령을 들으며 공
부하는 그 자체로써 세상의 모든 것과
도 바꿀 수 없는 위대한 은혜와 은총
을 입은 것을 모름이니, 얼마나 그들
이 어리석은 자들인가?
54 너희들의 성서에 그러한 뜻이 있느니
라.
55 아침에 일찍 와 포도밭에서 해가 질
때까지 일한 자, 그리고 점심때 그 포
도밭에 와서 일한 자, 그리고 또 오후
에 온 자, 해가 지기 한 시간 전에 와
서 일한 자가 있으나, 그들에게 나누
어 주는 품삯은 주인의 마음에 의하여
똑같이 주었음이니, 그들은 불평불만
을 했느니라.
56 아침에 새벽잠 안 자고 일찍이 와 일
한 자에게도 똑같은 급료를 주며 품삯
을 주며, 늦게 온 자, 온 지 한 시간밖
에 되지 아니한 자에게도 품삯을 똑같
이 준다 하여 먼저 온 자가 불평함이
니, 내가 그 주인으로서 어찌하던가?
57 내가 주고자 결정한 대로 그 품삯을
너희들은 받아 가지고 가면 되는 것이
니라.
58 너희들이 받기로 한 그 품삯을 받지
아니하였을 때 너희들은 주인에게 욕
하며 그를 인색한 자라 말할 수 있으
며 그가 판단하지 못하며 정의롭지 못
한 사람이라 욕할 것이나,
59 그러나 그가 너희들에게 계약한 그 품
삯을 주었을 때, 늦게 온 자, 온 지 10
분 된 자, 놀다 간 자, 그저 소리 한 번
지른 자에게 똑같은 품삯을 준다 해도
너희들이 불평불만을 해서는 아니 되
는 것이며, 주인을 욕해서는 아니 되
는 것이 너희들의 상태이거늘,
60 그 기본자세도 깨닫지 못하는 것이니,

거기에 무슨 사랑이 있으며 무슨 깨달
음이 있는가?
61 너희들이 한 시간 전에 왔든, 10분 전
에 왔든, 그저 소리 한 번 지르고 그
품삯을 받든, 너희가 받을 것을 받았
으면 그에게 더 준들 너희들과는 관계
가 없는 것이거늘,
62 그 주인이 필요하여 주는 것이며 그와
같이 주어야 할 이유가 있어서 주거
늘, 너희들은 어찌하여 그와 같이 불
평과 불만을 하는 성격을 가지고 있는
가?
63 지금 바로 무엇이더냐?
64 나로부터 선택받아 나의 성령이요, 나
의 법전을 읽고 깨우친 자들이 그보다
더 사악한 행위를 하고 있기에, 내가
그들로 하여금 나의 성전에 발을 들여
놓지 못하게 하였으며, 그들을 여기서
떠나가게 하였음이니라.
65 그들이 과연 가서 어떠한 행위를 하는
가?
66 나의 법전에 기록된 나의 성령이요,
나의 법전의 그 책자는 나 여호와의
뜻이며 나의 명이요, 나의 성령이라,
틀림없는 여호와 하나님의 말씀이라
그리 말하나,
67 그러면서 그들은 무어라 변명하는가?
68 나의 선지자가 잘못된 자요, 진정한
선지자의 자격이 없는 자요, 그리하여
선지자의 임무가 다 끝난 자요, 하나
님으로부터 선택이요, 명을 받은 것이
다 끝난 자라 저희들 머리로 그리 말
하며,
69 그리하여 그 책에 기록된 선지자를 내
가 간곡히 불러 그가 밤잠 안 자고 고
생하며 기록했던 그 법전의 내용에 선
지자라는 것을 지우며, 나의 종이라는
것을 지우며, 나의 아들이라는 부분을
지우며, 그 나의 법전을 갈기갈기 찢
어 걸레쪽같이 하여 거기서 그것을 가
지고 깨우쳤다 하니,
70 그들이 얼마나 사악한 자들인가?
71 나의 성전에 와 나의 법전을 읽었으며
나의 아들에게서 공부하지 아니하였
으며 나의 성령의 뜻을 듣지 않은 사
람들이 나의 법전을 접했다 하면, 그
들처럼 그와 같은 흉악한 짓은 하지
아니하였을 것이니라.
72 그와 같이 아무것도 모르는 자가 이
책을 접했을 때, 나의 선지자라는 그
이름을 칼로써 도려내며, 먹물로써 지
우며, 그의 사진을 찢어 버리며 떼어
내는 그와 같은 흉악무도한 짓은 하지
아니하였을 것이니,
73 그들이 얼마나 자신을 모르며 간악한
자인가?
74 앞에 가는 자, 축복받는 자의 그것을
보지 못하며, 저 자신이 어리석고 우
매하여 받지 못함을 모르는 자와 마찬
가지이니라.
75 하루 종일 일했을 때, 정해 준 그 품삯
을 받아 가지고 가면 기쁨이거늘,
76 늦게 온 자도 똑같이 준다 하여 주인
에게 대들며 불평을 하는 자보다도 그
들이 열배 백배 더 사악한 자들이며
우매한 자들인 것을 알아야 할 것이니
라.
77 사랑하는 나의 아들아, 너의 제자들에
게 이르라.
78 먼저 온 자 나중에 온 자 관계없으며,

많이 배운 자 많이 배우지 않은 자 관
계없으며, 나의 성전에 와 나의 아들
로부터 많은 강론을 듣고 안 들은 것
은 관계가 없는 것이니라.
79 제자리를 지키고 제 직분을 다하며,
제 소임을 다하며, 정녕 나 여호와가
원하는 그 길을 바라보고 달려오는
자, 그는 그 영광을 받을 것이니라.
80 저희들이 나로부터 의식주를 해결할
수 있는, 저희들이 운영할 수 있는 사
업체요, 저희들을 보호할 수 있으며
편안히 살아갈 수 있는 금화와 은화를
나의 아들이 저희들에게 먼저 베풀어
주지 아니하고 저희들에게 주지 아니
하였다 불평불만을 하는 자, 스스로
부끄러운 줄 알아야 할 것이며,
81 그가 깨닫지 못했으며 나 여호와가 원
하는 그 길에 들어서지도 못하였기에
그들은 재물을 관리할 자격이 없으며
나로부터 상을 받을 자격이 없기에 내
가 나의 아들에게 명하여 그들에게 지
불하지 말며 주지 말며 지원하지 말며
은혜를 베풀지 말라 하였음이니라.
82 그들이 더 깨달을 때까지, 그들이 더
뉘우칠 때까지, 그때 가서 그들에게
크나큰 상을 주고자 하였으나,
83 저희들이 잘못하여 받지 못하는 그 상
의 은혜를 생각하지 아니하고, 열심히
깨우쳐 나의 뜻에 순종하고 살아가는
자, 늦게 온 자가 먼저 받는 것을 보고
질투하고 시기하여 그와 같이 등을 돌
리고 감이니,
84 그와 같은 심성을 갖고는 영원히 하늘
에 오르는 빛을 볼 수도 없으며 구원
의 길을 볼 수도 없음을 너희들은 알
아야 할 것이니라.
85 지금 여기서 나의 피조물 만백성 너희
들은 들어야 될 것이니라.
86 그와 같은 자들이 너의 제자요, 나의
법전을 읽은 자 속에서 나와서는 아니
될 것이니라.
87 내가 너희들에게 약속한 것을 주면 그
것으로써 감사하며, 너희들이 나와 기
쁨을 같이하며, 너희들의 소임을 다한
그 대가를 받음으로써 너희들은 그 임
무가 다 끝났거늘,
88 남에게 큰 것을 주고 더 주는 것을 보
고 그에게 왜 더 큰 것을 주며 더 좋은
것을 주냐 하며 주는 자에게 대드니,
그 얼마나 사악한 행위인가?
89 그러한 자들이 바로 앞에 가는 자, 먼
저 가는 자, 만백성을 구하고자 하는
자, 나의 법전을 들고 나의 피조물 만
백성을 구원하기 위해 달려가는 자의
다리를 걸며, 들고 가는 그 법전을 흩
트려 놓음이요, 그를 넘어트리며 잡아
당기는 그와 같이 천인공노할 사악한
자들이니라.
90 그들이 저희들의 심성 그대로 벌을 받
을 것이니, 그들이 죽어 내 앞에 왔을
때, 그들의 온몸을 사악한 미물들이
다 휘감아 그들의 혓바닥의 놀림이요,
그들의 먹이가 될 것임을 잊지 말라.

2,671 번째 하나님 말씀

2002년 7월 25일 02시 30분

1 사랑하는 나의 아들아!
2 "네, 아버님! 말씀하옵소서."
3 수천 년 역사가 흘러오는 동안에 너희

들이 기도하여 기대하고 너희들이 구
원하고자 했던 그 생각에, 너희들은
성서의 한 구절의 그 뜻에 따라 그저
울고불고 기도하면 다 구원을 얻는다
그리 생각하고 지금까지 살아왔으며
너희들의 믿음이 그러하니라.
4 너희가 기도할 때 너희들이 무엇을 원
하든지, 무엇을 믿고 무엇을 구하든
간에 다 나 여호와가 들어준다 너희들
은 그리 가르쳤으며,
5 성서의 그 구절을 가지고 너희들은 그
와 같이 나의 피조물 만백성에게 너희
손으로 지은 그 성전에 와 기도하고
경배하면 너희들이 구하고 얻고자 하
는 것은 다 나 여호와로부터 얻는다
그리 말하며 그리 가르치고 있음이니
라.
6 그리하여 지금 나의 피조물 만백성이
너희들이 만든 그 호화찬란한 성전이
라는 곳에 가 눈물로써 기도하며, 또
한 너희들은 기도하고 원하는 것을 나
여호와로부터 다 얻으며 구원을 받는
곳이 그 성전이니 그곳에 금화와 은화
와 모든 것을 많이 바치면 바칠수록
너희들이 더 많은 것을 얻고 구한다
그리 가르치고 있음이니라.
7 너희들은 이 성서 한 줄의 그 뜻을 왜
곡되게 가르치지 말며, 나의 피조물
만백성을 우롱하여 재물과 금화를 너
희 세 치의 혓바닥으로 긁어모으며 그
들을 지옥 불로 가도록 인도하지 말라.
8 내가 너희들에게 말하여, 안식일이라
하는 그 자체도 너희들이 남에게 죄지
은 자, 살인한 자, 갚을 것이 많이 있
는 자, 그러한 자는 쉴 만한 자격이 없
으며 안식일이라는 그 시간을 쉴 자격
이 없다 하였느니라.
9 바르게 살고 곧게 산 자, 그리고 부끄
럽지 아니하게 열심히 산 자, 그러한
자가 피로하고 지칠 때 휴식을 취하며
나 여호와에게 경배의 기도를 드리며
저 자신을 다스려 나가며 믿음을 돌이
켜 보며, 한 주의 삶을 느끼고 또 다음
의 삶을 위하여 시간을 갖는 것이 안
식일의 그 시간이니,
10 그 안식일의 시간은 인간을 위하여 만
들어진 것이지, 안식일을 위해서 인간
이 존재하지 아니한다 내가 너희들에
게 깊이 깨우쳐 주었음이니라.
11 바로 이 성서에 기록되어 있는 대목도
그러한 것이니라.
12 너희들이 기도할 때 무엇이든지 믿고
구하는 것은 다 구할 것이라는 그 한
줄을 너희들이 왜곡되게 나의 피조물
만백성에게 그리 가르치고 있음이니
라.
13 이는 너희들이 살인하고 죄지으며 간
음하며 나의 계명에 따라 지키지 아니
하고 사는 자, 그러한 자들이 기도할
때 무엇인가 얻어지고 구원을 받는다
는 그 뜻이 아님이니라.
14 나의 계명을 따르며 나의 뜻에 따르며
나의 율법에 따라 살며 그들이 스스로
하늘의 깨달음을 얻어 하늘의 길을 보
며 저희들이 나의 계명대로 살고자 발
버둥치는, 그 목숨을 내거는 것보다도
더 피나는 노력으로써 하나하나 다스
려 깨우쳐 가 저희들이 하늘에 오르는
그 계단을 스스로 한 계단 한 계단 밟
아 나에게 근접해 오는 자, 그러한 자

들이 기도할 때, 그들이 무엇인가를
원할 때 내가 들어준다 함이었음이니
라.
15 너희들은 너희 자식들에게 너희들이
죽어 갈 때, 유언이요, 재산이요, 무엇
인가를 남겨 주고자 하며, 너희들은
그와 같이 무엇인가 더 얹어 주어 그
들이 영원히 편안한 삶을 살도록 하기
위한 그 욕심을 버리지 못하고 행하는
그 행동처럼,
16 너희들은 죽어 갈 때 너희 재물을 남
의 아들에게 주는 자가 없느니라.
17 너희들 인간사에서도 살아가는 것이
법도가 그러하거늘,
18 내가 나의 백성이요, 나의 품 안에 살
고자 하지 아니하며 나에게 순종하지
아니하며 나의 율법과 나의 계명을 지
키지 아니하고 제 마음대로 사악한 행
동을 하는 자, 저희 손으로 지은 그 성
전에 가 기도하고 경배하면 다 이루어
진다 그리 말함이니,
19 그리하여 가진 자 더 갖고자 하며, 얻
은 자 더 얻고자 하는 그와 같은 사악
한 자들이 기도를 드리는 너희들의 그
와 같은 성전으로 전락하였음을 알아
야 할 것이니라.
20 내가 성서에 기록하여 '무엇이든지 기
도하면 거둘 것이며 구하면 줄 것이
다' 하는 것은, 바르게 사는 나의 피조
물 만백성에게 해당하는 것이니라.
21 이제는 나의 성령을 받아 내가 나의
혈통을 따라 내가 혈통으로써 내리는
나의 아들딸만이, 그들이 정녕 구원하
는 진실한 기도를 드릴 때 내가 그 뜻
을 들어줄 것이며,
22 그 애절한 마음으로써 나에게 기도를
드릴 때, 그들의 말로써 하는 것이요,
행동으로써 하는 것이 아니라, 저희들
스스로 깊은 마음속에 간직한 그 마음
을 감히 두려워 나에게 보고하지 못하
며, 나에게 달라 원하지 못하며, 나에
게 소원하지 못하는 그 가슴속에 깊이
감추어 둔 그 애절한 마음의 뜻을 내
가 들어주는 것이 바로 너희들이 기도
할 때 내가 모두를 다 들어준다는 그
뜻임을 너희들은 알아야 될 것이니라.
23 너희들은 정녕 십계명을 지키며 나 여
호와의 뜻에 의하여 산 자, 그 사람의
기도만을 들어주는 것을 다시 한 번
깊이 깨우쳐야 될 것이니라.
24 아무리 너희들이 기도를 드리며 눈물
로써 나에게 경배의 기도를 드린다 하
여도, 사악한 자의 기도를 나는 들어
주지 아니함이니 너희들은 그리 알아
야 될 것이니라.
25 너희들은 내가 사랑의 하나님이요, 사
랑의 여호와 하나님이라 하나,
26 너희들이 진정 깨끗한 마음으로 드리
는 기도 외에 사악한 자, 잘못 가르치
는 종교 지도자, 그리고 저희들의 육
의 부귀영화를 위하여 나의 백성들을
지옥 불로 인도하고 끌고 가는 자, 또
그 앞에서 광란의 믿음을 가며 저희들
이 나의 아들 예수의 피로써 구원받으
며 저희들이 천국의 열쇠를 가지고 있
는 양, 그 천국의 문을 저희들 마음대
로 열 수 있는 듯이 하는 그와 같은 자
들은 구원을 받는다 생각지 말라.
27 그리 생각해서는 안 될 것이니 그리
알라.

28 너희들의 기도는 무엇이더냐?
29 너희들이 나 여호와의 뜻에 의하여, 너희들이 나의 율법에 따라, 나의 계명에 따라 이제는 나의 법전에 내려진 너희들의 그 계명이요, 내가 원하는 그것을 중심체로 잡아,
30 중심을 잡은 그 속에서 오로지 나에게 향하는, 매일매일 변화되는 삶을 사는 그들의 기도며 그들의 원하는 것을 들어줌을 너희들은 알아야 될 것이며,
31 성서에 기록된 나의 그 한 줄을 너희들은 왜곡되게 설명하여 너희들의 필요한 것, 너희들의 원하는 것, 너희들이 편안하고자 하는 것을 나의 피조물 만백성에게 영수증이라는 것도 지불하지 아니하며 그저 사악하게 거두어들이는 그와 같은 행위를 하지 말라.
32 정녕 나의 뜻대로 살지 않는 자는 아무리 기도를 해도 내가 들어주지 아니하며 나와는 관계없다는 것을 내가 나의 법전에 오늘 기록하여 내리니,
33 이것을 읽은 자가 그와 같이 가르치는 자, 또 이것을 읽은 자가 지난 너희들의 삶의 그 형태처럼 가르치는 자, 그것을 듣고서 또 그를 옳다 생각하는 자, 영원히 구원받지 못할 것이니 그리 알라.

2,672 번째 하나님 말씀

2002년 7월 25일 02시 45분

1 "너는 나 외에는 다른 신들을 네게 있게 말지니라.
2 너를 위하여 새긴 우상을 만들지 말고, 또 위로 하늘에 있는 것이나, 아래로 땅에 있는 것이나, 땅 아래 물 속에 있는 것의 아무 형상이든지 만들지 말며, 그것들에게 절하지 말며, 그것들을 섬기지 말라.
3 너는 너의 하나님 여호와의 이름을 망령되이 일컫지 말라.
4 안식일을 기억하여 거룩히 지키라.
5 네 부모를 공경하라.
6 살인하지 말지니라.
7 간음하지 말지니라.
8 도적질하지 말지니라.
9 네 이웃에 대하여 거짓 증거하지 말지니라.
10 네 이웃의 집을 탐내지 말지니라.
11 나 여호와가 존재함을 믿는 그 자체가 구원의 길에 들어서는 기본이요, 근본이며, 나의 법전을 가슴에 안고 정독하는 자, 반석 위에 서서 하늘에 오르는 찬란한 빛을 보게 되는 영광을 얻게 됨이니라."
12 사랑하는 나의 아들아!
13 "네, 아버님! 말씀하옵소서."
14 구약의 그 찬란한 역사의 기적 속에서도 너희들이 하늘에 오르는 길이 무엇인가를 깨닫지 못하였음이니,
15 그리고 신약의 시대에 또한 너희들이 그 깨달음을 얻지 못하였음이니, 그리하고 나의 뜻이 정녕 너희들에게 전해지는 그 생수의 흐름을 너희들이 스스로 막아 암흑의 세월이 흘러왔음이니라.
16 그 속에서 너희들이 성서를 갖고 하늘에 오르는 길이라 하여 너희 스스로 지금 모두가 저희 종파만이 하늘에 오르는 길이요, 저희들을 따르는 자들만

이 구원을 얻는다 하며 지금 천 갈래,
만 갈래, 수십억 갈래로 갈라져 그와
같이 믿음의 길을 인도하는 자들이 나
름대로 그 종파에 뿌리가 내려져 있으
며,
17 그들의 가르침과 그들 나름대로 깨우
친 인간의 머리에서, 그 계산속에서
계속 흘러나오는 그와 같은 종파의 믿
음이 지금까지 흘러왔음이니라.
18 그리하여 너희들이 소집단이요, 대집
단으로 나름대로 신념과 사상이라는
것을 갖고, 또 너희들이 만든 책자요,
너희들이 만든 가르침의 교본을 갖고,
그리고 성서를 갖고 지금까지 그리 믿
어 온 그 조직의 힘이 철옹성보다도,
암반보다도 더 단단한 그와 같은 저희
들만의 옹벽을 쳐 놓고 살아가는 그
믿음 속에서,
19 그리고 너희들의 그 광란의 세계요,
너희들의 시간과 재물과 모두를 오로
지 다 바쳐 가며 구원을 받겠다고 발
버둥치는 그 집단, 너희들에게
20 지금 어느 날 나의 선지자라는 자가
세상에 나와, 너희들이 지금까지 온
그 믿음이 잘못되었으며 너희들이 하
늘을 향하여 가는 그것이 지옥행 열차
를 타고 가는 것이며,
21 너희들이 하늘나라의 티켓을 사고 하
늘의 구원을 받고 하늘에 재물을 많이
쌓아 놓아 너희들이 죽어 와 축복을
받겠다는 그 허황된 생각 속에서, 망
상 속에서 재물을 바치며 금화를 바치
며 살아왔던 것이 잘못 가는 길이며,
너희들이 죽어 지옥으로 가는 그 티켓
을 사는 그와 같은 행위이니,
22 오른쪽으로 돌던 그 팽이를 반대쪽으
로 돌리듯이, 너희들의 삶을 바꾸어
바른길로 살아야만 구원을 받는다고
너희들에게 외치는 자가 있으니,
23 너희들이 그를 보기는 정신이상자요,
그는 잘못된 자라 생각하나,
24 그가 지금 160권이라는 나의 성령을
받아 책자로 세상에 낸다 하여, 이제
2부가 다 끝나고 3부에 돌입해 가고
있는 이 시점에,
25 3부의 책이 세상에 나왔을 때 그를 보
고 깨우쳐 너희들이 철옹성보다 더 믿
었던 그 조직의 하부가 무너지기 시작
하여 흔들리기 시작하며, 너희들의 상
층부까지 다 무너지는 그와 같은 형태
가 이루어질 때가 머지않았음이니,
26 그와 같이 태풍도 비바람도 무너트릴
수 없는, 어떠한 형국으로써도 무너트
릴 수 없는 그 너희들의 굳어진 집단
의 조직을 하체부터 흔들어 무너트리
기 시작하는 그 역사가 이루어질 때,
너희들은 나의 선지자에게 총칼을 들
이대며, 너희들은 피를 보는 그와 같
은 형국으로써 나의 아들을 죽이려 할
것이니라.
27 그러면서 너희들은 물을 것이니라.
28 선지자 너라는 인간이 무엇이고 누구
이기에 네가 이와 같이 '하나님의 성
령이요, 하나님이 내리는 말씀을 받았
으니, 이는 하나님의 뜻이라' 하여 법
전을 만들어 그 책으로 만들어 저희
스스로를 비평하게 하며, 너희들이 지
금까지 살아온 삶을 뒤집으며 다 잘못
되었다 그리 비평하는가 하여 너를 죽
이려 들 것이며,

29 네가 과연 누군지 증명하라 너에게 말
할 것이니라.
30 그리고 '네가 받아쓰는 것이 정녕 여
호와 하나님의 성령이며, 이 법전이
하나님께서 내리는 책이며, 이 책 속
에 있는 그 모두가 구원을 받는 길이
냐?' 하고 물으며,
31 '이 책 속에 있는 비평하는 그 모두를,
어찌하여 감히 네가 이와 같은 책을
쓸 수 있느냐?' 하며 너에게 그리 물
을 것이니라.
32 그리고 너를 이 세상에 흔적도 없이
없애려 할 것이며, 그들은 대들 것이
니라.
33 먹이를 보고 뛰어드는 맹수처럼 너를
공격할 것이니,
34 너는 그때 당당히 서서 그들에게 말하
여야 될 것이니라.
35 '너희들은 나에게 묻지 말라.' 그리 말
하라.
36 '나는 여호와 하나님께서 나를 선지자
라 명했으며, 종이라 명했으며, 아들
이라 나를 부르시니, 그분의 뜻에 따
라 나는 움직였으며, 여호와 하나님의
뜻에 의하여 나는 행했으며 행해졌음
이니, 너희들이 나에게 묻지 말며 직
접 여호와 하나님께 물으라.'
37 나의 아들아, 그리 그들에게 대답하라.
38 그러면서 '너희들은 과연 그 믿음이
어떠한 형태로써 믿는가?' 그들에게
물으라, 나의 아들아!
39 '너희들의 믿음과 행함은 과연 여호와
하나님의 뜻에 의하여 움직이는 것인
가? 너희들은 과연 너희 스스로 검은
머리로써 생각한 너희 인간들의 생각
과 인간의 뜻으로써 움직이는 것이 아
닌가?' 그들에게 물어보라.
40 '너희들이 정녕 하늘의 뜻을 갖고 말
하는가? 그리고 정녕 너희들이 여호
와 하나님으로부터 선택된 자라 말하
며, 여호와 하나님으로부터 내려지는
음성을 받아 그를 갖고 깨우치며, 너
희들이 가르치는 것이 정녕 하나님의
뜻이라면 너희들은 나에게 증명을 해
보이라.' 그리 말하라.
41 '너희들이 정녕 여호와 하나님의 뜻이
라 하면 무엇으로써 너희들이 나에게
증명하겠는가? 너희들이 증명할 것을
대 보라.' 그리 말하라.
42 그리하면 그들이 너에게 물을 것이니
라.
43 '그렇다면 네가 정녕 여호와의 하나님
의 아들이며, 정녕 이 시대에 만백성
을 구하는 성령이요, 만백성을 심판하
는 법전이라는 이 책이 여호와 하나님
의 것이며 그의 뜻이라면, 네가 먼저
증거를 보이라.' 그리 말할 것이니라.
44 그러거든 너는 그들에게 말하라.
45 '나는 160권의 법전이요, 하나님의 말
씀으로써 세상에 책을 내, 이 책 속에
너희들이 바로 못 보고 깨우치지 못한
것들과 깨닫지 못하고 보지도 못하고
듣지도 못한 그 내용이 기록되어 있음
이니,
46 이는 내 인간의 머리로써 이룰 수 없
는 역사이며, 오로지 창조주이신 하나
님만이 할 수 있기에 이 160권이 여호
와 하나님의 말씀이요, 내가 여호와의
아들임을 증명하는 것이다.' 하며 그
리 그들에게 보여 주라.

47 그리고 그들에게 물으라.
48 '너희들은 과연 무엇으로써 나에게 증명할 것인가?
49 내가 160권의 법전을 세상에 냈듯이 너희들이 이와 같은 법전으로써 나에게 증명할 것인가? 그렇지 않으면 너희들이 무엇으로써 나에게 증명할 것인가?
50 하나님의 성령의 말씀을 들어 160권의 법전으로 기록된 이것보다 더 정확하고 더 위대하며, 그 모두를 통제하며,
51 이 세상을 한 민족으로 만들며 하나의 언어로 공통어를 만들어, 하나로써 모든 종파가 이 법전에 기록되어 있는 하늘에 오르는 그 뜻으로써 깨우치는 역사를 이룰 수 있는 너희들의 그 근거를 대 보라, 무엇인가 증명을 해 보라.' 그리 말하라.
52 그들은 대지 못할 것이니라.
53 그들은 답변을 할 수 없을 것이니라.
54 그렇다 하거든 그들에게 말하라.
55 네가 누군지 묻지 말며, 네가 어디서 왔는가를 묻지 말며, 네가 행하고 있는 것이 누구의 뜻에 의하여 움직이는가 그를 묻지 말며,
56 네가 나 여호와의 아들이라 하는 것을 의심치 말며 내가 너를 아들이라 부르는 것을 의심치 말라 그들에게 그리 말하라.
57 그와 같이 해서 그들 중에 나의 법전을 보고 깨우쳐 나의 전사가 되는 자가 있는가 하면, 너를 해하고자 이를 가는, 맹수가 먹이를 공격하는 것보다 더 사나운 모습으로써 너를 절단하고자 하는 자 있을 것이니, 그들에게 말하라.
58 저희들이 정녕 나 여호와의 뜻을 증명하여 너에게 보일 것이 없거든, 네가 나 여호와 하나님으로부터 받아 그 증표로 내보일 수 있는 160권의 법전을 단 한 줄이라도 읽고 깨우쳐, 이 속에 잘못된 것이 있으며 이것이 나 여호와 하나님의 말이 아니라 하거든 너에게와 갑론을박하라 그리 깨우쳐 주라.

2,673 번째 하나님 말씀

2002년 7월 25일 03시 11분

1 사랑하는 나의 아들아!
2 **"네, 아버님! 말씀하옵소서."**
3 지금 너희들이 하나 깊이 깨우쳐 가야 할 것이 있느니라.
4 정녕 나 여호와의 성령이요, 나의 뜻이요, 내가 내리는 성령이요, 내가 지금 제3의 시대에 나의 아들을 통하여 내리는 이 법전의 내용 또한 너희들은 처음과 끝이 변함이 없는 것이며, 처음과 끝이 다 똑같이 행하게 되어 있음이니라.
5 처음과 끝이 다른 것은 나의 성령이 아니요, 나의 성서가 아니요, 창조주인 나 여호와가 내린 것이 아님을 너희들은 알아야 될 것이니라.
6 그렇다면 너희들이 여기서 하나 깨우쳐야 할 것은, 지금 수천 년 전에 종교 지도자들이 만백성을 통제하고 다스렸던 그 시대에 너희 믿음의 조상의 뿌리를 한번 돌아다보고 연구해야 될 것이니라.

7 지금 너희들이 하늘을 향하여 나를 경
배하며, 하늘에 오르는 길이라 인도하
며, 너희들의 각종 손으로 지은 성전
이라는 그곳에서 너희들의 모든 깨우
침과 가르침만이 하늘에 오르는 길이
라 하며,
8 너희들이 재물을 거두어들이고 금화
와 은화를 긁어모으며 지금 믿고 가는
그 형태가 몇천 년 전에 너희 종교의
뿌리들이 이끌고 믿어 왔던 그 행동과
그들이 행했던 의식과 모든 행사가 다
같아야만 될 것이니라.
9 수천 년 전 너희들의 종교의 뿌리요,
너희 조상들이 믿어 왔던 방법과 행했
던 그것이 지금에 와서 너희들과 하는
것이 다르고 많은 변화가 있다 하면
이것은 정녕 나 여호와의 뜻을 행하는
것이라 말할 수 없음이니라.
10 너희 종교 집단의 뿌리요, 너희들의
조상이요, 선배들이 나의 피조물 만백
성을 깨우쳐 하늘에 오르게 하고자 가
르치고 깨달았던 그 교육의 방법과 그
들의 행했던 의식과 그 모두가 지금까
지 그대로 전통으로 내려왔으며 그때
의 그 수법과 행함이 지금과 똑같았을
때, 너희들은 정녕 나의 뜻에 의하여
움직였다 말할 수 있음이니라.
11 이는 즉, 나의 성령이요, 나의 뜻이요,
나의 메시지는 시작과 끝이 다 똑같음
이니, 세월이 천년만년이 흐른다 하여
도 변하는 것이 없음이니라.
12 그러니 지금의 믿음을 가지고 오는 종
교 지도자 너희들의 인간의 뿌리인 그
당시의 종교 행사요, 의식이요, 그들
이 가르쳤던 방법과 지금 너희들이 행
하는 것이 똑같이 일치한다 하면 이는
바로 너희들이 나의 뜻을 행했다 할
수 있을 것이니라.
13 그러나 너희들의 조상이요, 뿌리가 행
했던 방법과 다르며, 그들은 사랑을
베풀었으나 지금의 너희들이 사랑을
베풀지 못하며,
14 그 당시 나의 피조물 만백성들을 종교
집단 안에서 인간 이하로 취급하지 아
니하며 인간의 생명을 마음대로 좌지
우지하는 그와 같은 종파의 믿음으로
왔으나, 그 종파의 믿음이 지금과 같
이 똑같이 그 형태로 이루어지지 아니
하고 역사가 흐를 때마다 변하는 그
믿음의 형태로 흘러왔다 하면,
15 이것은 정녕 나의 진리를 너희들이 바
로 깨우치지 못했으며 하늘에 오르는
나의 뜻을 제대로 인도하지 못한 증거
임을 알아야 될 것이니라.
16 백 년 역사의 주기로 끊어 너희들이
가르치고 행하는 그 수법과 너희들이
지도하는 방법이요, 이끄는 그 방법의
형태가 달라진다 하면, 너희들은 이를
어찌 나 여호와에게 설명할 수 있겠는
가?
17 이것을 하나 보더라도 너희들이 얼마
나 잘못 흘러왔는가를 깨달아야 할 것
이니라.
18 지금 모든 종교 지도자와 믿는 자, 그
리하여 너희들이 그와 같이 믿음의 길
로써 저희 종파 속에서 저희들만이 우
수하며 저희들만이 구원을 받는다고
그리 오는 자들이 실상은 나의 계명
이요, 나의 뜻에 의하여 너희들이 지
키기 어려운 그 나의 명을 지키지 아

니하며,
19 단상에서 말로써는 정녕 사랑을 베풀
며 천사같이 말하나 정작 자기들이 가
진 것을 불쌍한 사람에게 나누어 주는
그 하나도 시행하지 못하는 자들이라
하면 너희들은 과연 진정한 믿음의 길
로 갈 수 있다 하는가?
20 그러나 너희들의 그 믿음을 모르고 깨
달음을 모르며 그저 평범하게 살아왔
던 나의 백성이, 나 여호와의 뜻이 무
엇이며 계명이 무엇인가를 깨달아 그
가 너희들보다 먼저 행하여 실천하고
가며,
21 너희들은 앞에서는 천사요, 목자로서
행동하나 이면의 생활은 영상의 필름
처럼 비춰 보았을 때 하나도 너희를
존경할 자가 없는 그와 같이 추하고
더러운 방법으로 살아가며 나의 피조
물 만백성을 이끌어 가는 너희들이라
하면,
22 아무것도 모르는, 너희들이 말하는 이
방인이라는 그 사람들이 먼저 깨우쳤
을 때 그들이 먼저 구원을 받을 것이
니라.
23 이것이 지금 너희들의 믿음의 한계의
형태임을 알아야 될 것이니라.
24 수천 년 동안 너희 조상의 뿌리들이,
종교의 너희들의 조상이 가르쳤던 그
것을 그대로 지켜 지금까지 너희들이
흘러온 상태라면, 그 속에서 살아오는
너희들이 나의 계명대로 지키지 아니
하고 거짓 하며 오만하며 나의 피조물
만백성 앞에 당당히 설 수 없는 그와
같은 자들이 종교 지도자라 하여 지금
까지 흘러온 그 역사 위에,
25 너희들이 말하는 이방인이라 하는 사
람들이 성서를 지키며 계명을 지키고
살아가는 자들이 있다면, 바로 그들이
너희들보다 더 정녕 진실된 구원의 길
을 가는 것이며, 그들이 먼저 구원받
으며,
26 그들만이 구원을 받고 너희들은 구원
을 받지 못하는 그와 같은 역사가 이
루어지는 것이 지금 너희들이 끌고 오
는 믿음의 한계임을 알아야 할 것이니
라.
27 내가 오늘 나의 아들을 통하여 나의
아들의 제자요, 나의 법전을 읽고 깨
우친 만백성 너희들에게 이르나니,
28 믿음의 틀 속에서 살아온다 하나 그
법도를 지키지 못하며, 너희들의 전지
전능한 아버지라 하며 너희 아버지가
명한 것을 지키며 그리하여 너희 아버
지로부터 구원을 받는 자라 말은 그리
하나 행동은 그리하지 못하는 너희들
보다,
29 이방인이라 하여 너희들이 저주하고
손가락질하는 자일지라도 그들이 나
의 뜻이요, 나의 율법이요, 나의 계명
에 따라간다면, 그들이 먼저 나에게
올 수 있으며 너희들은 지옥 불로 간
다는 그 엄연한 사실을 잊지 말라.
30 그와 같은 이치를 나의 아들을 통하여
너희들에게 전함이니, 너희들은 이 뜻
을 깊이 깨우쳐 바른길을 와야 할 것
이니 그리 알라.

2,674 번째 하나님 말씀

2002년 7월 25일 03시 28분

1 사랑하는 나의 아들아!
2 "네, 아버님! 말씀하옵소서."
3 나의 피조물 만백성 너희들을 구원하
기 위하여 내가 한 인간인 모세를 통
하여 너희들을 구원하고자 그 역사를
이루었음이니라.
4 그러나 나의 모세가 너희들을 인도하
여 그 역사를 보였지만, 그가 나로부
터 계명을 받아 내려가기 전까지 그들
은 인내하지 못하였으며,
5 그 짧은 시간 속에 그들은 그 모든 나
로부터 받은 은혜와 영광이요, 사막을
지나오는 그와 같은 고충의 그 세월에
서 내가 이루었던 그 모든 기적을 다
잊어버린 채 우상을 만들어 그와 같이
광란의 형태를 이루었음이니, 그는 곧
무엇이더냐?
6 천국의 문을 닫도록 함은 물론이요,
그들이 나로부터 너희들에게 등을 돌
리도록 하였으며, 내가 너희들과 같이
있지 못하도록 한 그와 같은 무서운
행동을 했음을 너희들은 알겠는가?
7 너희들이 모세에게 등을 돌려 그와 같
이 광란의 짓을 함으로 인하여 너희들
은 내가 너희들과 더불어 같이하며 내
가 모세를 통하여 너희들을 인도하며
더 깨우치는 그 역사를 이루지 못하도
록 하였음이니라.
8 그리하여 내가 너희들의 마음을 다스
릴 길이 없어, 나의 사랑하는 아들 예
수를 세상에 내보내 너희들을 통제하
고자 하여 그가 많은 나의 성령의 뜻
을 전했으며 너희들을 깨우쳐 너희들
이 행하고 지켜야 할 것을 내가 나의
아들을 통하여 너희들에게 생명수처
럼 세상에 내려보내려 하였으나,
9 너희들은 정녕 한 인간인 모세를 내려
보냈을 때 그를 배신하여 그리했으며
더욱이 그와 같이 인간의 한 형태로써
깨우치고 가르치는 자를 배신하였기
에, 너희들에게 나의 아들을 직접 내
려보내 내가 너희들을 다스려 깨우쳐
하늘에 오르는 그 영광을 얻도록 하고
자 하였던 것이 나의 뜻이었느니라.
10 그러나 나의 아들이 직접 내려가 너희
들을 깨우치고자 하였으나 너희들이
어떠한 형태로 이루어졌던가?
11 광란의 시대를 더 벗어나 나의 아들을
그리 고통스럽게 죽음으로 몰고 가 짓
밟아 버리는 그와 같은 역사를 하였음
이니, 그 행위는 무엇이더냐?
12 그 행위 또한 나 여호와가 존재함을
너희들이 믿지 아니하려 했으며, 믿지
아니하였으며, 나의 아들 예수를 나의
아들이라 믿지 아니하고 행하는 그 잔
악한 행동에서 그와 같이 이루어졌음
이니라.
13 내가 인간을 통하여 너희들을 깨우치
고자 했으며, 더욱이 너희들이 그를
따르지 아니하고 역행하므로 나의 아
들을 보내어 너희들을 통제하고 다스
리려 하였음이니라.
14 그러나 너희들이 이를 따르지 아니하
였음이니, 이제 나의 피조물 만백성을
구한다 하면 누가 내려가야 되겠는가?
15 바로 나 여호와가 직접 내려가 너희들
을 구별하며, 죄지은 자 벌주며 나의

법전에 따라 살아온 자 상을 주는 그
와 같은 역사를 이루는 것만이 하나
남아 있는 것임을 너희들은 알아야 할
것이니라.
16 그리하여 지금 내가 제3의 시대가 마
지막이라 말함이니라.
17 내가 인간의 형상을 가지고 내려가
'내가 여호와 하나님이라' 말해도 너
희들은 그를 따르지 아니할 것이며,
오히려 더욱 거부할 것이며, 더 처참
한 형태로 나를 핍박할 것이니라.
18 그리하여 내가 바로 전 년의 역사요,
만 년의 역사가 흘러도 변하지 않는,
나의 성령을 태워 직접 내가 세상에
내려가 너희들을 통제하는 이 역사가
시작되었음이니,
19 나의 성령이 세상에 내려감이 곧 나
여호와가 내려감이니라.
20 나의 성령이요, 내가 직접 내려왔으
나, 내가 한 인간을 통하여 이 모두를
전하여야 되며, 너희들과 같은 형태를
가진 사람을 통하여 나의 법전을 전하
며 너희들의 글과 문화로써 내가 전하
여야 되지 아니하던가?
21 그리하여 내가 나의 아들을 미리 세상
에 보내 인간 세속에서 자리를 잡게
하여 뿌리를 내리게 하였음이니,
22 그리하여 그를 통하여 지금 '하늘에
오르는 길'이라 하여 나의 법전을 세
상에 펴냄이니,
23 이 책 속에 들어 있는 나의 성령이 곧
나임을 너희들이 알아야 될 것이니라.
24 그리하여 내가 일찍이 나의 아들을 통
하여 너희에게 전했느니라.
25 나의 법전의 뚜껑을 열 때 내가 너희
들과 같이하며 너희들이 그 뚜껑을 닫
을 때 내가 물러나 떠남이라 그리 말
하였으니, 이 뜻을 너희들은 어찌 들
었는가?
26 이제는 바로 그러하니라.
27 너희들과 같은 인간의 형태를 가진 나
의 백성인 모세로 하여금 너희들을 구
원하고자 하였으나 너희들이 배신하
였으며,
28 그리하여 그보다 더한 나의 아들을 직
접 내려보내 너희들을 통제하려 하였
으나 너희들은 그를 죽였느니라.
29 나의 아들에게 나의 성령을 내려보냈
으나 너희들이 그를 지키지 아니하였
으니,
30 이제는 내가 나의 아들을 통하여 직접
나의 성령의 그 모두를 책이라는 그
법전 속에 내려 내가 직접 통제하여
가 있음이니라.
31 이 법전이요, 이 성령에 바로 내가 존
재함을 너희들은 알아야 할 것이니라.
32 그리하여 마지막 시대라 하여 마지막
시대에 나의 성령이 세상에 내려오니,
곧 내가 내려옴이니라.
33 그리하여 내가 책으로 만들어 세상에
내보내니, 너희들은 또한 이 책을 찢
어 버리고 불태우며, 나를 대변하여
나의 음성을 들어 기록하는 죄밖에 없
는 나의 아들을 죽이려 함이니라.
34 이는 바로 무엇이더냐?
35 너희들이 나에게 도전하고자 함이니
라.
36 그리고 내가 존재함을 믿지 않으려 하
며, 내가 존재치 못하게 하고자 하는
너희들의 형태이니라.

37 지금 마지막으로 나의 성령이 직접 내
려가 내가 직접 너희들을 깨우치려 책
속에 나의 성령을 심으니, 그게 바로
나이니라.
38 그러나 너희들은 이를 찢어 버리고 태
우며 또 나의 아들을 죽이려 하니, 이
는 너희들이 나에게 도전함이요, 나를
능멸하려 함이요, 나를 존재치 못하게
하고자 하는 그 사악한 행위를 하는
것이니,
39 내가 정녕 너희들을 더 이상 용서할
수 없으며, 더 이상 너희들을 그냥 방
치할 수 없음이니라.
40 그리하여 나의 법전을 읽고 깨우치는
백성은 나로부터 구원을 받을 것이며,
그렇지 못한 백성은 지옥 불에서 영원
히 헤어날 수 없는 그 벌 속에서 살아
가야 된다는 것을 알아야 될 것이니라.
41 내가 여기서 너희들에게 다시 한 번
명하노라.
42 처음에 너희들이 병자를 고치듯이, 처
음에 발병한 병자는 약한 약으로써 치
료하나, 그 병자가 약에 면역성이 생
기면 더 독한 약을 쓰게 됨이니라.
43 그리하여 또 너희들이 더 면역성이 생
길 때, 결과적으로 최종에 수술이요,
칼을 대게 됨이요, 더 독한 약을 쓰게
됨이니라.
44 이와 같은 것이 지금 너희들이 가지고
있는 형태며 이루어진 역사의 형태이
니라.
45 그리하여 너희들은 지금은 면역성이
생겼으며, 도저히 수술을 하지 아니하
면 안 되는 그와 같은 단계에 왔기에,
46 내가 직접 나의 성령이요, 나의 법전
이요, 이 책 속에 내가 내려와 너희들
을 지금 수술하며 고칠 자 고치고 버
릴 자 버리며 구원할 자 구원하는 그
역사가 이루어지고 있음이니라.
47 그러하니 나의 법전을 찢고 태우는 자
는 나를 태우며 나를 찢는 그와 같은
형국이기에 너희들이 곧 나를 능멸함
이요, 나에게 도전함이요,
48 전지전능한 여호와요, 너희 아버지라
부르며 천국에 오르고자 하는 자들이
나마저도 이 세상에 존재치 못하게 하
고자 하는 것이 지금 너희들이 나의
책을 태우며 나의 책을 찢어 버리며
나의 아들을 죽게 하고자 하는 그러한
것이니,
49 그게 바로 나를 죽이는 그 능멸의 죄
를 짓고 있음임을 너희들이 알아야 할
것이니라.

2,675 번째 하나님 말씀

2002년 7월 25일 09시 08분

1 사랑하는 나의 아들아!
2 "네, 아버님! 말씀하옵소서."
3 너희들이 한 자도 더해서도 안 되며
빼서도 안 되며 너희 임의대로 설명해
서도 안 된다는 그 성서 속에는 지금
나의 제3의 시대가 온다는 그 역사의
변화를 미리 너희들에게 알려 나의 아
들 예수가 기록해 놓은 부분들이 여러
군데 많이 있음이니라.
4 그러나 너희들이 그러한 것은 그저 한
줄의 글 읽듯이 그대로 넘어가며,
5 그 뜻과 그 이치를 깊이 깨우쳐 현재
와 미래에 이루어질 너희들의 그 역사

의 변화는 공부하지 아니하고 가르치
지 아니하며 그것을 탐구하지 아니함
이니라.
6 그저 너희들은 그런 부분들은 그냥 넘
어가니, 너희들이 나의 뜻을 알 수가
없으며,
7 너희들이 나로부터 선택되어 정녕 나
의 피조물 만백성을 하늘에 오르는 그
길로 인도하는 자들이 못 되기 때문이
니라.
8 요한복음에 그리 기록되어 있으며 성
서 속에 그와 같이 기록되어 있는 내
용들이 수없이 있음이니라.
9 너희들은 나의 성서를 다시 한 번 정
독하며 나의 아들 예수가 기록해 놓은
그 모든 내용들을 하나하나 깊이 분석
해 보면 그와 같은 내용을 알게 될 것
이니라.
10 성서에 기록되어 너희들에게 말하되,
나 여호와요, 내가 창조한 이 지상에
아름다운 나라를, 이 지상의 낙원을
언젠가는 너희들이 스스로 다스리지
못하며 그를 뺏기게 됨이니,
11 그 열매를 맺는 백성이 다시 받는다
하여 그 백성들이 그를 이룰 것이라는
기록이 되어 있음을 너희들은 찾아보
아야 될 것이니라.
12 이는 무엇을 의미했던가?
13 내가 성서에 기록하여 지금 이 지상의
낙원에 사는 너희들이 살 자격이 없으
며 살 수 있는 능력을 상실하게 됨이
며,
14 나 여호와가 원하는 그 방향과 내가
추구하는 그 길을 가지 아니하며 너희
들 스스로 육에 의한 삶과 너희들이
스스로 편하고자 연구하고 생각하여
나의 성서를 이용하여 이끌어 가는 그
와 같은 지금의 형태가 이루어질 것이
며,
15 너희들의 가장 소중한 그 생명 자체
도, 나 여호와로부터 세상에 나온 똑
같이 귀하고도 귀중한 그 생명을 돈으
로 계산하며 그를 파리목숨만도 못하
게 여겨, 그저 죽여 주겠으니 금화와
은화를 달라 하는, 그와 같은 너희들
이 말하는 종말 중에서도 가장 사악한
이 시대가 이루어질 것을 내가 미리
알고 있었음이니,
16 그러한 백성들은 나의 낙원에서 살 자
격이 없게 됨이며, 그와 같이 지도하
는 자, 그와 같은 종교의 믿음을 가고
있는 자, 그 모두가 나와는 아무런 관
계도 없는 백성들이기에 그들이 나의
낙원에서, 이 지상에서 살 수 있는 그
자격이 다 박탈될 것이며, 너희들의
모든 권한과 능력을 다 빼앗김이니,
17 이 지상의 낙원에선 새로운 열매요,
새로운 백성들의 나의 뜻을 받아들여
제3의 시대에 지상의 낙원을 이루는
그와 같은 역사가 이루어진다 하였음
이니, 그게 바로 무엇이더냐?
18 너희들의 지금의 믿음의 그 형태로써
는 어떠한 종파도 세상을 하나로 통일
할 수 없으며, 내가 원하는 그 뜻을 나
의 백성들이 다 같이 연구하고 다 같
이 나의 품 안에서 살아갈 수 있는 언
어나 풍습이나 그 모두가 하나로 통일
되어 이루어질 수 없는 형국에 있음이
니라.
19 너희들이 하나가 되어 나의 은혜에 감

사하며, 나의 축복과 내가 너희들에게
내려 준 그 모든 영광을 감사하는 마
음으로써 하늘에 오르는 그 길을 찾으
라 하였으나,
20 너희들은 성서를 너희 뜻대로, 너희
마음대로 변조하여 기록하였으며, 너
희들 언어와 풍습에 맞도록 너희들이
편한 대로 기록하여 바로 나의 성서가
지금 그리되어 있음이니라.
21 그리하여 내가 이를 바로잡을 수 없는
것이 너희들의 그 믿음이요, 너희들의
지금의 존재하는 가치이기에,
22 내가 나의 백성으로부터 이를 통일하
며 바로잡기 위하여 나의 혈통으로 선
택된 백성들을 세상에 내보내기 시작
하였으며,
23 그리하여 나의 성령으로 충만된 백성,
즉 나의 혈통을 받은 그 백성들로서
이 지상의 낙원을 이어받아 그들이 결
실을 맺을 수 있는 그 일을 지금 시작
하고 있음이니, 그게 바로 무엇이더냐?
24 나의 성령을 태워서 내려보내는 나의
법전이요, 이 책이 그와 같은 결실을
맺게 될 것이며,
25 그 기간이 천 년이라는 역사를 두어,
이 지상에 살 수 없는 백성 너희들은
너희대로 쓰러져 감이며, 새로운 나의
혈통을 받은 백성들만이 새로운 역사
를 이루는 그 결과를 지금 미리 예언
하여 너희들에게 기록하여 두었으며,
지금의 이루어지는 역사가 그와 같은
역사를 시행함이니,
26 이게 바로 구원할 자와 구원하지 못할
자를 심판함이며, 그리하여 그들을 심
판하기 위하여 내린 나의 법전이라 그
리 명한 이 깊은 뜻을 너희들이 알아
야 될 것이니 그리 알라.

2,676 번째 하나님 말씀

2002년 7월 25일 09시 18분

1 사랑하는 나의 아들아!
2 "네, 아버님! 말씀하옵소서."
3 지금 구약의 시대와 신약의 시대의 그
역사가 흐르는 동안에 나의 피조물 만
백성 중에 저희들이 구원받았으며 선
택된 자라 말하는 이가 수없이 많이
있음이니라.
4 그리고 저희들이 지금 가고 있는 그
종파만이 영원히 사는 나의 나라에 구
원되어 올 수 있는 길이며 그 길만이
구원을 받는다 그리 말하는 백성들이
수없이 많이 있으나, 정녕 나로부터
선택된 자는 없음이니라.
5 나로부터 정녕 선택된 자, 그 수가 헤
아릴 만한 숫자가 없을 만큼 적은 수
라 하면 너는 알겠는가?
6 헤아릴 만한 숫자가 없을 만큼 나로부
터 선택된 자가 없거늘,
7 너희들은 나로부터 선택되었으며 구
원받았으며 예수의 보혈로써 하늘에
오르는 티켓을 들고 너희들이 그저 숨
을 거두고 죽어 오면 너희들은 구원받
아 하늘의 축복된 영광의 그 나의 낙
원에 오른다 그리 착각하고 사는 자가
지금 이 세상을 덮고 있음이니,
8 이는 나와는 아무런 인연도 없으며 관
계도 없음이니, 그들은 나의 낙원의
빛이요, 그 문 앞에도 오지 못하며 지
옥행의 열차를 타고 그 험난한 지옥으

로 가는 길을 달리고 있는 것을 모르
고 있음이니라.
9 너희들 스스로 구원을 받은 자며, 너
희들 스스로 선택된 자라 하는 것은,
너희들 스스로 너희들이 정했으며 너
희들이 선택한 것이지 나로부터 선택
된 자가 아니니,
10 정녕 내가 구원한 자며 선택된 자는
헤아릴 만한 숫자가 없을 만큼 적은
숫자라 하면 너희들은 과연 알겠는가?
11 이제 그리하여 너희들이 스스로 선택
된 자가 아니라, 나로부터 택함 받은
백성이 새로운 시대를 열어 가며 새로
운 지상의 낙원을 열어 가는 그와 같
은 시대가 지금 시작되고 있음을 알아
야 될 것이니라.
12 그동안에 너희들이 살아온 그 믿음이
요, 종파요, 그리고 구원을 받았다며
광란의 그와 같은 믿음으로써 온 그들
은 나로부터 선택된 백성이 아니며,
택함 받은 백성이 아니며, 내가 원하
는 길이 아닌 그 길로써 달려갔다 하
면 너희들은 어찌하겠느냐?
13 이제는 내가 성서에 기록되어 새로운
시대를 열며, 내가 지금까지 왔던 백
성 너희들의 모든 권능과 영광을 다
거두어들이며 새로운 백성을 통하여
열매를 맺는다 하였으니, 이는 곧 무
엇이더냐?
14 나의 법전이 세상에 나가는 것이 새로
운 시대에 선택된 백성으로서 가는 길
의 기초임을 너희들은 알아야 될 것이
니라.
15 내가 나의 성령을 태워 마지막으로 이
시대를 지배함이니,
16 지금 나의 성령을 보지 아니하며 나의
법전의 뚜껑을 열지 않는 자, 그리고
나의 아들이 강론하는 나의 음성이요,
그 성령을 듣지 않고 제가 깨달아 구
원을 받는다 하는 자, 그 누구도 구원
의 길을 오를 수 없다 함을 너희들은
알아야 될 것이니라.
17 오늘 너는 너의 제자들에게 이와 같은
나의 깊은 뜻을 전해야 될 것이며,
18 잘못 가고 있는 자를 구원할 때 너희
들의 그 모두를 다 바쳐 만백성을 이
끌어 가는 그 역사에 동참하며, 동참
하는 자는 그 역사를 이루는 데 조금
도 소홀히 해서는 아니 됨을 알아야
할 것이니라.

2,677 번째 하나님 말씀

2002년 7월 25일 11시 26분

1 사랑하는 나의 아들아!
2 "네, 아버님! 말씀하옵소서."
3 너의 제자들에게 일러 일깨워 주라.
4 너희들이 하늘에서 이루어지는 역사
와 내가 이루고자 하는 것을 모르며,
5 내가 너희들에게 천 년 후에 새로운
역사를 이룬다 하나 너희들은 감히 그
변화 과정이요, 그 이루어지는 역사를
생각하지도 못하며 볼 수도 없음이니
라.
6 내가 너희들에게 오늘 하늘의 뜻을 알
려 줌이니라.
7 나 여호와는 너희들의 영혼에 있는 나
여호와 아버지가 아니니라.
8 내가 존재하는 것이며 너희들이 나를
여호와 아버지라 찾으며 너희들의 죄

의 용서를 빌며 나에게 구원의 길을
얻고자 하며 너희들이 하늘의 낙원에
와 영원히 사는 그 길을 가기 위하여
기도하고 경배하는 것을 들어주는 것
은 너희들의 영혼이 육에 있을 때뿐이
니,
9 나 여호와는 너희들의 육의 아버지이
며, 너희들이 육 속에서 기도하는 것
을 들어주는 아버지임을 알아야 할 것
이니라.
10 너희들이 하늘나라에 와서 찾는 아버
지요, 전지전능한 내가 아니니라.
11 너희들이 육의 삶을 사는 그 속에서
내가 너희들의 아버지며,
12 너희들이 나에게 용서를 빌며 나에게
구원을 받을 수 있는 그것은 너희들의
육이 존재하는 그 속에서만이 이루어
지는 것임을 알아야 될 것이니라.
13 그러하니 너희들이 지금 육에 사는 이
세상에서만이 나 여호와를 찾을 수 있
으며, 나에게 축복의 은혜를 받을 수
있으며, 영광을 받을 수 있으며, 구원
의 길을 받을 수 있으며,
14 모든 은혜와 은사를 받을 수 있는 것
은 너희들이 육의 세계에 있을 때만이
이루어진다는 것을 너희들은 오늘 깨
우쳐야 될 것이니라.
15 너희들이 죽어 나의 나라에 올라오는
자는 선택된 자이니, 그와 같은 자는
나 여호와를 찾을 이유도 없으며 나를
부를 이유도 없으며 내가 그를 통제하
고 관리할 이유도 없기 때문이니라.
16 구원을 받아 하늘에 오른 너희들의 영
혼을 내가 찾고 부를 일이 없으며 또
너희들이 나를 찾고 나에게 소원을 빌
며 기도하여 너희들이 원하고 얻고자
하는 그와 같은 욕망이나 너희들이 이
루고자 하는 소원이요, 소망이 아무것
도 없기 때문이니,
17 너희들은 구원을 받는 그 순간에 나와
너희들의 이루어지는 관계가 없음이
니라.
18 다만, 너희들은 내가 이루어 준 그 낙
원에서 아름답게 존재하고 살아가면
되기 때문이니,
19 구원받은 자는 내가 구원을 해 주고
안 해 주고 너희들을 이끌어 주고 안
이끌어 주며 하늘에 오르는 길을 보여
주고 안 보여 주고 하는 그와 같은 너
희들과 나와의 인간관계에서 이루어
지는 그 관계가 성립되지 아니하며,
너희들과 아무런 관계가 없는 상태에
서 살아가게 됨이니라.
20 내가 너희들의 아버지로서 존재하며,
내가 창조주로서 존재하며, 너희들이
나에게 기도하며 구원받고 얻고자 하
는 그 모두를 들어주는 것은 육에 있
는 너희들에게만 해당되는 것이며, 너
희들의 육의 아버지로서 내가 존재함
을 너희들은 알아야 될 것이니라.
21 너희들의 영의 세계에 내가 존재하는
것이 아니요, 내가 너희들의 육의 세
계에서 존재한다는 이 하늘의 비밀을
너희들은 오늘 깨우쳐야 될 것이니라.
22 그리하여 너희들이 영으로써 구원을
받았을 때, 나와는 아무런 관계가 없
으며 내가 너희들을 통제함이 없으며
너희들이 나를 부르고 나를 찾을 이유
가 없음이니라.
23 이미 너희들은 구원을 받은 자요, 나

의 낙원에서 모두를 누리고 살아가는
영광을 얻었기 때문이니라.
24 그 영광을 얻지 못한 자들이 얻고자
노력하며 나의 계명을 지키고 살아가
고자 하며, 그러한 너희들이 육의 세
상에 있을 때에만 내가 너희들의 어버
이요, 아버지임을 알아야 될 것이니라.
25 그리하여 너희들이 잘못 살아와 육이
죽어 지옥으로 가는 자는 나와 영원히
인연이 끝나는 자이니,
26 너희들은 내가 너희들을 구원해 줄 수
있는 육에서 살고 있는 이 시점에서
바른 삶과 올바른 삶과 곧은 삶을 살
며, 나의 계명과 나의 법전을 읽고 깨
우쳐 구원을 받는 그 길을 선택하여야
될 것이니,
27 지금만이 너희들이 여호와요, 창조주
인 나 아버지를 찾으며 너희들이 구원
을 원하며 매달릴 수 있으며 소원할
수 있음을 알라.
28 오로지 그와 같은 은혜와 영광은 나의
법전을 가슴에 안고 정독하는 자, 나
의 아들을 통하여 내가 내리는 나의
성령의 뜻을 직접 듣는 자, 그들만이
얻을 수 있음을 알아야 될 것이니라.
29 나 여호와는 너희들의 영혼의 아버지
가 아니요, 육의 아버지임을, 너희들
은 오늘 이 하늘의 비밀을 깨우쳐 너
희 것으로 간직하며,
30 너희들이 바로 어찌 살아가야 할 것인
가를 깨달아 행하는 자가 되어야 될
것이니라.
31 너희들이 지금 숨 쉬고 살아 있고 육
이 존재하는 이 순간에 나에게 모두를
다 용서받으며 구원의 길을 얻어야 할
것임을 오늘 깨우쳐야 될 것이니라.
32 육이 끝난 다음에 너희들은 나를 찾을
수 없으며, 나에게 구원을 받을 수 없
으며, 무엇인가 나에게 너희들이 그
영광의 은혜와 은총을 받을 수 없는
것을 너희들은 오늘 깨우쳐 너희 것으
로 만들도록 그리하라, 사랑하는 나의
백성들아!

2,678 번째 하나님 말씀

2002년 7월 25일 17시 20분

1 사랑하는 나의 아들아!
2 "네, 아버님! 말씀하옵소서."
3 지금 수천 년 동안 많은 종교 지도자
들과 그 집단이 나의 피조물 만백성을
이끌어 하늘에 오르는 그 길에 인도하
며 안내한다 하여 그들이 지금과 같이
그 믿음의 형태에서 이루어졌음이니
라.
4 그와 같은 그들의 형태에 이루어지는
그 집단의 존속과 운영에 그들은 많은
재물과 경제적으로 금화와 은화를 거
두어들이지 아니하면 존재할 수 없음
이니,
5 그들은 그것을 모으기 위하여 갖가지
방법을 다 동원하여 남이 가지고 있는
그 재물을 거두어들이는 그 수법을 행
하여야 됨이니, 그들이 과연 믿음의
바른길이며 정도의 길이며 나 여호와
가 추구하는 그 길을 갈 수 있다 말할
수 있는가?
6 남이 가지고 있는 그 재물을 세 치 혓
바닥으로써 현혹하여 거두어들여 저
희들이 이루고자 하는 성전이요, 또

저희들의 향락을 위하여 또한 저희들
의 안일을 위하여 쓰고자 하는 그와
같은 삶을 가야 함이니,
7 그들이 십일조요, 각종 헌금을 거두어
들인다 하나, 너희들이 말하기는 그들
이 그리 거두어들이는 것이 쉬우며 단
순하다 생각하나, 그 재물을 모으고
거두어들이기 위하여 그들이 얼마만
큼 보이지 않는 이면의 피나는 노력을
하는가?
8 그리하여 그를 저희들이 거두어들이
지 아니하면 바로 설 수 없으며 저희
들의 조직이요, 그 집단을 이끌어 갈
수 없으며 저 자신이 견딜 수 없음이
니, 그들이 어떠한 방법으로 가겠는가?
9 정녕 하늘이 원하는 나의 깨우침을 그
들이 주입시키며 갈 수 있겠는가?
10 그들은 나의 계명을 지키라 그리 말하
며 내가 명한 그 뜻에 따라 저희들이
유지해 나갈 수가 없음이니, 그들은
편법이요, 갖은 방법을 다 동원하여
재물을 긁어모으는 데 역점을 둘 것이
니라.
11 그리하여 그들은 평생 그 재물을 긁어
모으는 데 모든 정열을 다 쏟으며, 모
든 생각을 거기에 초점을 맞추어 움직
임이니라.
12 그리하지 아니하면 그들이 존재할 수
없으며 존속할 수 없기 때문이니라.
13 그리하여 그들은 나의 성령이요, 나의
뜻을 바르게 가르치며 율법과 십계명
에 의해서 백성들을 가르치고 다그치
지 못함이 거기에 있느니라.
14 성서는 가죽채이니라.
15 그 가죽채로 나의 백성들에게 휘둘러
바로 서게 한다 하면 그들이 재물과
그와 같은 금화와 은화를 거두어들이
는 그 연관성이 있어서도 아니 되며,
재물을 거두어들이고자 하는 생각이
있어서도 아니 됨이니라.
16 정녕 나의 피조물 만백성, 잘못 가는
자를 가죽채를 휘둘러 바로 세우는 그
와 같은 역사를 이룰 수 없는 것이 인
간사에 너희들이 흘러온 것이며, 하늘
에 오르는 그 길을 가르친다는 종교
집단 속에서도 또한 그와 같은 형국이
이루어지고 있음이니라.
17 그러나 너는 어찌하던가?
18 내가 너에게 법전이라 하여 성령을 내
려 내가 기록한 그 책을 만들어, 그 책
으로써 네가 수입을 편안히 거두어들
일 수 있으며, 거기에서 얻어지는 모
든 금화와 재물을 가지고 네가 이끄는
그 너희들의 조직과 너의 제자들과 그
모두를 이끌어 갈 수 있음이니, 이는
쉬지 아니하고 너희들에게 재물이 들
어옴과 마찬가지이니라.
19 너희들은 나의 법전의 160권을 만들
어 세상에 전함으로 인하여 모든 너희
들이 쓸 수 있는 재원이 확보됨이며,
너희들이 단단하게 갈 수 있도록 그
힘이 됨이니,
20 너희들은 나의 법전을 만들어 세상에
전하면 그것으로써 모든 운영에 필요
한 재물이 보충되며 너희들이 행할 수
있음이니, 얼마나 너희들이 바르고 곧
은 길을 갈 수 있는 것인가?
21 이와 같이 모든 재물의 지원을 이루어
주며, 너희들이 그 재물에 얽매여 바
로 가르치지 못하는 그와 같은 종교

지도자의 가는 형태가 아니라, 나의 성령이요, 나의 뜻으로써 재물이요, 모든 금화와 은화를 너희들이 활용할 수 있도록 그 모두를 확보해 주며 갈 수 있도록 하는 것이 나의 뜻이니, 너희들이 나의 법전으로써 지금 이루어 가는 역사가 얼마나 위대하던가?

22 그뿐이던가?

23 나의 음성을 기록하여 직접 만백성에게 전할 수 있는 너희들의 모든 기계요, 또한 테이프라는 것이요, 이러한 것으로써 너는 많은 재원을 확보할 수 있음이니,

24 네가 그 재원을 확보할 때 네가 그를 거두어들이기 위하여 신경 쓰며 걱정할 일이 없으며 근심 걱정할 것이 없음이니라.

25 스스로 물 흐르듯이 그들은 다 거둬질 것이며 네가 일할 수 있는 역사를 이루도록 내가 나의 음성을 만백성에게 전하면서 얻어지는 그 역사의 기적을 다 이루어 놓았음이니,

26 너는 얼마나 선택된 자이며, 선택된 자의 가는 길이 얼마나 행복한지를 너와 너의 제자들은 알아야 될 것이니라.

27 모든 재원이 확보되며, 너희들의 재원인 금화와 은화요, 재물을 거두어들이고자 신경을 쓰지 않아도 되며, 그를 위하여 너의 제자들의 눈치를 볼 필요가 없으며, 나의 법전을 읽고 깨우치는 백성들에게 그를 거두어들이고자 그들의 움직임을 파악할 필요가 없으며, 그들에게 손을 내밀 일이 없음이니,

28 바로 너희들이야말로 나의 말씀의 가축채를 들어 잘못 가는 백성들을 바로잡아 하늘에 오르는 그 길로 인도할 수 있는 나의 법전이 인간에게 가축채의 역할을 할 수 있도록 최선을 다해야 될 것이며, 그리함에 너희들이 부족함이 없음을 알아야 될 것이니라.

29 모든 것을 움직이는 데 필요한 재정이요, 경제적인 것이 뒷받침이 아니 되면 모두를 운영할 수 없는 것이 지금의 종교 집단의 형태이나,

30 너희들은 그 모두가 나의 성령이요, 나의 뜻으로써 다 이루어짐이니, 그것보다 더 바르게 갈 수 있는 자들이 없음이니라.

31 그리하여 너희들이 바르게 가며 만백성을 깨우쳐 하늘에 오르는 길의 그 빛이 되게 하기 위하여 내가 재원의 모두를 지원하며 너희들에게 사랑과 은혜로써 내림을 너는 알아야 될 것이며, 그것이 축복임을 알아야 될 것이니라.

32 이와 같은 축복과 영광 속에 가는 너희들이 한 점의 부끄럼이 있는 삶을 살아서는 아니 됨이니, 이를 명심하여 행하도록 그리하라.

부 록

【하나님께서 가르쳐 주신 운동】

천재지변이 일어날 때, 동물이나 미물들은 미리 알고 대피하지만, 인간은 알지 못하고 큰 화를 당합니다. 하나님께서 인간에게 가장 높은 지혜를 주시고 완벽하게 창조해 주셨기에 동물들보다 더 잘 알 수 있지만, 욕심으로 마음이 혼탁해져서 한 치 앞을 보지 못하는 것입니다.

마찬가지로, 인간은 누구나 스스로 필요한 운동을 해서 건강을 지킬 수 있도록 하나님께서 만들어 주셨습니다. 우리의 머리에서 우리 몸에 필요한 동작을 해 달라고 끊임없이 신호를 보내지만, 인간이 혼탁하게 살아서 그 신호를 알아채지 못합니다. 그러니 자연스럽게 자기 몸이 원하는 그 신호를 따라서 운동하는 것이 하나님께서 가르쳐 주신 운동 방법입니다. 바로, 우리의 영이 육을 이끄는 운동입니다.

▶ 하나님 운동법

1. 눈을 감고, 발을 어깨너비로 벌리고 바르게 선다.
2. 몸에 힘을 풀고, 허리를 숙이면서 손과 머리를 아래로 내린다.
3. 허리를 펴고 싶을 때, 천천히 펴면서 하고 싶은 동작을 하면 운동이 시작된다. (사람마다 다르다.)
4. 멈추지 말고, 어떤 동작이든지 자기 몸의 느낌대로 계속 이어서 한다.

▶ 참고 사항

① 눈을 감은 상태로 아무 생각 하지 않고, 자기 몸의 느낌대로 움직입니다.

② 마음을 비우고, 욕심을 버리고, 지난날의 잘못을 반성하면서 몇 차례 시도하다 보면, 자기도 모르게 하고 싶은 동작이 끊임없이 생깁니다.

③ 운동 장소는 방 안이든 운동장이든 관계없으며, 걷거나 달리고 싶을 때는 눈을 떠도 됩니다.

④ 매일 40분 이상, 주 4회 이상, 3개월 이상 하면 음식 조절에 들어갑니다.
- 음식으로 생긴 병은 음식으로 치료하게 되며, 어떤 음식을 먹어야 하는지 스스로 알게 됩니다.
(자기 몸에 필요한 음식만 먹고 싶어집니다.)

⑤ 사랑하는 사람과 함께 운동하면 서로 치료해 주기도 합니다.

⑥ 운동을 하다가 몸의 어느 한 부분을 계속 손으로 자극한다면 그쪽에 이상이 있는 것이니, 의사에게 상담을 받고 적절한 치료를 받으면 됩니다.

⑦ 다이어트 및 기타 건강관리에 효과적입니다.

⑧ 꾸준히 운동하여 영이 맑아지면, 자신의 과거와 미래를 스스로 보게 됩니다.

누구나 스스로 하실 수 있습니다.

간 행 사

《새로운 성경》은:

· 새로운 성경은, 하나님께서 선량하고 선한 자를 선택하여 십계명을 암송하도록 하시고, 십계명을 암송한 다음에 음성으로써 들려주시는 말씀을 듣고 그대로 카세트테이프에 녹음해서 받아쓴 책입니다.

· 90분짜리 녹음테이프 700여 개에 달하는 말씀으로, 1999년 8월부터 2004년 7월까지 총 160권(권당 288쪽)을 완성하였으며, 그 이후에도 현재까지 계속 말씀을 내려 주고 계십니다.

· 새로운 성경은 "하늘을 두루마리 삼고 바닷물을 먹물 삼아 쓰고 써도 다 못 쓴다"는, 끝없이 방대한 하나님의 말씀이 두루마리로 직접 내려오는 것입니다. 이러한 새로운 성경은 구약과 신약을 폐하려는 것이 아니라 "인봉된 성서의 비유의 뜻"을 상세히 설명하여 완성하고자 하나님께서 직접 내려 주신 말씀입니다.

《새로운 성경》의 구성:

· 제 목: 2013년, 160권 모음집을 발간하면서, 본 도서의 제목을 "하나님! 말씀하옵소서"에서 《새로운 성경》으로 명해 주셨습니다.

· 단행본: 각 권당 288쪽(신국판) 책이 160권까지 시리즈로 출판됩니다.
(모음집은 단행본을 16권씩 묶어서, 총 10부로 구성됩니다.)

《새로운 성경》의 성경적 근거:

· 신약 성경 [요한복음] 16장 13절에 "진리의 성령이 오시면 그가 너희를 모든 진리 가운데로 인도하시리니 그가 자의로 말하지 않고, 오직 듣는 것만을 말하며" 하신 말씀처럼 하나님의 음성을 들은 것만 기록하였으며,

· "장래 일을 너희에게 알리시리라" 하신 말씀과 같이 개인, 나라, 인류의 "장래"일을 하나님께서 알려 주시는 것만 기록하여 책으로 만들었습니다.

《새로운 성경》의 기록 방법:

· 1999년 8월부터 하나님께서 저에게 들려주시는 음성을 기록하였습니다. 처음에는 제가 들은 말씀을 불러 주면 저의 아내가 기록하여, 2000년 1월 29일에 1권 초판이 세상에 나왔습니다. 2000년 4월부터는 주시는 말씀을 받아 녹음기에 기록하여 시리즈로 출간하기 시작하였습니다.

· 녹음을 시작하면서 하나님의 말씀을 받는 데 가속도가 붙었고, 2001년 5월 3일에 1부(1~16권까지)를 인쇄하여 출판하였으며, 2004년 7월까지 총160권 분량의 말씀을 받아 기록하였습니다.

하나님께서 저에게 주신 것은:

· 첫째, 만백성을 상대로 내려 주시는 "기도", 둘째, 수시로 내려 주시는 "묵상", 셋째, 개인의 과거, 현재, 미래를 알려 주시는 "개인 기도", 넷째, 개인의 건강을 위해서 내려 주시는 "음식 처방", 다섯째, 하나님께서 가르쳐 주신 "운동"등이 있습니다. 이 중에 첫 번째, "기도"를 책으로 편찬하였습니다. 사람의 생사, 개인의 미래에 관한 천기는 수록하지 말라 하셨습니다.

강론 안내:

· 하나님께서는 지금도 매일 저에게 새로운 하늘의 비밀의 말씀을 내려 주고 계십니다. 수시로 내려 주시는 말씀을 정리해서 제자를 육성하라는 말씀에 따라 매주 강론을 하고 있습니다. 누구나 무료로 들으실 수 있습니다. (book160.com)

《새로운 성경》을 읽는 분들에게 드리는 선물:

· 개인 기도: 개인의 과거, 현재, 미래에 관하여 말씀을 내려 주십니다.

· 음식 처방: 사람은 음식을 먹고살다가 건강을 잃으니, 음식과 운동으로 건강을 되찾는 방법을 알려 드립니다. 단, 하나님이 계심을 믿고, 십계명을 지키겠다고 진실로 서약하는 분들께 알려드립니다.

《새로운 성경》의 은혜와 기적:

· 새로운 성경 전160권은 16권씩 묶어서 총 10부의 모음집으로 구성됩니다. 모음집 한 부를 읽고 깨우치는 자에게 하나님께서 다음과 같은 기적이 있다고 하셨습니다.

· "첫째, 그가 죽어 하늘에 갔을 때 그의 죄를 묻지 아니하며, 구원을 받는 위대한 은혜가 있으며, 둘째, 그의 소원과 소망이 이루어지고, 셋째, 죽은 자(부모, 형제, 자식, 사랑하고 은혜 입은 분)의 이름으로 구입한 책을 읽고 누군가 한 사람이 깨우칠 때, 그 죽은 자가 지옥에서 천국으로 구원을 받게 되며, 넷째, 유산, 중절 수술 등으로 태어나지 못한 아이를 위하여 구입한 책을 보고 한 명이 깨우쳤을 때, 그 아이가 사람으로 다시 한 번 태어나는 은혜를 받는다."

· "새로운 성경"을 3회 이상 정성을 다해 정독하는 자, 성서의 비밀을 알게 되고, 세상의 이치를 알게 되며, 세상을 지배하고 통제할 수 있는 지혜를 다 얻게 된다고 하셨습니다. 이 책은 만백성이 정독하고 이웃에게 전하여, 평생 가슴에 묻은 슬픔과 고통의 짐을 벗고 미래를 위한 힘찬 삶을 살아가도록 하는 책입니다.

끝으로

· 하나님께서는 흰 눈이 세상을 덮듯이 새로운 성경을 온 세상에 전하라고 하셨습니다. 《새로운 성경》을 각국어로 번역해서 온 인류에게 구원의 길을 깨우쳐 주고, 그 수익으로 가난하고 어려운 백성을 구제하여, 만백성의 영과 육을 함께 구원하는 선지자의 임무를 수행하라고 저에게 명하셨습니다.

· 하늘에서 내려 주신 말씀의 보화를 만백성에게 나누어 주는 것이 선지자의 임무라고 하셨습니다. 새로운 성경을 통해서 얻는 재물을 사용할 곳도 하나님께서 일일이 명해 주십니다. 모든 재물은 저의 자의로 쓸 수 없고, 하나님께서 명하시는 대로만 쓰여집니다.

· 어떤 명분으로든 십일조나 각종 헌금을 거두어들이지 말라 하셨으며, 국내뿐 아니라 각국에 성전과 단독 서점을 운영하며, 한국의 많은 젊은이들을 전 세계에 지도자로 내보내라고 하셨습니다.

· 우리는 세계적으로 새로운 성경을 보급하며 어려운 이들을 돕는 역사를 해 나갈 것입니다. 지금까지 비록 몇 명 안 되는 제자들과 함께 이러한 일을 역사했지만, 앞으로도 계속 하나님께서 기뻐하시는 일들을 해 나갈 것입니다. 부족한 저희에게 여러분들의 지혜와 성원을 보내 주시기를 바랍니다. 많은 분들의 참여와 도움을 간절히 기다립니다. 감사합니다.

한국어로 내려온 《새로운 성경》 단행본을 출간하며
2016년 4월 10일

발행인 **김 용 철**

한국어로 내려온

새로운 성 경 · 3부 · 제35권

지은이 하나님 말씀
대역자 김용철

초판인쇄 1쇄 2009년 11월 21일
재판인쇄 1쇄 2017년 4월 3일

펴낸 곳 도서출판 하얀마음
등록번호 제 10-2107호 (2001년 2월 14일)
주소 서울시 노원구 덕릉로86길5, 2층
전화번호 02) 313-1114
팩스 02) 393-5554
전자우편 book160@hanmail.net
편집위원 조나영 김미향 이석교
제작지원 김철종 조현숙 김영환 이계숙

도서상담 1600-7527
ISBN 978-89-5875-135-9 (04230)
978-89-5875-100-7 (세 트)

값 10,000원
잘못된 책은 구입하신 곳에서 바꾸어 드립니다.

※이 책은 10부로 제작되며, 각 부 16권씩 총160권으로 구성됩니다.※

1부	2부	**3부**	4부	5부	6부	7부	8부	9부	10부
1권	17권	33권	49권	65권	81권	97권	113권	129권	145권
2권	18권	34권	50권	66권	82권	98권	114권	130권	146권
3권	19권	35권	51권	67권	83권	99권	115권	131권	147권
4권	20권	36권	52권	68권	84권	100권	116권	132권	148권
5권	21권	37권	53권	69권	85권	101권	117권	133권	149권
6권	22권	38권	54권	70권	86권	102권	118권	134권	150권
7권	23권	39권	55권	71권	87권	103권	119권	135권	151권
8권	24권	40권	56권	72권	88권	104권	120권	136권	152권
9권	25권	41권	57권	73권	89권	105권	121권	137권	153권
10권	26권	42권	58권	74권	90권	106권	122권	138권	154권
11권	27권	43권	59권	75권	91권	107권	123권	139권	155권
12권	28권	44권	60권	76권	92권	108권	124권	140권	156권
13권	29권	45권	61권	77권	93권	109권	125권	141권	157권
14권	30권	46권	62권	78권	94권	110권	126권	142권	158권
15권	31권	47권	63권	79권	95권	111권	127권	143권	159권
16권	32권	48권	64권	80권	96권	112권	128권	144권	160권